国家出版基金项目
NATIONAL PUBLICATION FOUNDATION

中国海上丝绸之路通史

第二辑

中华文明海外传播史

# 法语东垂：中国佛教在东亚的传播与影响

陈支平　王子今　主编

丁联　著

海峡出版发行集团
THE STRAITS PUBLISHING & DISTRIBUTING GROUP

鹭江出版社

2024年·厦门

**图书在版编目(CIP)数据**

法语东垂:中国佛教在东亚的传播与影响/陈支平,
王子今主编;丁联著.—厦门:鹭江出版社,2024.
11.—(中国海上丝绸之路通史).—ISBN 978-7-5459-
2254-7

Ⅰ.B949.2

中国国家版本馆 CIP 数据核字第 2024DS2729 号

中国海上丝绸之路通史(第二辑)

陈支平　王子今　主编

FA YU DONG CHUI:ZHONGGUO FOJIAO ZAI DONGYA DE CHUANBO YU YINGXIANG

**法语东垂:中国佛教在东亚的传播与影响**

丁联　著

**出版发行**：鹭江出版社

**地　　址**：厦门市湖明路 22 号　　　　　　　　　　**邮政编码**：361004

**印　　刷**：恒美印务(广州)有限公司

**地　　址**：广州南沙开发区环市大道南 334 号　　**联系电话**：020－84981812

**开　　本**：787mm×1092mm　1/16

**插　　页**：4

**印　　张**：19.25

**字　　数**：286 千字

**版　　次**：2024 年 12 月第 1 版　　　2024 年 12 月第 1 次印刷

**书　　号**：ISBN 978-7-5459-2254-7

**定　　价**：150.00 元

# 总　序

　　任何一种文明都是在与其他文明的交融对话中不断发展的。作为世界上最古老的几个文明之一，中华文明在历史长河中既扮演了文明传播者的角色，也不断从其他文明中汲取各种养分。在这种文明交往的世界体系中，中华文明既壮大发展了自身，也为世界文明的进步作出了重大贡献。

　　长期以来，学界对中国社会文明史的研究，主要侧重传统农业社会发展史方向，对中国海洋发展史的关注度则相对薄弱。这一方面是因为中国自古以来就是一个"以农立国"的国度，历代社会的经济基础及意识形态，基本上围绕"农业"展开；另一方面是因为历代统治者为了政权的巩固与社会的稳定，往往把从事海上活动的人群视为对既有社会形态的威胁，经常实施诸如禁止出海活动的法令。在这些因素的作用下，中国的海洋文明发展史以及由此开拓出的海上丝绸之路的历史与文化，必然受到历代政府与士大夫们的漠视，甚至备受打击。

　　中国是一个临海国家，从北到南，大陆海岸线长度约 18400 千米。事实上，在这样的地理优势之下，我们的先民很早就开始从事海洋活动。这种活动除了延续至今的海洋捕捞、海洋养殖之外，还不断通过国家、社会的不同领域与层面向外延伸，寻求与外界的联系和发展。可以说，中国海洋文明存在于"海—陆"一体的结构中。中国既是一个大陆

国家，又是一个海洋国家，中华文明具有陆地文明与海洋文明双重性格。中华文明以农业文明为主体，同时包容游牧文明和海洋文明，形成多元一体的文明共同体。中华民族拥有源远流长、辉煌灿烂的海洋文化和勇于探索、崇尚和谐的海洋精神。没有古代中国的海洋文明，也就谈不上近代中国海权的旁落；没有古代中国的海洋文明，也就没有当代中国海权的复兴。我们不能因为中国在近代落伍和被欺凌、被打压，就否认中国传统海洋文明的辉煌。①

中国的先民正是在长达数千年的不断探索、实践之下，才让中国的海洋文明发展史在世界文明史上留下光辉的篇章。

## 一、对中国海洋文明发展的回顾

中国先民在上古时期进行的海洋活动，应该是沿着海岸线进行海洋捕猎和滩涂养殖活动。在不断与大海搏击与互相适应的过程中，逐渐形成了辉煌灿烂的海洋文化和勇于探索、崇尚和谐的海洋精神。中华海洋文明是中华原生文明的重要组成部分，与中华农业文明几乎同时发生。在汉武帝平定南越以前，东夷、百越等海洋族群创造的海洋文明仍是一个独立的系统。

早期中华海洋文明的逐渐形成，伴随着海上活动区域的日益扩大。有学者指出，中国历史文献中的百越族群，与人类学研究的南岛语族属于同一范畴，两者存在亲缘关系。百越族群逐岛漂流航行的活动范围，是从东海、南海几经辗转到达波利尼西亚等南太平洋诸岛，百越族群是大航海时代以前人类最大规模的海上移民。东夷、百越被纳入以华夏文明（即内陆文明、农业文明、大河文明）为主导的王朝统治体系后，海洋文明逐渐被进入沿海地区的汉族移民承继、涵化，这些汉族移民和汉化的百越后裔一道，铸造了中华文明的海洋特性，拉开了海上丝绸之路

---

① 杨国桢、王鹏举：《中国传统海洋文明与海上丝绸之路的内涵》，《厦门大学学报（哲学社会科学版）》2015 年第 4 期。

的帷幕。① 由于中国沿海传统渔业和养殖业在中国历代社会经济中所占份额较小，因此，中国的海洋文明发展历史，主要体现在向海外发展并且与海外各地相互连接的海上丝绸之路上。

从现有的资料看，中华民族海洋先民与世界其他民族的交流，早在公元前 10 世纪时就已产生。由于地处亚欧大陆，东临大海，中国在早期的对外交流中，率先开辟西通西域、东出大海的两条主要通道，中华文明与世界文明交往基本格局的雏形自此形成。

《山海经》中提到"闽在海中"，这是一种传说。但是"闽在海中"的传说，是数千年来中国南方民族与东亚其他民族长期交往的历史记忆。"闽"是福建地区的简称。福建地区处于陆地，何谓"海中"？这一传说实际上说明了我国东南沿海地区面向大海以及宝岛台湾在东南海洋中的特殊地理位置，乃至中国东南沿海地区与南洋各地包括南岛语族居民长期交融的文化互动关系。这种关系无疑就是后来海上丝绸之路的先声。

中国北方有"箕子入朝鲜"的记述，称公元前 1066 年，周武王灭商，命召公释放箕子，箕子率 5000 人前往朝鲜。公元前 3 世纪末，朝鲜历史上第一次记载了"箕氏侯国"。《史记》记载，箕子在周武王伐纣后，带着商代的礼仪和制度到了朝鲜半岛北部，被那里的人民推举为国君，并得到周朝的承认。箕子在朝鲜半岛建立的政权史称"箕子朝鲜"。现代谱系学的研究成果证实，现今许多朝鲜人和韩国人的祖先来自华夏地区。

徐福东渡，一直被公认为华夏民族及其文化传入日本的重要历史事件。《史记·淮南衡山列传》记载了徐福东渡事件及徐福在日本平原、广泽为王之说。徐福东渡日本，促成了一代"弥生文化"的诞生，并为日本带去了文字、农耕和医药技术。据统计，日本的徐福遗迹有 50 多处。

秦朝以前的许多文献均已缺失，至今留存的文献记载十分有限，但

---

① 杨国桢：《海洋丝绸之路与海洋文化研究》，载李庆新主编《海洋史研究（第七辑）》，社会科学文献出版社，2015。

是从上述传说和记述中，我们可以了解到中国古代先民并没有辜负大海的恩赐。在当时生产力低下、航海技术相当原始的情况下，他们仍不断地尝试循着大海，向东面和东南面拓展，谋求与海外民族的联系与合作。

汉唐时期是中国历史上的强盛时期，社会生产力得到长足的进步，交通工具特别是航海技术有了空前的提升，中外文化交流也进入稳步发展阶段。强盛的国力和丰富多彩的文化，吸引着其他国家前来学习，唐代的政治文化制度对东方邻国的政治文化体制产生了直接的影响。可以说，汉唐时期中国闻名于世的陆上丝绸之路和海上丝绸之路已经形成，中国海洋发展史进入了一个崭新的阶段。

公元前138年，张骞出使西域，这是丝绸之路开通的先声。东汉永元九年（97），西域都护班超派遣甘英出使大秦，扩大华夏文化对西域的影响，也丰富了汉人对西域的认识。陆上丝绸之路开辟以后，中国的丝织技术随丝织品输入西方，促进了中外文化交流和贸易往来，加强了西汉与西域地区的联系。

与此同时，自中国沿海起始的海路，西达印度、波斯，南及东南亚诸国，北通朝鲜、日本。公元前2世纪到公元前1世纪，西汉王朝的使节已在南海航行。中国古籍《汉书·地理志》最早提到的中西海路交通的路线是："自日南（今越南中部）障塞、徐闻（今广东徐闻）、合浦（今广西合浦）船行可五月，有都元国；又船行可四月，有邑卢没国；又船行可二十余日，有谌离国；步行可十余日，有夫甘都卢国。自夫甘都卢国船行可二月余，有黄支国……平帝元始中，王莽辅政，欲耀威德，厚遗黄支王，令遣使献生犀牛。自黄支船行可八月，到皮宗；船行可二月，到日南、象林界云。黄支之南，有已程不国，汉之译使自此还矣。"[1]《汉书·地理志》所记载之海上交通路线，实为早期的海上丝绸之路，当时海船载运的"杂缯"，即各种丝绸。到2世纪60年代，罗马帝国与东汉通过海上丝绸之路发生联系。三国时期的吴国曾派遣朱应、康泰出使南海，促进了中国与南海诸国的联系。5世纪，中国著名旅行

---

① 班固：《汉书》，中华书局，1962，第1671页。

家法显由陆上丝绸之路前往印度，回国时取道海上丝绸之路，经师子国（今斯里兰卡）、耶婆提（今印度尼西亚苏门答腊岛一带）回国。此时，海上交通已相当频繁，中国与东南亚地区、印度洋地区已有广泛联系，特别是来自中国与印度的僧人为弘扬佛法，交往更为密切。这一时期，中国与阿拉伯半岛、波斯湾地区之间也有一定规模的海上交流活动。

唐朝是海上丝绸之路的大发展时期。隋唐五代时期，与中国通商的国家有赤土、丹丹、盘盘、真腊、婆利等。中唐之后，西北地区丝绸之路阻塞，华北地区经济衰落，华南地区经济日益发展，海上交通开始兴盛。这一时期，海上丝绸之路的繁荣程度远远超过了陆上丝绸之路。与中国通商的国家有拂菻、大食、波斯、天竺、师子国、丹丹、盘盘、三佛齐。航路是以我国泉州或广州为起点，经过海南岛，及环王国、门毒国、古笪国、龙牙门、罗越国、室利佛逝、诃陵国、个罗国、哥谷罗国、胜邓洲、婆露国、师子国、南天竺、婆罗门国、信度河、提罗卢和国、乌刺国、大食国、末罗国、三兰国。同时，唐代即有唐人移民海外。其中，唐代林氏始祖渡海至韩国，繁衍至今约有 120 万人。2001年，韩国林氏到泉州惠安彭城村寻根谒祖，传为佳话。

中国宝岛台湾以其雄踞东南海中的地理位置，在中国海洋文明发展史及对外交通的海上丝绸之路中扮演着无可替代的角色。最新考古发掘资料证实，以台北十三行文化遗址为代表，在距今 1800 年至 400 年之间，台湾是联结中国大陆与海外的一个重要中转站。这里出土的文物，既有来自大陆的青铜器物，也有来自南亚地区甚至更远区域的玻璃器皿。这些出土文物充分说明，我国东南地区及台湾地区在唐宋时期就已经成为我国海上丝绸之路的重要港口与据点。

隋唐时期我国海洋文明发展的一个重要标志，是中国文化向周边国家传播。隋唐时期是我国专制集权发展的鼎盛时期，政治、经济、文化均较为发达，与邻近诸国往来频繁，互相影响，对我国及邻近各国的经济、文化发展，具有积极的推进意义。唐贞观十七年（643），李义表、王玄策出使印度，天竺迦摩缕波国童子王请求将《道德经》翻译成梵文。他们归国后，唐太宗命玄奘等完成翻译，王玄策在第二次出使印度时，即将翻译好的《道德经》赠送给童子王，并赠送了老子像。这是迄

今为止最早的有文字可考的关于《道德经》传入印度的记述。不仅如此，侨居中国的波斯人、阿拉伯人亦受中国文化的熏陶。当时的长安可谓亚洲各国留学生聚集的地方，也是世界文化传播中心。

汉字作为世界上使用人数最多的文字，对日本、朝鲜、韩国、越南、哈萨克斯坦等亚洲诸国均产生过深远且重大的影响。日本民族虽有古老的文化，但其本族文字则较晚出现。长期以来，日本人民以汉字作为传播思想、表达情感的载体，称汉字为"真名"。5世纪初，日本出现借用汉字的标音文字——"假名"。公元8世纪时，以汉字标记读音的日本文字已较为固定，其标志是《万叶集》的编定。日本文字的最终创制由吉备真备和弘法大师（空海）完成。他们两人均曾长期留居唐朝，对汉字有很深的研究。前者根据标音汉字楷体偏旁创造了日文"片假名"，后者采用汉字草书创造日文"平假名"。尽管自10世纪起，假名文字开始在日本盛行，但汉字的使用却并未因此废止。时至今天，已在世界上占据重要地位的日本文字仍保留着1000多个汉字。

朝鲜文字称谚文。它的创制和应用是古代朝鲜文化的一项重要成就。实际上，中古时期的朝鲜亦如日本，没有自己的文字，使用的是汉字。新罗统一后稍有改观，时人薛聪曾创造"吏读"，即用汉字表示朝鲜语的助词和助动词，辅助阅读汉文书籍。终因言文各异，"吏读"无法普及。李朝初期，世宗在宫中设谚文局，令郑麟趾、成三问等人制定谚文。他们依中国音韵，研究朝鲜语音，创造出11个母音字母和17个子音字母，并于1443年编成"训民正音"公布使用，朝鲜从此有了自己的文字。

10世纪以前，越南是中国的郡县。秦、汉、隋、唐均曾在此设官统辖，故越南受中国文化的影响较深。越南独立后，无论是上层人士的交往，还是学校教育、文学作品创作，均以汉字为工具。直至13世纪，越南才有本国文字——字喃。字喃是以汉字为基础，用形声、假借、会意等方法创制的表达越南语音的新字。15世纪时，字喃通行越南全国，完全取代了汉字。

不仅文字，唐代的政治制度同样对东亚各国产生了不小的影响。科举制度和三省六部制是中国古代政治制度的重要组成部分，也是支持官僚政治高度发展的两大杠杆。科举制度和三省六部制萌芽于汉代，建立于隋唐，不仅影响了东亚政治制度的发展，还促进了西方文官制度的建立。在唐代，有不少来自朝鲜半岛、安南（今越南）、大食（今阿拉伯）等国的留学人员参加中国的科举考试，其中尤以朝鲜人为多。9世纪初，朝鲜半岛还处于百济、新罗、高句丽并立的三国时代，新罗的留唐学生十分向往中国的科举制度，并且来中国参加科举考试。821年，新罗学生金云卿首次在唐朝科举中登第。截至唐亡的907年，新罗学生在唐登第者有58人。五代时期，新罗学生及第者又有32人。958年，高丽实施科举制度。日本也于8世纪时引进中国的科举制，建立贡举制。唐会昌五年（845），唐王朝允许安南同福建、黔府、桂府、岭南等地一样，每年选送进士7人、明经10人到礼部，同全国各地的乡贡、生徒一起参加科举考试。科举制度虽然最早产生于中国，但其声望及影响并非仅囿于中国。从其诞生之日起，历朝历代就有不少外国学子到中国学习和参加科举考试，绝大多数人学有所成，像桥梁一样促进了国与国之间在文化、教育等方面的交流，为增进中国人民与其他各国人民的友谊作出了不可磨灭的贡献。他们的历史功绩永载中国海洋文明发展史及中外文化交流史史册。

新罗受唐文化影响最深。当时入唐求学的新罗学子很多，仅840年一年，从唐朝回国的新罗留学生就有100余人。他们学成归国后，协助新罗统治者仿效唐朝的政治制度，建立起从中央到地方的行政组织。8世纪中叶，新罗仿效唐朝改革了行政组织，在中央设执事省（相当于唐朝的中书省），在地方设州、郡、县、乡。日本也是与唐朝有密切来往的东亚国家之一。仅在唐朝一代，日本就派遣了12批遣唐使团到中国学习，次数之多，规模之大，时间之久，学习内容之丰富，可谓空前，推动了中日文化交流的第一次高潮。通过与中国的不断交往，日本在政治、经济、军事、文化、生产技术乃至生活风尚等方面都受到中国的深刻影响。其中，影响最大的是646年日本的大化改新。日本在这次革新中充分借鉴了唐朝经验，建立了以天皇为中心的中央集权国家，官吏任免权收归中央。这次改革还仿效唐朝的三省六部制，在中央设立相应机构，各司其职，置八省百官。从649年"冠位十九阶"的制定到701年

《大宝律令》、718年《养老律令》的先后制定，全新的封建官僚体制取代了贵族官僚体制（现在日本的中央部级还称作"省"）。同一时期，安南所推行的文教制度和选拔人才政策也与隋唐几乎相同。世界五大法系之一———"中华法系"的代表《唐律疏议》，对越南法制史有重大影响。中国政治制度对东亚、南亚国家的影响一直延续到宋明时期。

佛教传入中国，经过中国文化的滋养，再传入东亚各国，对东亚各国的宗教文化产生了深刻影响。鉴真先后6次东渡到达日本，留居日本10年，辛勤不懈地传播唐朝多方面的文化成就。唐代前期和中期以后，新罗留学生研习当时盛行的天台宗、法相宗、律宗、华严宗、密宗和禅宗。

唐朝时期，中国的典籍源源不断地传入东亚各国，形成了一个高潮。日本飞鸟、奈良时代甚至出现了当时举世罕见的汉书抄写事业。日本贵族是最早掌握汉字和汉文化的社会阶层。日本平安时代（794—1192）是贵族文化占主流的时代。这一时代的贵族，包括皇室在内，均以中国文明为榜样，嗜爱汉籍，对唐诗推崇备至。平安时代初期，嵯峨天皇敕令编撰了《凌云集》和《文华秀丽集》两部汉诗集，开启其后300年间日本汉文化发达之先河。

唐代国学等汉籍传入东亚各国，形成了一条通畅的"书籍之路"。早期"书籍之路"航线从中国江南始发，经朝鲜半岛，再至日本列岛，这是与东亚海上丝绸之路相辅相成的文化传播之路，构建了东亚文化交流的新模式。

宋元时期中国海洋文明发展史在更广阔的范围展开。一方面，在传统"朝贡贸易"的刺激下，民间从事私人海上贸易的情况不断出现；另一方面，理学成为中国儒学的新形态，很快成为东亚各国的道德文化范本。中国禅宗的兴盛也深深地影响着周边各国。中国的"四大发明"进一步影响世界，中国与东南亚各国的往来日渐密切，与非洲的联系也日益紧密。

宋元时期，儒学向亚洲国家传播，对东亚及东南亚产生深远的影响。对东亚的影响主要是朱子学和文庙制度的东传。四书五经等儒家经典的思想和智慧传到朝鲜、日本和越南，这些教化中国民众的核心精神也深深影响着东亚各国。在朝鲜，高丽王朝的安珦于1290年将《朱子全书》抄回国内后，白颐正、禹倬等人开始不遗余力地在朝鲜发扬程朱理学。他们的后学李齐贤、李穑、郑梦周、郑道传等人，成了推动朝鲜朱子学发展的中流砥柱。日本的朱子学传播伴随着佛教的交流。日本僧人俊芿曾带回朱熹的《四书章句集注》等著作，日本僧人圆尔辩圆曾持朱熹的《大学或问》《中庸或问》《论语精义》《孟子精义》等著作回国。同时，宋朝僧人道隆禅师曾赴日以儒僧身份宣传理学，元朝僧人一宁禅师赴日宣传宋学，培养了一大批禅儒兼通的禅僧，如虎关师炼、中岩圆月、义堂周信等。15世纪末朱子学在日本形成三大学派：萨南学派、海南学派和博士公卿派。在越南，陈圣宗于绍隆十五年（1272）下诏求贤才，能讲四书五经之义者，入侍帷幄。于是，越南出现了一批积极传播朱子学的先驱，如朱文安、黎文休、陈时见、段汝谐、张汉超、黎括等。黎朝建立后，仍然大力提倡朱子学，将朱子学确立为正统的国家哲学。

宋元时期，除了朝鲜、日本、越南等经过海路与中国交往，并且产生文化影响力之外，东南亚各国也同中国产生了直接的联系。例如泰国，宋朝曾于1103年派人到罗斛国，1115年罗斛国的使者正式来到中国，罗斛国与中国建立友好关系。罗斛先后五次（分别于1289年、1291年、1296年、1297年和1299年）派遣使者出访元朝。1238年，泰族首领马哈柴柴查纳亲王后裔坤邦克郎刀创建了以素可泰为中心的素可泰王国（《元史》中称"暹罗"），历史上称作素可泰王朝。宋元时期，泰国医生使用的药物中，30％为中药。他们也采用中医望、闻、问、切的诊治方法。中国的针灸术也流行于泰国。又如缅甸。缅甸蒲甘国1106年第一次遣使由海路入宋，于1136年第二次遣使由陆路经大理国入宋。纵观整个元代，缅甸至少13次遣使至元朝，元朝向缅甸遣使约6次。1394年，明朝在阿瓦设缅中宣慰司，与阿瓦王朝关系密切。再如柬埔寨。真腊是7—16世纪柬埔寨的国名。公元616年2月24日，真腊国遣使贡方物。苏利耶跋摩二世在位时（1113—1150），曾两次遣使来中国访问。真腊国分别于1116年、1120年、1129年遣使入宋，宋朝廷将"检校司徒"称号赐予真腊国王。1200年，真腊遣使入宋赠送驯象等礼品。宋宁宗以

厚礼回赠，并表示真腊"海道远涉，后勿再入贡"。1295 年，元成宗（铁穆耳）派遣使团访问真腊，周达观随行。回国后，他写下了《真腊风土记》。唐宋时期中国与老挝的交往在史书中几乎没有记载。元朝曾在云南边外设老丫、老告两个军民总管府。1400 年至 1613 年间，中、老两国互相遣使达 43 次，其中澜沧王国遣使入明 34 次，明朝向澜沧王国派遣使节共 9 次，并在澜沧王国设"军民宣慰使司"。960 年，占城国悉利胡大霞里檀遣使李遮帝入宋朝贡。982 年，摩逸国（今菲律宾群岛一带）载货至广州海岸。1003 年、1004 年、1007 年，蒲端王其陵遣使来华"贡方物"。1011 年，蒲端王悉离琶大遐至遣使入宋"贡方物"。1372 年，吕宋（位于菲律宾北部）遣使来贡。1003 年，三佛齐王思离朱罗无尼佛麻调华遣使入宋。宋元时期，随着中国海洋文明及海上丝绸之路的发展，中国与东南亚各国建立了比较稳定的联系。

15 世纪初叶，郑和船队开始了史诗般的航行；16 世纪之后，中国沿海贸易商人也拼搏于东西洋的广阔海域。世界东西方文明在这一时期产生了直接的碰撞与交流。中国文化在面对初步全球化格局的挑战时，演绎了许多可歌可泣的历史篇章；中华文明在新的碰撞交流中，将自身的影响力扩大到全球。中国海洋文明发展的历史又向前迈进一步。

中国明代前期郑和下西洋，体现了中国古代航海技术的最高水平。自永乐三年（1405）开始，一支由 200 余艘"巨舶"、27000 余人组成的庞大舰队在郑和的带领下踏上了海上征程。在近 30 年的航行中，郑和船队完成了人类史无前例的壮举：先后 7 次跨越三大洋，遍历世界 30 多个国家。这支当时世界上最强大的海上舰队的足迹，东达琉球、菲律宾和马鲁古海，西至莫桑比克海峡和南非沿海的广大地区，定期往返，到达越南、马来西亚、斯里兰卡、印度、沙特阿拉伯等 30 多个国家和地区，最远曾达非洲东部、红海、麦加，并有可能到过澳大利亚、新西兰和美洲。1904 年，郑和下西洋 500 年后，梁启超在《新民丛报》发表《祖国大航海家郑和传》，请国人记住这位"伟大的航海家"，说"郑君之初航海，当哥伦布发现亚美利加以前六十余年，当维哥达嘉马发现印度新航路以前七十余年"。而郑和与带给美洲、非洲血腥殖民主义的西欧航海家最大的不同，则是其宣扬"宣德化而柔远人"的和平贸易理念。这支秉持明太祖"不征"祖训的强大海军,不仅身负建立朝贡贸易的重任,也扮演了维持海洋秩序,使"海道清宁"的角色。在感慨这支强大的海军因明朝廷内外交困不得不中止使命,中国失去在15世纪开始联结世界市场的机会之余,我们还应思考郑和与他史诗般的跨洋航行留给我们的启示:是不是只有牺牲人性与和平的殖民主义才是"全球化"的唯一可行路径?我们的海洋、我们的世界,能否建立起一个以"仁爱""和平"的理念联结在一起的政治秩序?

15世纪中叶,肩负中国官方政治使命的郑和航行虽然画上了句号,但以中国为核心的东亚海洋贸易网络的勃兴与发展却从未停止。郑和船队对东亚、南亚海域的巡航,为中国历代沿海居民打开了通向大洋的窗口,而明朝海禁政策导致朝贡贸易的衰落,更刺激了民间海外贸易的大发展,最终迫使明朝廷做出"隆庆开关"的决定,民间私人海外贸易获得了合法的地位。东南沿海各地民间海外贸易进入了一个新时期。此时,中国沿海海商的足迹几乎遍及东亚和东南亚各国,其中日本、吕宋(今菲律宾)、暹罗(今泰国)、满剌加(今马六甲)等地为当时转口贸易的重要据点。他们把内地的各种商品,如生丝、丝织品、瓷器、白糖、果品、鹿皮及各种日用珍玩运销海外,换取大量白银及香料。由于当时欧洲商人已经到达东南亚各国及我国沿海地区,这一时期的海外贸易活动实际上也是一场东西方争夺东南亚贸易权的竞争。16世纪至17世纪上半叶,以闽粤商人为主的中国商人集团在与西方商人的竞争和抗衡中始终占有一定的优势,成为世界市场中非常活跃的贸易主体。随着国内外商品市场的发展,作为交换媒介的货币也发生了重要变化,自唐、五代以来一直流行于民间的白银,随着海外贸易中大量白银货币的入超,最终取代了明朝的法定钞币,成为通行的主要货币。

繁盛的海外贸易对增加明朝廷的财政收入具有无可替代的重要作用。实际上,明朝已经成为当时的世界金融中心。明代后期及清代前期,中国与世界已经紧密地联系在一起。中国商人奔走于东西洋之间,促进了中国与亚洲各国的经济和文化交流。15世纪之后,来自欧洲的商人及传教士群体,纷纷来到亚洲,更是与中国的商人发生了直接的交往。

总序

万历时期，即 16 世纪末、17 世纪初，欧洲陷入经济萧条，大西洋贸易衰退，以转贩中国商品为主的太平洋贸易发展为世界市场中最活跃的部分。中国商品大量进入世界市场，在一定程度上缓和了世界市场贵金属相对过剩与生活必需品严重短缺的不平衡状态；因嗜好中国精美商品而掀起的"中国热"，刺激和影响了欧洲工业生产技艺的革新，促进了经济的发展。中国商品为 17 世纪西方资本主义的兴起作出了不可磨灭的贡献。

16—18 世纪，"中国热"风靡西方世界，欧洲人沉浸在对东方文明古国心驰神往的迷恋之中。思想家们开始思索西方与东方、欧洲与中国之间的深层次交流。欧洲的启蒙运动思想家们正是在这样一种氛围中，援引儒家思想，赞美中国。中国悠久的历史和发达的文明令欧洲人欣羡不已。为欧洲带来有关中国的信息从而引发热潮的人，主要是 16—18 世纪持续不断地来到中国的耶稣会士。由于此时的陆上丝绸之路已经衰败，从陆路来到中国，交通相当不便，于是海上交通便成为 15 世纪以后西方人来到中国的主要通道。换言之，中国的海洋文明发展史在 15 世纪以后开始逐渐向世界各地延伸。

明末清初时期，中西之间的文化交流达到了前所未有的深度与广度，呈现出第二次高峰。在此时期，来华天主教传教士，尤其是耶稣会士，充当了重要的文化交流桥梁。一方面，在传播天主教教义的动机的驱使下，西方传教士译介了大量的西方科学文化知识，使明清时期的中国知识界对"西学"有了初步的了解和认识；另一方面，通过定期撰写书信报告、翻译中国典籍等方式，传教士也将中国悠久灿烂的文化及中国现状介绍到欧洲，致使 17—18 世纪的欧洲"中国热"经久不衰。可以说，这一时期中西文化的接触和交流，对东西方社会的发展和进步都产生了重要的影响。这个时期中国文化比较系统地传入欧洲，对 18 世纪欧洲社会文化转型和正在兴起的启蒙运动产生了重大影响。18 世纪中叶，启蒙运动在欧洲兴起。启蒙思想家在继承古希腊、古罗马以来西方理性主义精神遗产，尤其是近代实证论、经验论的同时，也把眼光投向了中国，他们发现了在 2000 年前（公元前 5 世纪时）就已清晰地阐述了他们想说的话的伟大哲人——孔子。在耶稣会士从中国带回的各种知识中，没有哪一样像孔子的思想那样引发欧洲知识界的热烈研究与讨论，而与之相关联的，对中国的理性主义、文官制度、科举制度和法律的探讨，更是直接成为欧洲启蒙运动的重要灵感。许多著名的启蒙思想家，对孔子及中华学说赞扬不已。如伏尔泰从儒学的"人道""仁爱"思想和儒家道德规范的可实践性看到了他所寻求的理想社会的道德理论和道德经验。莱布尼茨惊呼："东方的中国，竟然使我们觉醒了！"孟德斯鸠从中国的儒学中看到了伦理政治对君主立宪的必要性。百科全书派的代表人物曾经赞扬中国是世界上唯一把政治和伦理道德相结合的国家。

18世纪以来，西方的工业革命确立了资本主义制度的坚固基础，殖民化的欲望日益增强。传统的中华古国，在西方列强坚船利炮的冲击下，陷入了深重的危机。然而，富有包容性和创新性的中国海洋文化，在逆境中不断寻求变革之路，探索着文化的新生与重构。以鸦片战争为标志，在西方现代文明的冲击之下，中华文明遭遇空前危机，其主体性地位不断被质疑，中华文明向海外扩展的内在动力也大为减弱。然而，中华文化内在的包容性与创新性，激发了一代又一代的中国人，特别是知识分子群体。中国的仁人志士从未停止对中华民族复兴之路的探索。他们勇于直面危机，努力探索，求新求变，从而推动中华文化的自我调整和现代化嬗变。中华文明面对的是"三千年未有之大变局"，中国长期的文化优势和文化优越感被西方殖民主义的强势文化不断消解。因此，伴随着西方历次的殖民战争，许多中国人在阵痛之后开始了文化自觉和文化反思。这种文化自觉和文化反思最集中的表现即对西方先进科学技术和社会科学理论的引进传播，最终孕育了20世纪初的新文化运动，这成为中国近代名副其实的启蒙运动。

无论是林则徐、魏源等人的"师夷长技以制夷"，还是洋务派人士的"师夷长技以自强"；无论是维新派人士的"立宪救国"，还是资产阶级革命派的"民主共和"；无论是以"民主"和"科学"为旗帜的新文化运动，还是以马克思主义为旗帜的中国共产党领导的新民主主义革命，无不体现出中国传统文化勇于面对逆境的韧劲。当然，逆境中的复兴之路，是十分艰辛、曲折的。仁人志士在不断的探索及实践中，最终找到"只有社会主义才能救中国"的伟大真理。

近代中国文化在中外文化交流中虽然身处逆境，但是其顽强的生命力，使这一时期中华文明的海外交流和传播从未间断，并且呈现出某些新的传播特征。从对外经济往来的层面说，西方的经济入侵，固然使中国传统经济受到了很大的冲击，但是善于求新求变的中国民众，特别是沿海一带的商民们，忍辱负重，敢于向西方学习，尝试改变传统的生产格局，发展工农业实业经济，拓展海外贸易，取得了良好的成效，从而为中国现当代社会经济的转型与发展奠定了不可忽视的基础。

从文化层面看，20 世纪初中国遭受的巨大浩劫，牵动东西方文明交流向更深入的方向走去。中国知识分子在吸收西方近代知识智慧的同时，深刻地反思中国传统文化的精髓与糟粕，继而为国家和民族的命运奋起反抗。在中学西传的过程中，以在传统海商聚居地出生的辜鸿铭、林语堂为代表的晚清知识分子的贡献很大。这一时期，中国古典文明的现代意义虽然在国内受到质疑和批判，但是在西方社会依然被广泛关注。中国传统的儒家经典、古典诗歌、明清小说在这一时期仍被大量译介到西方。许多汉学家如葛兰言、高本汉等对此都有专业的研究。

在近代中外文化交流中，海外华侨群体也作出了杰出贡献，如创办华文报刊、华文学校等，提倡华文教育。华文教育无形中扩大了中文社会的影响力，促进了中国文化与南洋本土文化的交流，同时也使南洋居民在一定程度上认识和了解了博大精深的中华文化。

随着明清时期特别是近代以来中国民间群众移民海外数量的增加，这一时期中国文化的对外传播形成了某些值得注意的新特征，这就是遍布世界各地的"唐人街"的形成与传播。近代中国文化在中外文化交流中虽然处于逆境，但中国商民在海外的发展从来没有停止，中国文化的海外交流和传播一直没有间断，中国的一些文化习惯，如中国茶文化传到西方之后，依然表现出强大的影响力，成为西方的一种流行文化。而华侨华人对世界各地经济发展的贡献，更是世界各国人民有目共睹的。

近代以来，中国人民的艰辛探索终于迎来了中华人民共和国的诞生。新中国成立之后，殖民主义文化被彻底抛弃，中华文明及其深厚的海洋文化发展潜力得到全面的复苏与拓展，中国与世界各地的经济交往以前所未有之势蓬勃发展，中华文化在中西文化交流中展现出前所未有的自觉和自信。特别是改革开放以来，随着中国综合国力和国际话语权的不断提升，中华文明及海洋事业在国际事务与中西文化交流中，表现出强大的拓展动力和趋势。中华海洋文化及中国海上丝绸之路，再次焕发出独特魅力，不断地延伸创新，影响世界，成为中国走向世界的最强音。

纵观中国海洋文明发展的历史过程，以及中华海洋文化与世界文化的交流历史，既有畅行的通途，也有布满艰辛的曲折之路。无论是唐宋时期由朝贡体系促成的政治制度、礼仪制度、文字文学、宗教信仰等的向外传播，还是宋明以来中国沿海商民的私人海上贸易和华侨移民，都对世界文明的进步与世界经济的发展作出了重要贡献。即使是在以往被人们忽视的科学技术领域，英国著名汉学家李约瑟（Joseph Needham）在其著作《中国科学技术史》一书中，对中国古代科学技术为世界所作的贡献作出了很高的评价。当然，近代以来，中华文明以及中国海洋文明的发展，备受压抑，历尽磨难，但始终保有顽强的生命力、特有的文化魅力和世界影响力。当改革开放的春风吹遍神州大地的时候，中华文化更是在频繁的交流中不断丰富发展，体现出越来越鲜明的包容性格和进取精神。这一历史发展过程也充分证明，中华文明作为世界文明花坛中的一朵奇葩，必将在今后的历程中更加绚丽多彩。在全球化日益显著的今天，我们有责任也有义务让包括中国海洋文明在内的中华文明在继承中不断发扬光大，为整个世界文明的发展与和谐共存贡献力量。

## 二、对中国历代政府海洋政策的反思

中国历代政府所推行的海洋政策，无疑对各个时期海洋事业的发展与迟滞，产生了极为重要的作用。众所周知，中世纪以来，西方各国争相向海外发展势力，在全世界包括东方各地争夺势力范围。在这一系列的海外扩张过程中，国家的海洋政策起到了至关重要的推进作用。西方国家一直是海商、海盗寻求海外势力范围的坚强后盾。然而，中国历代政府的海洋政策与此截然不同。秦汉以来，中国历代政府关于海洋事务的政策基调，基本上围绕所谓的朝贡体系展开。到了近代，中国积贫积

弱，朝贡体系因而备受海内外政治家与学者的非议乃至蔑视。

秦汉以来的朝贡体系无疑是中国历代对外关系的基石。近现代以来，人们诟病这一外交体系主要因为两个方面：第一，中国历代政府以朝贡体系为主的外交方式，把自身置于"天朝上国"或"宗主国"的地位，把交往的其他国家视为"附属国"；第二，中国历代朝贡体系下的外交，是一种在经济上得不偿失的活动，外国贡品的经济价值有限，而中国历代朝廷赏赐品的经济价值大大超出贡品的经济价值。

进入近现代时期，由于西方列强的侵略及中国自身发展的迟滞，中国沦为"落后挨打"的半封建半殖民地社会。在许多西方人和日本人的眼里，中国是一个可以随意宰割的无能国度。在这种观念的影响下，西方人和日本人探讨中国近现代以前，特别是中国历代的朝贡体系时，就不免带有某种先入为主的偏见，嘲笑中国历代的朝贡外交体系是一种自不量力、自以为是的"宗主国"虚幻政策。与此同时，20世纪中国学界普遍沉浸于向西方学习的文化氛围中，相当一部分学者也就自然而然地接受了这种带有蔑视和嘲笑意味的学术观点。因此，近现代以来国内外学者对明朝朝贡体系的批评，存在明显的殖民主义语境。与此形成鲜明对照的是，同时期大英帝国所谓"日不落帝国"及其后的美国霸权主义，却很少受到世人的蔑视与取笑。

中国历代朝贡体系之下的外交在经济上得不偿失的观点，很大程度上受二十世纪四五十年代以来关于中国封建社会内部是否已经出现资本主义萌芽问题讨论的影响。由于受到西方学界的影响，中国大部分学者希望自己比较落后的祖国能够像西方的先进国家一样，走上资本主义社会这一有历史发展规律可循的道路。而发展资本主义社会的前提是商品经济、市场经济及对外贸易经济的高度发展。于是，在这样的学术背景下，二十世纪五六十年代，中国历史学界探讨明清时期的商品经济、市场经济及海外贸易等领域，取得了不错的成绩。人们发现，西方国家在资本原始积累的过程中，对外关系、对外贸易以及海外掠夺，对这些国家的资本主义经济发展和社会变革起到了至关重要的助力作用，反观中国传统朝贡体系下的经济贸易，得不偿失，未能给中国资本主义的萌芽和发展提供丝毫的帮助。然而，从纯经济的角度来评判中国历代的朝贡体系，实际上严重混淆了明朝的国际外交关系与对外贸易的应有界限。

毋庸讳言，中国历代的朝贡外交体系是承继中国两千年来"华夷之别"的传统文化价值观而形成的。这种朝贡外交体系，显然带有某种程度的政治虚幻成分。同时，它又只是一种国与国之间的政治外交礼仪而已。这种朝贡式外交礼仪中的所谓"宗主国"与"附属国"，也只是一种名义上的表述，两者的关系并不像欧洲中世纪国家那样，必须以缴纳实质性的贡赋作为联系纽带。因此，我们评判一个国家或一个朝代的外交政策及其运作体系，并不能仅仅因为它的某些虚幻观念和经济上的得失，就武断地给予负面的历史判断。如果我们要比较客观和全面地评判中国历代的对外关系，就应该从确立这一体系的核心宗旨及其实施的实际情况出发，同时参照世界上其他国家对外关系的历史事实，进行综合分析，如此才能得出切合历史真相的结论。

中国历代朝贡体系的确立，是建立在国与国、地区与地区之间和平共处的核心宗旨上的。这一点我们在明朝开创者朱元璋及其儿子明成祖朱棣关于对外关系的一系列谕旨中就不难发现。朱元璋在《皇明祖训》中明确指出："四方诸夷，皆限山隔海，僻在一隅，得其地不足以供给，得其民不足以使令。若其自不揣量，来扰我边，则彼为不祥。彼既不为中国患，而我兴兵轻伐，亦不祥也。吾恐后世子孙，倚中国富强，贪一时战功，无故兴兵，致伤人命，切记不可。"[1] 洪武元年（1368），朱元璋颁诏于安南，宣称："昔帝王之治天下，凡日月所照，无有远迩，一视同仁，故中国尊安，四方得所，非有意于臣服之也。"从这个前提出发，中国对外关系的总方针就是要"与远迩相安于无事，以共享太平之福"[2]。永乐七年（1409）三月，明成祖朱棣命郑和下西洋，"敕谕四方海外诸番王及头目人等……祗顺天道，恪守（遵）朕言，循理（礼）安分，勿得违越；不可欺寡，不可凌弱，庶几共享太平之福"[3]。在这种对外关系的总方针下，明初政府开列了朝鲜、日本、大小琉球、安南、真

---

①《皇明祖训》条章，载《四库全书存目丛书》，齐鲁书社，1996。
②《明太祖实录》卷三四。
③郑鹤声、郑一钧：《郑和下西洋资料汇编》上册，齐鲁书社，1980，第99页。

腊、暹罗、占城、苏门答腊、西洋、爪哇、彭亨、百花、三佛齐、浡泥，以及琐里、西洋琐里、览邦、淡巴诸国，皆为"不征诸夷国"。① 在与周边各国的具体交往过程中，朱元璋本着中国自古以来的政策，主张厚往薄来。在一次与琐里的交往中，他说道："西洋诸国素称远番，涉海而来，难计岁月。其朝贡无论疏数，厚往薄来可也。"② 明初奉行的一系列对外政策和措施，充分体现了明朝政府在处理国际关系中所秉持的不用武力，努力寻求与周边国家和平共处之道的基本宗旨。

在寻求国与国之间和平共处的核心宗旨的前提下，明朝与周边的一些国家，如朝鲜、越南、琉球等，形成了宗主国与附属国的关系，这也是不争的事实。但这种宗主国与附属国关系的形成，更多是承继以往历朝的历史因素。纵观全世界中世纪以来宗主国与附属国的关系，就会发现，宗主国与附属国的关系基本上是通过三种途径形成的：一是通过武力征服强迫形成，二是通过宗教关系或是民意及议会的途径形成，三是在传承历史文化的条件下通过和平共处的途径形成。显然，在这三种宗主国与附属国关系中，只有第三种，即以和平共处方式形成的宗主国与附属国的关系，是最经得起历史检验和值得后世肯定的。中国历代建立起来的以和平共处为核心宗旨的宗主国与周边附属国的关系，正是这样一种经得起历史检验和值得后世肯定的对外关系。正因为如此，纵观历史，虽然这些附属国会不时发生内乱等极端事件，历经政权更替，但无不以得到明朝中央政府的册封为荣，即使是叛乱的一方，也都想方设法得到明朝中央政府的承认。可以说，当这些附属国发生内乱，明朝中央政府基本上采取充分尊重本国实际情况的原则，从道义上给予正统的一方支持，以稳定附属国的国内情势，维护区域和平局面。当遭遇外患陷入国家危机的时候，这些附属国也经常向明朝求援。其中最典型的例子，就是万历年间朝鲜遭到日本军阀丰臣秀吉侵略时，明朝政府应朝鲜王朝的求援，派出大量军队，帮助朝鲜王朝抵抗日本军队的进攻，最终把日本军队赶出朝鲜，维护了朝鲜王朝的领土完整和国家尊严。尤其值

---

① 郑一钧：《论郑和下西洋（修订本）》，海洋出版社，2005，第 9 页。
② 《明史》卷三二五《外国六·琐里》，中华书局，1974，第 8424 页。

得一提的是，在这场规模不小的抗倭战争中，明朝政府不但派出军队参战，而且所有的战争经费都由明朝政府从财政规制中支出，"縻饷数百万"①。作为宗主国，明朝对附属国朝鲜的战争支援，完全是无偿的。

在历代对外朝贡体系中，中国对外国朝贡者优渥款待，赏赐良多。而这些朝贡者，来自东亚、南亚甚至中东的不同国家与地区，带来的所谓贡品，更多是作为求得明朝中央政府接待的见面礼，仅是"域外方物"而已。作为受贡者的明朝政府，对各国的所谓贡品并没有具体的规定。因此，明朝朝贡体系中的外国"贡品"，是不能与欧洲中世纪以来宗主国与附属国之间定期、定额的"贡赋"混为一谈的。明朝朝贡体系中的"贡品"，随意性、猎奇性的成分居多，缺乏实际经济价值。因此，如果单纯从经济效益衡量，当然是得不偿失。但是这种所谓的经济上的"得不偿失"，实际上被我们近现代时期的许多学者无端夸大了。明朝政府在接待来贡使者时，固然实行"厚往薄来"的原则，但无论是"来"还是"往"，其数量都是比较有限的，是有一定规制的，基本上仅限于礼尚往来的层面。迄今为止，除了郑和下西洋这种大型对外交往行为给国家财政造成一定的压力之外，我们还看不到中国历代正常朝贡往来中的"厚往薄来"对政府的财政产生过不良的影响。即使有，也是相当轻微的，因为所谓"厚往"，仅仅只是礼物和人员接待费用而已。明朝政府对一般来贡国国王的赏赐，基本上是按照本朝"准公侯大臣"的规格施行的。② 如果把这种"得不偿失"与万历年间援朝抗倭战争的军费相比，只能算是九牛一毛！万历年间支援朝鲜的抗倭战争，从根本上说，是为了维护地区的和平与稳定，而不是为了维持朝贡体系。

从更深的层面来思考，我们判断一个国家或一个时期的对外政策是否正确，不能仅仅以经济效益作为衡量得失的主要标准。国与国之间的外交关系和国与国之间的经济贸易关系，固然有必然的联系，但又不完全等同，外交关系与贸易往来必须有所区分，不能混为一谈。在 15 世纪至 16 世纪以前欧洲国家所谓的"大航海时代"尚未来临，在世界的东

①《明史》卷三二二《外国三·日本传》，第 8358 页。
② 郑一钧：《论郑和下西洋（修订本）》，第 13 页。

总序

方，明朝可以说是这一广大区域中最大，也是最为核心的国家。作为这一广阔区域中的大国，对维护这一区域的和平稳定是负有国际责任的。假如这样一个核心国家，凭借自身的经济、军事优势，四处滥用武力，使用强权征服其他国家，那么这样的大国是不负责任的，区域的和平与稳定是不可能长久存在的。从这样的国际关系理念出发，明朝历代政府所奉行的安抚周边国家、厚往薄来，以和平共处为核心宗旨的对外朝贡体系，正是体现了明朝作为东方核心大国的责任担当。事实上，纵观世界历史，所有曾经或现在依然是区域核心大国的国家，在与周边弱小国家和平相处的过程中，由于肩负维护区域和平稳定的义务和责任，在经济上必须承担比其他周边弱小国家更多的负担，这几乎是一种必然的现象。换句话说，核心大国所承担的政治经济责任，同样是另外一种"得不偿失"。但是这种"得不偿失"，是作为区域大国承担区域和平稳定责任的重要前提。明朝作为东亚区域最大、最核心的大国，在勇于承担国际义务与责任的同时，被周边国家视为"宗主国"或"中国"，因而自视为"天朝上国"，也是十分顺理成章的事情。如果我们时至今日依然目光短浅地纠缠在所谓"朝贡体系"贸易中"得不偿失"的偏颇命题，那就大大低估了中国历朝历代政府所奉行的和平共处的国际关系准则。这种国际关系准则，虽然带有某些"核心"与"周边"的"华夷之别"的虚幻成分，但对中国的历史延续性及其久远的历史意义，至今依然值得我们欣赏和思考。

我们若明白自秦汉以来中国历代政府所施行的"朝贡体系"，实质上只是一种政治上的外交礼仪，就不难想象中国历史上历代政府所认知的世界，仅局限在亚洲一带，应该是建立在一种和谐相处的氛围之内的。由于中国是这一时期亚洲最大又最有实力的国家，建立以中国为核心的亚洲世界，也就顺理成章地成为政策制定的依据了。

我们再从秦汉以来至明清时期中国海洋政策的纵向面来考察。秦汉以来至隋唐时期，中国与海外各地的经济贸易活动相对稀少，有限的贸易也基本上被局限在"朝贡贸易"的圈子之内。宋代之后，经济层面的活动，包括私人海外贸易活动，才逐渐兴盛起来。因此，宋代是中国历代政府执行对外海洋政策的一个重要转折期。从秦汉以迄隋唐，由于海上私人贸易活动比较罕见，政府制定的对外海洋政策基本着眼于政治与文化外交的层面。与周边许多国家政治与文化体制较为落后的情形相比，中国的政治与文化体制有较为突出的优势。政府把对外海洋政策着眼于政治与文化的层面，并不会对中国的政治与社会统治产生不良后果。因此，在这个时期内，国家政府对政治体制与文化形式的输出，往往采取鼓励的方式。而这种对外海洋政策，在一定程度上促进了隋唐时期中国政治制度向朝鲜、日本、越南等邻近国家的传播。以文化形式向外传播，扩散的范围将更为广阔。因此，我们可以说，宋代以前，中国政府的对外海洋政策与民间的对外联系基本上是吻合的。

但是到了宋代，情况有了很大的改变。随着与周边国家和地区经济交往的增多，沿海一带出现了不少私人海上贸易现象。这种私人海上贸易活动已经超出了"朝贡体系"所能约束的范围，政府自然把这种活动视为"违禁走私"活动，其主要思考点在于确保社会环境和政治统治的稳定。南宋时期著名学者兼名臣真德秀在泉州担任知州时有一项重要事务，就是布置海防，防范海上贸易活动，即所谓"海盗"活动，剿捕流窜于海上的"盗贼"。很显然，从宋代开始，政府的海洋政策出现了两种相互矛盾的走向：一方面继续维持以往的"朝贡体系"，另一方面对民间海上私人贸易活动严加禁止，阻挠打击。

宋朝廷禁止和打击民间私人海上贸易的做法，被后世的统治者们延续下来。特别是到了明代，这种做法对海洋贸易的阻碍作用愈加突显。从明代中叶开始，东南沿海商民从事海上私人贸易已经成为经济发展的趋势。特别是到了 15 世纪之后，世界局势发生了重大变化，处于资本主义原始积累阶段的欧洲人开始向世界的东方进发，"大航海时代"已经到来。这就使得 15 世纪之后的明朝社会，被迫进入一个前所未有的"世界史"的国际格局之中。① 从比较世界史的视角来观察，明初中国国力鼎盛的时期，正是欧洲"黑暗"的中世纪。西方出现资本主义的曙光，和明中叶以降中国社会经济与文化思潮新旧交替的冲动几乎同时到来。

① 陈支平：《从世界发展史的视野重新认识明代历史》，《学术月刊》2010 年第 6 期。

随着欧洲资本主义原始积累的步步推进，早期殖民主义者跨越大海，来到亚洲东部的沿海，试图打开中国社会经济的大门，谋取资本原始积累的最大利润。差不多在同一时期，伴随中国明代中期社会经济特别是商品市场经济的发展，中国商人也开始尝试突破传统经济格局和官方朝贡贸易的限制，冒险走出国门，投身海上贸易的浪潮之中。

16 世纪初，西方的葡萄牙人、西班牙人相继东航，分别以满剌加、吕宋为根据地，逐渐扩张势力至中国的沿海。这些欧洲人的东来，刺激了东南沿海地区商人的海上贸易活动。嘉靖、万历时期，民间私人海上贸易活动冲破封建政府的重重阻碍，取代朝贡贸易，并迅速兴起。中国海商的足迹几乎遍及东亚、东南亚各国，其中尤以日本、吕宋、暹罗、满剌加等地作为转口贸易的重要据点。他们把内地的各种商品，如生丝、丝织品、瓷器、白糖、果品、鹿皮及各种日用珍玩等，运销海外，换取大量白银及香料等回国出售。由于当时欧洲商人已经到达东南亚各国及我国沿海地区，因此这一时期的海外贸易活动，实际上也是一场东西方争夺东南亚贸易权的竞争。中国沿海商人，以积极应对的姿态，扩展势力至海外各地。研究中国明代后期东南亚海上贸易的学者普遍认为，17 世纪前后，中国的商船曾经遍布南海各地，从事各项贸易，执东西洋各国海上贸易的牛耳。

明代中后期不仅是中国商人积极进取，应对"东西方碰撞交融"的时期，而且随着这种碰撞交融的深化，中国的对外移民也成了常态。在唐宋时期，虽说中国的沿海居民中也有迁移海外者，但数量有限且非常态，尚不能在迁移的地方形成具有一定规模的华侨聚居地。而拥有真正意义上的海外移民并且形成华侨群体的年代，应是始于中国明朝时期。这种情况在福建民间的许多族谱中多有反映，譬如泉州安海的《颜氏族谱》记载，该族族人颜嗣祥、颜嗣良、颜森器、颜森礼及颜侃等五人，先后于成化、正德、嘉靖年间到暹罗经商并侨寓其地至死。《陈氏族谱》记载该族族人陈朝汉等人于正德、嘉靖年间到真腊经商且客居未归。再如同安汀溪的黄姓家族，成化年间有人去了南洋，繁衍族人甚众。永春县陈氏家族则有人于嘉靖年间到吕宋经商并定居于当地。类似的例子很多，举不胜举。① 到中国明代后期，福建、广东一带迁移国外的华人，已经逐渐向世界各地拓展。印度尼西亚的巴达维亚城是荷兰东印度公司所在地，1619 年前当地华侨不足四百人。不到十年，即截至 1627 年，该城华侨已达三千五百人，而其中大多数是来自福建漳州、泉州的移民。又据有关记载，从明代中后期始，中国的丝绸、瓷器等商品已由中外商人贩运到墨西哥等拉美地区，一些广东商民甚至在墨西哥的阿卡普尔科等地从事造船业或其他行业的生产经营活动。②

这些移居海外的华人，为侨居地早期的开发与经济繁荣作出了较大的贡献，如福建巡抚徐学聚所说："吕宋本一荒岛，魑魅龙蛇之区，徒以我海邦小民，行货转贩，外通各洋，市易诸夷，十数年来，致成大会。亦由我压冬之民，教其耕艺，治其城舍，遂为隩区，甲诸海国。"③对于这一点，即使是西班牙殖民者也不得不承认。如马尼拉总督摩加在 16 世纪末宣称："这个城市如果没有中国人确实不能存在，因为他们经营着所有的贸易、商业和工业。"一位当时的目击者胡安·科博神父（Father Juan Cobo）亦公正地说："来这里贸易的是商人、海员、渔民，他们大多数是劳动者，如果这个岛上没有华人，马尼拉将很悲惨，因为华人为我们的利益工作，他们用石头为我们建造房子，他们勤劳、坚强，在我们之中建起了最高的楼房。"④ 一些菲律宾史学家对此也作出了公正的评价，《菲律宾通史》的作者康塞乔恩（Joan de la Concepcion）在谈到 17 世纪初期的情况时写道："如果没有中国人的商业和贸易，这些领土就不可能存在。"如今仍屹立在马尼拉的许多老教堂、僧院及碉堡，大多是当时移居马尼拉的华人所建。约翰·福尔曼（John Foreman）在《菲律宾群岛》一书中亦谈道："华人给殖民地带来了恩惠，没有他们，生活将极端昂贵，商品及各种劳力将非常缺乏，进出口贸易将非常窘

---

① 王日根、陈支平：《福建商帮》，香港中华书局，1995，第 117—119 页。

② 黄国信、黄启臣、黄海妍：《货殖华洋的粤商》，浙江人民出版社，1997，第 144 页。

③ 徐学聚：《报取回吕宋囚商疏》，载《明经世文编》卷四三三《徐中丞奏疏》。

④ Teresita Ang See, *Chinese in the Philippines*, vol. 1, Manila, 2018, p. 137.

困。真正给当地土著带来贸易、工业和有效劳动等的是中国人，他们教给这些土著许多有用的东西，种植甘蔗、榨糖和炼铁，他们在殖民地建起了第一座糖厂。"①

移居印度尼西亚的华人同样为巴达维亚的发展与繁荣作出贡献。荷兰东印度公司在到来的第一个世纪里，不但使用了华人劳力和华人建筑技术建造巴达维亚的城堡，而且把城里的财政开支都转嫁到华人农民的税收上，凡城市的供应、贸易、房屋建筑，以及巴达维亚城外所有穷乡僻壤的垦荒工作都由华人来承担。② 荷兰东印度公司在 17 世纪下半叶才把糖蔗种植引进爪哇，在欧洲市场上它虽然不能与西印度的蔗糖竞争，但它取得了印度西北部和波斯的大部分市场，并且还出售到日本，而这些新引进的糖蔗的种植工作几乎是由华人承包的。③ 因此，英国学者博克瑟（C. R. Boxer）曾说："假如马尼拉的繁荣应归功于移居那里的华人的优秀品质，那么当时作为荷兰在亚洲总部的巴达维亚的情况亦一样。华人劳工大多数负责兴建这座城市，华人农民则负责清除城市周围的村庄并进行种植，华人店主和小商人与马尼拉的同胞一样，占据零售商的绝大部分。我们实事求是地说，荷兰东印度公司对其首府的迅速兴起应极大地感激这些勤劳、刻苦、守法的中国移民。"④ 到了清代以至民国时期，庞大的华侨华人群体，更是为世界各地的社会经济发展作出了不可磨灭的贡献。

15 世纪至 17 世纪，固然是西方殖民主义者向世界各地扩张的时期，但其时东方的中国社会，中国商人以积极进取的姿态，同样把自己的活动范围向海外延伸。这种双向碰撞交融的历史进程，无疑从另一个源头上促进了"世界史"大概念的形成与发展。因此可以说，15 世纪至 17

---

① John Foreman, *The Philippine Islands*, London, 1899, p. 118.

② J. C. Van Leur, *Indonesian Trade and Society*, The Hague, 1960, pp. 149, 194.

③ John F. Cady, *Southeast Asia: It's Historical Development*, New York, 1964, p. 225.

④ C. R. Boxer, Notes on Chinese Abroad in the Late Ming and Early Manchu Periods Compiled from Contemporary Sources (1500—1750), in *Tien Hisa Monthly*, 1939 Dec., vol. 9, no. 5, pp. 460—461.

世纪的中国社会，同样是推进"世界史"格局形成的重要组成部分。

　　明代中后期，也就是 16 世纪至 17 世纪，东西方的经济与文化碰撞，中国沿海商民积极应对西方所谓"大航海时代"的来临，这本来是中国海洋发展的绝佳时机。但遗憾的是，中国政府并未像西方政府那样，成为海洋商人寻求拓展海外势力范围的坚强后盾，而是采取了相反的政策措施——禁绝打击。由于受到政府禁海政策的压制，中国明代东南沿海地区的商人不得不采取亦盗亦商的经营行为。从中世纪世界海商发展史的角度来考察，亦商亦盗的武装贸易形式，也是中世纪以至近代西方殖民者海商集团所采取的普遍形式。不同的是，西方殖民者的海盗行径大多得到本国政府的支持。"大航海时代"的葡萄牙人、西班牙人、荷兰人，都以本国政府的支持和强大的武装为后盾，企图打开中国沿海的贸易之门。① 而中国海商集团的武装贸易形式，是在政府的压制下不得不采取的一种自我保护措施。在中国政府的压制下，东南海商的武装贸易形式虽然能够在中国明代后期这一特定的历史空间中得以发展，但最终不能长期延续并发展下去。终清之世，中国东南海商再也未能形成一支强大的武装力量。从国际贸易的角度看，这也是中国海商逐渐失去东南海上贸易控制权的重要原因之一。16 世纪至 19 世纪中叶，中国的海商只能在政治与社会的夹缝中艰难行进。

　　中国历代朝贡体系虽然奉行与周边国家地区和平共处的宗旨，但这种仅着眼于政治仪式层面的外交政策，忽略了文化层面的外交交流（这里的文化层面，主要指带有意识形态的宗教、信仰、教育及生活方式等）。而这种带有政治仪式意味的外交政策，将随着政治的变动而变动，缺乏长久的延续性。因此，到 17 世纪后东亚及中东的政治版图发生变化时，中国对南亚、西亚以至中东的政治影响力迅速衰退。

　　通过对中国历代政府对外海洋政策的分析，我们不难了解到，中国历代政府所制定的对外海洋政策，主要围绕政治稳定展开，海洋经济的发展，基本上不能进入政府决策者的考量之中。虽然说政府也在某些场

---

① 毛佩琦：《明代海洋观的变迁》，载中国航海日组委会办公室、上海海事大学编《中国航海文化论坛》（第一辑），海洋出版社，2011，第 268 页。

合、某些时段对民间海上私人贸易设立管理机构并予以课税等，但是这些行为大多是被动的，是为了更有效地管制民间的"违禁"贸易行为。这种"超经济"的对外海洋政策和"朝贡体系"维系了中国与周边地区，也就是亚洲地区近两千年和谐共存的国际关系，使亚洲不曾出现像欧洲中世纪那样国与国之间攻伐不断的混乱局面。而国家政府对民间海上私人贸易活动的禁绝压制，也在一定程度上阻碍了中国海洋文明发展史的顺利前进。

### 三、宋明以来中国海上丝绸之路发展的两种路径

正如前文所论述的，在中国的海洋文明发展史上，宋代是一个关键的转折期。宋代以前，中国的海洋事务基本上在政府的"朝贡体系"下施行。而宋代以后，特别是明代以来，民间从事海上私人贸易活动的现象日益增加，最终大大超出国家政府"朝贡体系"控制下的经济活动范围。从中国海洋活动的范围看，唐宋时期中国的海洋活动及文化的对外传播，主要局限在亚洲相邻国家以至中东地区，和欧洲等西方国家的联系及对其的影响，是间接的，且相对薄弱。但是到了明代，情况就不一样了。双方不但在贸易经济上产生了直接并带有一定对抗性的交往，而且由于西方大批耶稣会士的东来，双方在文化领域也产生了直接的交往。

明代中叶之后，伴随世界地理大发现和新航路的开通，西方的思想文化及科学技术也日渐向外传播。而明代嘉靖、万历时期社会经济发展，海外贸易引发对传统商品扩大再生产和改革工艺的要求，迫切需要科学技术的创新和总结。欧洲耶稣会士带来的西方科技，如天文、历算、火器铸造、机械制造、水利、建筑、地图测绘等知识，又以其新奇和实际的应用刺激了讲究实学的士大夫的求知欲望。在这双重因素的交互推动下，出现了一股追求科技知识的新潮，产生了一次小型的"科学革命"①。这种思想文化与科学技术的变化，充分地体现了这一时期中国

① 杨国桢、陈支平：《明史新编》，傅衣凌主编，人民出版社，1993，第427—432页。

文化与西方文化直接碰撞和交融的初步成果，同时也折射出当时的中国社会在面对新的世界格局调整时，是以一种包容开放的心态来与西方展开交流的。

正因为如此，尽管当时西方耶稣会士是带着传教目的来的，而且对所谓"异教徒"文化往往怀有某种程度的蔑视心态，但是在较为开放的中国社会与文化面前，这批西方耶稣会士敏锐地意识到中国传统文化的博大精深，所以他们中很少有人用轻视的眼光看待中国文化。由于有了这种较为平等的文化比较心态，明代后期来华的耶稣会士们，在一部分中国上层知识分子的协助下，开始较为系统地从事向欧洲译介中国古代文化经典的工作，竭力把中国的政治、经济、社会的基本状态及文化的基本内涵，介绍到西方各国。在这种较为平等的中西文化交流与文化传播中，中国的文化在西方获得了应有的尊重。

到了清代中期，中国政府采取了较为保守封闭的对外政策，尤其是对思想文化领域的交流，逐渐采取压制的态势。在这种保守封闭的政策之下，中国文化的对外传播受到了一定的阻碍。更为重要的是，随着西方资本主义革命的不断胜利和工业革命的巨大成功，"欧洲中心论"的文化思维已经在西方社会牢固树立。欧洲的政治家和知识分子也逐渐失去了对中华文化的敬畏之心。直至近代，虽然说仍然有一小部分中外学人继续从事翻译介绍中国文化经典的工作，但是在绝大部分西方人士的眼里，所谓中华文化，只是落后民族的低等文化。尽管他们的先哲也许在不同的领域提及并赞美过中国的儒家思想，然而到了这个时候，大概已没有多少人肯承认他们的"高度文明思想"跟远在东方的中国儒家文化有什么瓜葛。时过境迁，18世纪以后，中国以儒家经典为核心的意识形态文化在世界文化整体格局中的影响力大大下降，对外传播的作用日益衰微。

但是我们还必须看到，随着宋元以来民间私人海上经济活动的不断加强，沿海一带的居民也随着这种海上活动的推进，不断地向海外移民。这就促使中国海洋文明发展与海上丝绸之路形成了两种不同的路径，一种是由政府主导的"朝贡体系"和由知识分子主导的以传播儒家经典为核心的意识形态文化，另一种是随沿海商民迁移海外而传播出去

的与一般民众生活方式相关的基层文化。

据文献考察，宋明以来，特别是明代以来，中国迁居海外的移民基本上来自明代私人海上贸易最发达的地带，往往是父子、兄弟相互传带的家族式移民。1571年，西班牙殖民者进抵菲律宾群岛并构建了以马尼拉城为中心的殖民据点，积极开展与东亚各国的贸易往来，采取吸引华商前来贸易的政策，前往菲律宾岛的华商日渐增多，其中不少人定居下来。明代福建官员描述："我民往贩吕宋，中多无赖之徒，因而流落彼地不下万人。"① 有的记载则称这些沿海商民"流寓土夷，筑庐舍，操佣贾杂作为生活"，"或娶妇长子孙者有之，人口以数万计"。② 到了清代，中国东南沿海人民往海外的迁移活动，基本上呈不断递升的状态。随着国际交往的扩大和资本主义市场的网络化，中国海外移民的数量及所涉及的地域均比以往有所增长。到了近现代，中国东南沿海海外移民的足迹，已经遍布亚洲之外的欧洲和美洲各地，甚至到了非洲。

这种家族、乡族成员连带的海外移民方式，必然促使他们在海外新的聚居地较多地保留祖地的生活方式。于是，家族聚居、乡族聚居生活方式的延续，民间宗教信仰的传承，风尚习俗与方言的保存，文化教育与娱乐偏好的追求，都随着一代又一代移民的言传身教，顽强地延续下来。这种由民间传播至海外的一般民众的生活方式，逐渐在海外形成了富有中国特色的文化象征。因此，我们在回顾中国以儒家经典为核心的意识形态文化在明代后期向西方传播的同时，绝不能忽视明代中后期以来一般民众生活方式对外传播的文化作用及意义。当近代以来中国的意识形态文化在西方人眼里日益衰微的时候，以往被人们忽视的由沿海商民迁移海外而传播出去的一般民众的基层文化传播途径，实际上成了18世纪以后中华文化向海外传播的主流渠道。

虽然说从16—17世纪以来，中国东南沿海居民不断地、大批地向世界各地移民，形成华侨群体，并在自己的居住国形成具有中华文化特征

---

① 张燮：《东西洋考》卷五，谢方点校，中华书局，1981，第91页。
② 顾炎武：《天下郡国利病书》卷九三《福建三》，广雅书局光绪二十六年刊本，第13册。

的社会文化氛围，但是我们还必须看到，这种由下层民众传播到世界各地的中华文化，无论是宗教信仰、生活习俗，还是文化教育及艺术娱乐，基本上都是在华人的小圈子里打转，极少扩散到华人之外的族群当中去。也就是说，中华文化在海外的这种传播，不太可能对华人之外的群体乃至国家、地区产生重要的影响力。

中国历代的对外关系，基本上是遵循两条道路开展的：一是王朝政府的朝贡体系，一是宋代以来民间海外贸易与对外移民的系统。如前所述，王朝的朝贡体系，关注的是政治礼仪外交，宋代以后缺乏带有国家层面的文化输出和传播。而宋明以来的民间海洋活动，关注的是经济问题，民间文化输出的目的在于维系华人小群体和谐相处的稳定局面，极少往政治层面上去思索，因此这种民间文化的输出，影响力极其有限。也就是说，中国海上丝绸之路的发展模式，自宋代以来，严重缺失了国家层面的对外文化传播与输出。反观15世纪以来西方殖民者的东扩，在庞大的商业船队到来的同时，天主教的传教士也不断涌入，想方设法地在东方世界包括中国在内的广大民众之中传播西方的宗教信仰与意识形态。时至今日，西方天主教、基督教对中国社会的渗透，依然十分强大。有些东亚国家，如韩国，其民众对基督教的信仰大大超出了以往对东方佛教的信仰。起源于中东地区的伊斯兰教，同样也是如此。本来，华人移民率先进入东南亚地区，但是后来的伊斯兰教徒，充分利用和扩展与东南亚国家和地区上层阶层的交往，使伊斯兰教在东南亚地区得以迅速传播，如今东南亚地区的许多居民被伊斯兰教同化。伊斯兰教文化在这些地区后来居上，占据了统治地位。虽然有少部分中国学者一厢情愿地认为明代前期郑和下西洋对东南亚地区的伊斯兰教传播起到了重要作用，但是这种论点的历史依据，大多是属于现代的，很难得到东南亚地区伊斯兰教系统文献的印证①，基本上属于自娱自乐、自说自话的

---

① 如孔远志先生是主张郑和下西洋时向东南亚地区传播伊斯兰教的学者，但是他也承认："海外现有的关于郑和在海外传播伊斯兰教的记载，尚缺乏有力的佐证。"参见孔远志：《论郑和与东南亚的伊斯兰教》，载中国航海日组委会办公室、上海海事大学编《中国航海文化论坛》（第一辑），第81页。

范畴。

在中国历代海洋事业及海上丝绸之路的发展历程中，文化传播与输出的缺失，极大地限制了中国对周边国家特别是东南亚国家和地区的整体影响。尽管中国历代政府希望通过朝贡体系谋求与周边国家的和平共处，中国海外移民也对居住国社会经济的发展作出了重大的贡献，但是由于文化上的隔阂，使得无论是中国与周边国家、地区的关系，还是华侨华人与当地族群的关系，都处于比较尴尬的境地。就东南亚地区百余年的发展情况而言，华侨华人在经济上为当地的发展作出了重大的贡献，但是经济上越成功，对当地的贡献越大，往往越难与当地族群形成亲密和谐关系，二者之间的隔阂始终存在。一旦这些国家或地区出现政治上、经济上的波动，当地族群往往把社会、政治及经济上的怨恨发泄到华侨华人群体上。百余年来，东南亚地区是华侨华人人数最多的地区，同样居住在这些地区的其他外来族群，却很少受到血腥的排斥，唯独华侨华人，不时受到当地政府或当地民众的排斥、攻击与屠杀。这里面的原因当然是十分复杂的，但是我们不得不认识到，中国海上丝绸之路在发展历程中忽视了文化的传播与输出，造成不同国家与地区之间文化上的隔阂，无疑是其中一个重要的因素。

中国的海洋文明发展历史及中国海上丝绸之路历史的前进道路，虽然在18世纪之后受到一定的挫折，但是其整体发展趋势并没有发生明显的改变，中国通过海上丝绸之路与世界的联系，始终保持波浪式的前进态势。而随着中国改革开放的大踏步前进，到了21世纪，中国发展包括"海上丝绸之路"在内的"一带一路"重大倡议日益坚定。"建设丝绸之路经济带和21世纪海上丝绸之路的战略构想，兼顾陆地与海洋，是建立在中国既是一个陆地国家，又是一个海洋国家的历史土壤上，统筹陆海大格局、全方位对外开放的大手笔。它秉承和平合作、开放包容、互学互鉴、互利共赢的精神，通过政策沟通、道路联通、贸易畅通、货币流通、民心相通等一系列规划项目和实践，促进共建国家深化合作，建设成一个政治互信、经济融合、文化包容的利益共同体、命运共同体和责任共同体。这个构想本身就是对传统中华文明的传承和弘扬。21世纪海上丝绸之路建设不是简单的经济过程、技术过程，而是文明的进步过程。仅仅靠资金的投入和技术的推广是不够的，需要正确的理论指导和历史经验教训的借鉴。因此，忽视基础研究并不可取，挖掘海洋文明史资源，深化中国海洋文明史研究，推动历史研究与当代研究的互通互补，不仅是提高讲好海洋故事能力的必要条件，更是推进中国文明的现代转型，建设海洋强国的内在诉求。"① 正因为如此，我们今天梳理中国海洋文明发展历史与中国海上丝绸之路历史的前进脉络，其现实意义是不言而喻的。

## 四、我们撰写"中国海上丝绸之路通史" 的基本思路

中国海洋文明的发展及由此形成的中国海上丝绸之路，不仅给中国的社会经济与文化增添了不断奋进的鲜活元素，同时也为世界文明注入了不可或缺的源头活水。自现代以来，中外学界的不少学者都对中国的海洋文明发展史及海上丝绸之路历史文化进行过诸多探讨解析。但是迄今为止，学界对中国海洋文明发展史及海上丝绸之路历史文化的研究，主要侧重中国对外交通史、中国海外贸易史和中外文化交流史等领域。而对中国海洋文明发展史及海上丝绸之路的另外一种发展路径，即上面论及的以往被人们忽视的由沿海商民从事的海洋事业，以及由此迁移海外并传播到世界各地的基层文化的传播途径的研究，是缺失的。中国的海洋文明发展史及海上丝绸之路历史文化，从根本上讲，是由自秦汉以来一代又一代的民众构筑起来的。我们今天探讨和解析中国海洋文明发展史及海上丝绸之路历史文化，理应将较多的关注点放在构筑这一光辉历史与文化的下层民众上。近年来，随着中国海洋意识的提升，学界对中国海洋文明发展史及海上丝绸之路历史文化的讨论和学术研究日益增多，涌现出诸多富有见识的学术论述，其中以杨国桢先生主编的"海洋与中国"丛书、"海洋中国与世界"丛书和"中国海洋文明专题研究"丛书最具规模。这三套丛书用很大篇幅探讨、剖析了海洋文明与海洋文

---

① 杨国桢、王鹏举：《中国传统海洋文明与海上丝绸之路的内涵》，《厦门大学学报（哲学社会科学版）》2015 年第 4 期。

化中一般民众的生活方式及基层文化，使中国海洋文明发展史和海洋社会经济史的研究更贴近海洋草根文化的本源真实。

近年来，学界还组织出版了一些以"海上丝绸之路"为主题的研究成果，这其中有清华大学出版社出版的《海南与海上丝绸之路》、厦门大学出版社出版的"海上丝绸之路研究丛书"、世界图书出版社出版的"海上丝绸之路断代史研究"丛书和安徽人民出版社出版的"南方丝绸之路研究丛书"。在这几种有关海上丝绸之路研究的图书中，《海南与海上丝绸之路》是地域性研究著作，而厦门大学出版社出版的"海上丝绸之路研究丛书"则是专题性研究成果的汇集。这些专题性研究成果的出版，将进一步推进对海上丝绸之路历史文化的研究，扩展我们对海上丝绸之路的考察视野，具有良好的学术意义。然而，这批著作过于注重专题性的叙述，因此也缺乏对中国海上丝绸之路历史文化的整体把握。世界图书出版社出版的"海上丝绸之路断代史研究"丛书，比较简要地概述了从秦汉至明清时期中国海上丝绸之路的演变历史。但是这一历史叙述基本建立在中国本土立场上展开，对海上丝绸之路涉及的其他区域及华侨华人在世界上的伟大贡献，基本上未涉及，这不得不说是一个很大的遗憾。因为海上丝绸之路是世界性的，我们无法忽视中国海上丝绸之路与沿路各地的相互联系。正是这种联系，使其成了真正意义上的海上丝绸之路。

回顾近 30 年中国学界对中国海洋文明发展史及海上丝绸之路历史文化的研究，不难发现以往对中国海洋文明发展史和海上丝绸之路历史文化的研究，更多是建立在宏观概念的探讨与专题性分析上。需要指出的是，在当前国家提倡"一带一路"重大倡议时，社会上乃至学界的一部分人，蹭着国家重视海洋意识的热度，赶着海上丝绸之路的时髦，提出了一些脱离中国海洋文明发展真实历史的观点。正如杨国桢先生所批评的："现在一些研究成果，对海洋的历史作用的认识存在分歧。一种认为传统中国是一个陆权国家，海洋并不重要，现代国家的发展要重建陆权。一种急于表达中华海洋文明是世界领跑者、优秀角色，提出中国或福建是世界海洋文明发源地，近代以前至少 15 世纪以前是海洋之王……这些现象的出现，是中国海洋史学发展不成熟的表现。一些声音很高的人本身对历史毫无素养，写的书是'非历史的历史研究'，他们看了一些历史论著就随意拔高观点，宏观架构出理论体系，当然会对社会产生误导。比如最近在海峡两岸引起轰动的南岛语族问题，考古学界、人类学界、语言学界的研究成果，把他们的一部分来源追溯到我国东南沿海或台湾地区。于是台湾有人说：'台湾是人类文明发源地。'福建有人说：'福建是世界海洋文明的发源地。'这是真的吗？我认为史学界应该重视，开展讨论，辨明是非。这类问题还有不少，不宜视而不见。"①

从这样的思考出发，我们认为有必要撰写一系列比较全面又清晰体现中国海洋文明发展史及海上丝绸之路历史文化的著作，尤其是能在一定程度上反映历代中国商民从事的海洋事业，以及由此迁移海外而传播到世界各地的一般民众基层文化传播途径。当然，要使我们的这系列著作能够达到这样一个目标，涉及三个方法论的问题，有必要在这里与大家逐一探讨。

首先，作为中国海洋文明发展的全史性著作，叙述书写的边界在哪里？所谓中国海洋文明发展通史，顾名思义，要叙述的是与海洋相关联的社会经济活动。但是我们不能赞同有些学者把中国的海洋文明发展史局限在海洋之中发生的历史事件。在本文的开章伊始，我们对中国的海洋历史形成这样的认识：中国海洋文明存在于"海—陆"一体的结构中。中国既是一个大陆国家，又是一个海洋国家，中华文明具有陆地与海洋的双重性格。中华文明以农业文明为主体，同时包容游牧文明和海洋文明，形成多元一体的文明共同体。中华民族拥有源远流长、辉煌灿烂的海洋文化和勇于探索、崇尚和谐的海洋精神。中国海洋文明发展的这种"海—陆"一体的结构，决定了其与大陆文明的发展，具有天然的、不可分割的联系。从某种意义上讲，中国的陆地文明与海洋文明是相互促进、相互制约、相辅相成的。二者的发展历程，是无法断然割裂的。基于这样的思考，我们对叙述中国海洋文明发展历史边界的整体把握，并不仅限于发生在海洋当中的活动，而是从较为宏观的视野考察中

① 朱勤滨：《海洋史学与"一带一路"——访杨国桢教授》，《中国史研究动态》2017 年第 3 期。

总序

国历代海洋活动中陆地与海洋的各方关系，从而更加全面地描述中国海洋文明发展的基本概貌。

其次，我们撰写的这部中国海洋文明发展通史，既然是基于中国海洋文明存在于"海—陆"一体结构的观点之上，那么这一极为宏观的审视所牵涉的领域又未免过于空泛和难于把握。为了更集中地体现中国历代海洋活动的主体核心部分，我们认为，在中国海洋文明发展历史的进程中，人的作用始终是第一位，海洋社会的核心是海洋活动中的人。"在海洋发展历史上，不同的海上群体和涉海群体塑造了不同的海洋社会模式，如古代的渔民社会、船员社会、海商社会、海盗社会、渔村社会、贸易口岸社会等等。他们有各自的身份特征、生计模式，通过互动结合，形成不同风格的群体意识和规范。海洋史就是要去研究海洋社会中的结构、经济方式，及其孕育的海洋人文。"[1] 我们只有更加深入与全面地反映历代人民在中国海洋文明发展进程中所发挥的无与伦比的历史作用，才能更加贴近中国海洋文明发展历史与文化的真实面貌，还原出一个由历代人民艰苦奋斗创造出来的历史本真。当然，要较为全面且如实地描述历代人民在中国海洋文明发展历程中所扮演的角色及其所发挥的作用，就必须深入地剖析历代人民所秉持的生活方式的方方面面，举凡社会、经济、精神、宗教信仰、文化教育、风俗习尚等，都是我们这部著作所要体现的重要内容。

再次，我们这部中国海洋文明发展史，虽然把论述的核心放在海洋活动中的"人"，但是中国自秦汉以来就是一个中央集权制国家，国家制度对政治、社会、经济、文化等各个方面都具有不可替代的强制力，而传承了两千多年的儒家文化等上层意识形态，同样也对中国历代的政治、社会、经济、文化等各个方面的发展起到不可忽视的影响作用。中国的海洋文明发展进程同样也是如此，无论是汉唐时期政府主导的"朝贡体系"，还是宋明以来民间私人海上贸易与海外移民的兴起，无不在相当程度上受到国家政府的制度设计和制度约束，从而在不同程度上影

---

① 朱勤滨：《海洋史学与"一带一路"——访杨国桢教授》，《中国史研究动态》
2017 年第 3 期。

响着中国海洋文明发展的历史进程。特别是明清以后，国家政府对民间私人海上贸易活动及海外移民活动基本采取了压制的政策，对中国海洋文明的国际化进程产生了一定的阻碍作用。中国历代政府与中国海洋文明发展的这种复杂又多元的关系，以及中国传统儒家文化、道德观念对中国海洋文明发展历程所产生的影响力，无疑是我们在探讨中国海洋文明发展史及中国海上丝绸之路历史文化时应关注的内容。

最后，关于中国海洋文明发展历史，虽然最初海洋活动的产生是基于海岸线上的生产、生活活动，如捕捞、养殖以及沿着海岸线的短途商业活动等，但随着海洋活动的扩展与进步，中国的海洋活动势必从海岸线走向大海，走向东南亚、南亚、中东及至欧洲、美洲各地。因此，中国海洋文明发展史，无疑是中国海洋活动不断向大海拓展活动空间的历史，而这一历史发展进程，就不单单涉及中国一个国家或地域的问题，而是涉及双向的国际问题。我们现在论述中国海洋文明发展史，总是脱离不了中国海上丝绸之路的话语，这正说明了中国的海洋文明发展史，是与中国海上丝绸之路的发展史紧密联系在一起的。海上丝绸之路是亚洲海洋文明的载体，不是中国一家独有的。从文化视角出发，海上丝绸之路可阐释为"以海洋中国、海洋东南亚、海洋印度、海洋伊斯兰等海洋亚洲国家和地区的互通互补、和谐共赢的海洋经济文化交流体系"。在某种意义上，海上丝绸之路是早于西方资本主义世界体系出现的海洋世界体系。这个世界体系以海洋亚洲各地的海港为节点，自由航海贸易为支柱，经济与文化交往为主流，包容了各地形态各异的海洋文化，形成和平、和谐的海洋秩序。中国利用这条海上大通道联通东西洋，既有主动的，也有被动的成分；沿途国家加入海上丝绸之路的运作，不是中国以武力强势和经济强势胁迫的。从南宋到明初，由于造船、航海技术的发展和创新，中国具有绝对的海上优势，但中国并不利用这种优势追求海洋权力，称霸海洋。所以海上丝绸之路自开辟后一直是沿途国家交往的和平友善之路，直到近代早期欧洲向东扩张，打破了亚洲海洋秩序，才改变了海上丝绸之路的和平性质。海上丝绸之路作为历史的符号，覆盖了西太平洋和印度洋的地理空间，代表传统海洋时代和平、开

放、包容的精神和文化。① 从这样的思路出发，我们对中国海洋文明发展史的认识，应该是具备国际视野的。从某种意义上或许可以说，中国的海洋文明发展史，也是我们海洋先民的足迹不断地向海外跋涉迈进的历史。这一点，同样是我们在这系列专著中力求表达的一个重要部分。

从以上的学术思路出发，我们撰写的"中国海上丝绸之路通史"丛书，应该是一套能充分体现中国历史上海洋事业与海上丝绸之路的纵向发展与横向发展的全方位的史学著作。也就是说，这批著作一方面较详尽地阐述了中国自先秦至民国时期海上事业与海上丝绸之路的发展概貌，另一方面也对各个历史时期中国海洋事业与海上丝绸之路发展阶段的主要特征进行专题性研究。其次，我们必须把研究的视野从中国本土逐渐向世界各地延伸，而不能局限于中国本土，不能仅仅以中国人的眼光来审视这一伟大的历程。我们必须追寻我们先人的足迹，他们不惧汹涌的波涛，走向世界各地，从而为中华文化的对外传播，为世界各地的社会发展作出巨大的贡献，他们与祖籍家乡保持紧密联系、始终与祖籍家乡同呼吸共命运。中国海洋文明发展史与海上丝绸之路历史与文化的世界性，是该系列专著要表达的一项重要内容。其三，以往对中国海洋文明发展史及海上丝绸之路的研究都只关注社会经济活动，而事实上中国海洋事业与海上丝绸之路的发展演变过程除了包含社会经济活动，还包含文化、思想、教育、宗教等方方面面的上层建筑领域的内涵。因此，该系列专著还包括政治制度、文化精神等方面的内容，探索中国海洋社会经济发展的基本历程及其与文化等上层建筑领域的相互关系，寻找中国海上丝绸之路的文化意义及其对世界的重要贡献。

当然，要比较全面而清晰地反映中国海洋文明发展史及海上丝绸之路历史文化，并不是一件简单的事情，没有一定的篇幅，是不足以反映中国海洋文明发展史及海上丝绸之路历史文化的全貌的。因此，我们联络了厦门大学、中国人民大学、闽南师范大学、福建中医药大学、闽江学院等多所高等院校的研究学者，分工合作，组成撰写20卷作品的研究

---

① 杨国桢、王鹏举：《中国传统海洋文明与海上丝绸之路的内涵》，《厦门大学学报（哲学社会科学版）》2015年第4期。

队伍。我们从中国海洋文明发展史及海上丝绸之路历史文化的纵向和横向两个方面，进行多视野、多层次的探讨，经过三年多的努力，终于完成了这套数百万字的著作。我们希望这套专著能把两千年来的中国海洋文明发展史及海上丝绸之路历史文化，特别是把从事海洋事业、构筑海上丝绸之路的一般民众艰辛奋斗的历史，以及把中国传统文化传播到世界各地，推动世界文明多元化前进的本真面貌，呈现给广大读者。

我们深切知道，要全面深入地呈现中国海洋文明发展史及海上丝绸之路历史文化，单凭这样一套专著是远远不够的。由于我们的学力有限，这部多人协作完成的专著一定还存在不少缺点和错误。我们希望借这套专著的出版问世之机，向各位方家学者求教，希望得到方家学者的批评指正，以促使我们改进，并与海内外有意于研究中国海洋文明发展史及海上丝绸之路历史文化的同仁们一道探索，一道前进，共同促进中国海洋文明发展史及海上丝绸之路历史文化的学术研究更上一层楼。

陈支平

2022 年 10 月

总
序

目录

# 前　言

　　中国自古称"九州"，州者水中高出水面的陆地。祖先在创立文字时，已将文明放置于海洋之中的陆地上。中华文化形成之初，便是建立在海洋与陆地是一体的高度上，其发展与传播也是通过海陆并行的。正如佛教的传入，既有陆路也有海路。目前，学术界虽对佛教究竟是由哪条路线先传入存在争议，在具体传入时间上也各执一词，但佛教的传入在海洋文明发展史上起到的推动作用是毋庸置疑的。

　　两汉之际，佛教自印度传入中国，开始其中国化的进程。在与中国本土文化的互动交流中，创造了迥异于印度佛教的崭新教理体系，形成融入儒道文化的中国佛教，并发扬光大，传播到朝鲜半岛、日本等地，成为中国、朝鲜（韩国）、日本等国交流的重要纽带，对推进东亚各国之间文化交流起到积极意义。在佛教传播过程中，有这样一批佛教僧人，他们不求自己的利益，只为探寻生命的真谛，不畏艰难险阻往来于世界各地。他们不仅在佛教交流中起到不可或缺的作用，还在中国文明与世界文明交流过程中形成了精神资源，产生了不可磨灭的影响。在数千年的历史长河中，他们的精神资源不仅成为中华民族文化复兴、社会建设不可或缺的精神财富之一，还加速了世界文明的交流与融合，世界文明也因他们而丰富多彩。

　　大致而言，佛教是在两汉之际从印度传入的。经过初来傍道，三国

时期入乡随俗，到两晋南北朝援引儒道谈佛理，最终在中国强大的本土文化基础上形成中国佛教。它与儒家文化的"行道济时"、道家文化的"藏道度人"异曲同工，形成中国佛教特有的悟道觉世。虽三教创始人不同，但在修己利人方面是统一的。

佛教不仅是宗教，也是一种内容丰富的文化复合体，在古代中日、中朝文化交流中发挥了重要的作用。

中国佛教初传朝鲜半岛，大约是在东晋十六国时，当时的朝鲜半岛处于三国时期。高句丽最先接受了中国佛教，百济次之，新罗又次之。佛教传入日本，大约是在中国的南梁时期。日本学者对中国佛教的传入有"公传"和"私传"之争。目前，日本学术界多认为佛教是在 538 年由百济正式传入日本的。

中国佛教传入朝鲜半岛及日本后，入华求法请益活动便逐渐兴起和发展开来。这一活动延续的时间长达千年，即从隋唐至明初时期。当时的中国在政治上比较统一和稳定，在经济和文化上都达到同时期昌盛的顶流。从国际形势来看，其时的中国处在亚洲乃至于世界先进国家的行列，不仅对亚洲邻国的发展产生较大影响，而且对世界文明进步作出了较大贡献。在这个历史时期，中国、朝鲜半岛、日本三地的文化密切联结起来，隔离三地的海洋看上去恰如同一文化圈中的内海一样。这个文化圈的核心是中国的儒家文化和佛教文化等。在这个文化圈中，中国文化处于领先地位，不仅影响了日本、朝鲜半岛的宗教信仰，而且在政治制度、思想文化、文学艺术等方面都产生深远影响。

在文化的传播过程中，无论是印度佛教传入我国，还是中国佛教传入朝鲜半岛、日本，都缘于那些有着鲜活生命的高僧大德，如鉴真、最澄、空海、义湘、元晓、荣西、道元、祖元、义天、太古普愚等。他们为了弘布佛法，托身万里波涛，不畏生死，只为传播真理，担负社会教化的责任。他们人数众多，但史籍记载甚少，能见到只是少数。他们传播佛教，不仅直接影响到当地的文化、建筑、绘画、雕刻、医术等方面，还间接影响到政治，如日本从推古朝的制度设施直到大化革新，无一不是佛教影响的结果。将中国佛教传播到他国，使其适应当地风土人情及文化，是需要通过传法高僧们不断了解当地民众关心的社会问题，并将那些问题与弘扬的佛法相结合才能做到的。

中国佛教是弘法利生、为社会服务、促进社会和谐发展的大乘佛教。共存、互惠、仁善、包容、精进的佛教文化内涵对于感化人心具有极大的作用。而人类在寻求"普世价值"的过程中，是需要相互交流与合作的。因此，佛教的传播对于建设 21 世纪中国与世界更深层次的互动，构建人类命运共同体，具有深刻的启迪和极其重要的当代意义。

本书主要梳理古代来往于中国、朝鲜半岛和日本僧人的生平事迹，介绍中国佛教形成后传播到朝鲜半岛及日本的情形。大致而言，中国佛教在隋、唐、宋、元、明朝初期与东亚其他国家和地区的交流最为密切，僧人的来往人数甚众，对其社会产生的影响最为深刻。明中期到清末，僧人传法进入相对沉寂的状态。

由于笔者才疏学浅，水平有限，书中有不少错误之处，谨请方家批评指正。

感谢陈支平教授给予学习、研究机会，感谢所有为此书付出劳动的老师们，谢谢你们的辛勤付出。

丁　联

2022 年 5 月 20 日于漳州

# 第一章
# 中国佛教的形成

　　佛教源自古印度，由迦毗罗卫国（今尼泊尔境内）王子悉达多·乔达摩创始。他大约生活在公元前 565 年至前 486 年。释迦牟尼是佛教徒对他的尊称，意思是"释迦族的圣人"。他少时接受婆罗门传统的教育，二十九岁时感受到人世种种痛苦，便离家走上了探索人生离苦之道。他最初在摩揭陀国王舍城学习禅定，后来认为禅定不是究竟之法，又进行了长达六年的艰难苦行，致使身体枯槁，却依然没有发现真理。最后，他净身进食，渡过尼连禅河，来到伽耶（今菩提伽耶）菩提树下，经过七天七夜，终于悟出了"四谛"，即苦、集、灭、道。"谛"指"真理""真相"。苦谛是讲人生的根本痛苦的真相，分生、老、病、死、怨憎会、爱别离、求不得、五阴盛等"八苦"；集谛是讲招致众多痛苦的原因，灭谛是讲熄灭造成痛苦的源头，达到无苦的境界；道谛是讲解脱人生痛苦烦恼的修习方法和途径。因此，释迦牟尼被称为"佛陀"，简称"佛"，即"觉悟者"。这一年，他三十五岁。此后，他便开始传授自己所觉悟到的生命真相，历时四十五年，直到圆寂。他的活动区域主要在摩揭陀、拘萨罗和跋耆三国，东面最远到过瞻波，西到摩头罗。当时这一带经济、文化发达，沙门运动高涨，跟随者甚众，形成不同派系，后总称为"佛教"。

　　佛教的基本教义是"四谛""八正道""十二因缘"。"八正道"是四谛中对道谛的发挥，具体指八种解脱诸苦，断绝轮回，达到"涅槃"境界的途径和方法。"十二因缘"也叫"十二缘起"。"缘起说"是佛教全部宇宙观和宗教实践的基础理论，用以解释世间人生和世间现象之所以发生和变化，构成早期佛学的重要部分。世界任何事物现象都是普遍联系的，没有孤立存在的现象；任何现象都是相互依存、互为条件地处在生灭变化中，没有永恒不变的事物。这些联系和变化，只有在一定条件下才能引起。这就叫"缘起"，"缘"就是条件。这一理论在大乘佛教中有更充分的发展，衍生出许多不同的宗教哲学体系。

# 第一节　佛教的传入

## 一、传入时间

　　佛教传入中国的准确年代和路线，一直是中外学者所关注的问题。关于佛教传入中国的时间就有十几种说法：三皇五帝时期的伯益（又称"大费"）说，西周昭王佛法已来说，孔子深知佛为大圣说，战国燕昭王时期传入说，秦始皇十八贤者赍经来化始皇说，西汉武帝时已引佛像、知佛教说，西汉武帝东方朔解劫灰说，张骞通西域始闻释说，西汉武帝时休屠金人说，西汉武帝海路说，西汉成、哀帝时期刘向叙写列仙说，西汉哀帝元寿元年博士弟子大月氏王使者伊存口授《浮屠经》说，东汉明帝梦神求法说，东汉间接入华说，等等。

　　上述记载佛教传入时间前后相差约有两千年。这十几种说法中，有的一眼就能辨识其说法的不可靠，如三皇五帝时期的伯益说、西周昭王佛法已来说和孔子深知佛为大圣说。据历史考证，伯益、周昭王时释迦牟尼还没有出生，故佛教不可能传入我国；释迦牟尼与孔子生于同一时代，只略早孔子。在当时交通闭塞，文化交流不便，到处是战争的春秋时期，远隔万里的印度，也不可能让孔子深知其佛法的。其余的说法中，战国燕昭王时期传入说出自东晋时期王嘉编写的古代中国神话志怪小说集《拾遗记》卷四《燕昭王》："七年，沐胥之国来朝，则申毒国之一名也。有道术人名尸罗。问其年，云：'百三十岁。'荷锡持瓶，云：

'发其国五年乃至燕都。'善炫惑之术。于其指端出浮屠，十层，高三尺。"[1] 有学者认为"申毒"就是"身毒"，即古印度的称呼。魏晋以后，一般都统称身毒，不用申毒了。此提法毕竟出自神话志怪小说，可信度不高。但其他提法都是从《史记》和《汉书》等记载中剖析出其观点，有一定的可信度。

关于秦始皇时期佛教的传入，依据《史记·秦始皇本纪》三十三年载："使蒙恬渡河取高阙、陶山、北假中，筑亭障以逐戎人。徙谪，实之初县。禁不得祠。明星出西方。"[2] 其中，"不得祠"的"不得"是梵文佛陀"buddha"的音译。另外，《史记·秦始皇本纪》三十二年载："始皇之碣石，使燕人卢生求羡门、高誓。"研究认为，"羡门"即梵语沙门"sramana"的音译。

汉武帝时期休屠金人说主要依据《史记·卫将军骠骑列传》："元狩二年春，以冠军侯去病为骠骑将军，将万骑出陇西……冀获单于子，转战六日……收休屠祭天金人。"[3] 唐司马贞索隐引"张晏云，佛徒祠金人也"。在《史记·匈奴列传》于"破得休屠王祭天金人"处，又引"崔浩云，胡祭以金人为主，今浮图金人是也"。唐张守节正义说："按，金人即金佛像，是其遗法，立以为祭天主也。"这些说法有一定的道理。

从目前的研究来看，西汉哀帝时期伊存口授《浮屠经》说一般认为是佛法最初传入的最早记录。汤用彤先生认为："最初佛教传入中国之记载，其可无疑者，即为大月氏王使伊存授《浮屠经》事。"[4] 吕澂、杜继文、镰田茂雄等著名学者都有此看法。在《三国志》裴松之注所引鱼豢的《魏略·西戎传》载：

> 昔汉哀帝元寿元年，博士弟子景卢受大月氏王使伊存口授《浮屠经》曰复立者其人也。《浮屠》所载临蒲塞、桑门、伯闻、疏问、白疏

---

① 王嘉：《拾遗记》卷四，明万历二十年新安程氏刻汉魏丛书本，第87页。

② 司马迁：《史记》卷六，《秦始皇本纪》，清乾隆四年刻本，第492页。

③ 司马迁：《史记》卷一百十一，第4663页。

④ 汤用彤：《汉魏两晋南北朝佛教史》，商务印书馆，2015，第40页。

闻、比丘、晨门，皆弟子号也。①

在《世说新语·文学篇》的注，《魏书·释老志》，《隋书·经籍志》，法琳的《辩正论》卷五，《太平御览》的《四夷部》与《人事部》，《史记正义·大宛列传》，《通典》卷一九三，《通志》卷一九六等历史文献典籍中，都有关于汉哀帝时期佛法传入中国的记载。

"浮屠"，《世说新语》作"浮图"，是"佛陀"的早期译语，后通译作"佛"或"佛陀"。据现有材料来看，古代印度并没有一部名叫《浮屠经》的佛教典籍。因此，文中所谓的《浮屠经》不能视为某一部印度佛典的完整翻译。

对"曰复立者其人也"的理解。任继愈先生主编的《中国佛教史》提出："从《魏略》对《浮屠经》的解释来看，最早的《浮屠经》大概叫作《复豆经》。"② 《世说新语》等文中"复立"均作"复豆"。另外，据《酉阳杂俎》前集卷二记载："老君西越流沙，历八十一国，乌戈、身毒为浮屠，化被三千国，有九万品戒经，汉所获大月氏《复立经》是也。"均可证"立"应该是"豆"字的误写。"复立"应该是"复豆"，也就是"浮屠"；《复立经》即《浮屠经》。任继愈认为："《浮屠经》很可能是如后来的《本起经》《本行经》一类的讲佛陀生平的经。"③

"《浮屠》所载临蒲塞、桑门、伯闻、疏问、白疏闻、比丘、晨门，皆弟子号也"中，"临蒲塞"即梵文"upasaka"，在汉明帝给楚王刘英的诏书中作"伊蒲塞"，后通译作"优婆塞"，专门指在家的男性居士；"桑门""伯闻""疏问""白疏闻""晨门"均为梵文"sramana"音译，后通译作"沙门"，本来是指古印度反对婆罗门教各派别出家僧人的通称，后来是指出家僧人；"比丘"，梵文作"bhiksu"，指出家并受过具足戒的佛教僧人。从历史记载看，大月氏于公元前130年左右迁入大夏地区，其时大夏已信奉佛教。至公元前1世纪末，大月氏受大夏佛教文化影响，

① 陈寿：《三国志·魏志》卷三十《东夷传》，清乾隆四年刻本，第1704页。
② 任继愈：《中国佛教史》第一卷，中国社会科学出版社，1985，第91页。
③ 同上。

第一章 中国佛教的形成

接受了佛教信仰，此时中印之间的陆上交通（丝绸之路）已经开通，佛教辗转传进中国内地，是极有可能的。从此则记载分析，伊存授经说可以证明在西汉末年，佛法已经传入中国内地。

关于东汉明帝求法之说，虽说梦见神人便派人去求法有些不可思议，但对汉明帝时佛法传入内地之说很少有人怀疑。据《后汉书·西域传·大月氏》载：

> 世传明帝梦见金人，长大，顶有光明，以问群臣，或曰："西方有神，名曰佛，其形长丈六尺而黄金色。"帝于是遣使天竺，问佛道法，遂于中国图画形象焉。楚王英始信其术，中国因此颇有奉其道者。后桓帝好神，数祀浮图、老子，百姓稍有奉者，后遂转盛。①

另外，《后汉书·光武十王列传·楚王英》记载，永平八年（65）汉明帝给楚王刘英所下的诏书：

> 楚王诵黄老之微言，尚浮屠之仁祠，洁斋三月，与神为誓，何嫌何疑，当有悔吝？其还赎，以助伊蒲塞、桑门之盛馔。②

学术界较为谨慎的观点，认为东汉明帝时佛教在中国开始传播。相关记载在《后汉纪·孝明皇帝纪》《魏书·释老志》《牟子理惑论》《四十二章经》《老子化胡经》《明佛论》《冥祥记》《出三藏记集》《高僧传》《水经注》《洛阳伽蓝记》等作品中出现，内容与此大体相同。有的说法较为夸张，富有神话色彩，但有关明帝求法的基本事实是可信的。汤用彤先生对汉明帝求法做了大量的论证③，令人信服。刘英是东汉开国皇帝刘秀的儿子，汉明帝的弟弟，被封为楚王，封地在江淮的徐州。刘英崇尚浮屠，从汉明帝褒奖刘英的诏书可知。汉明帝对佛教不仅有所了

---

① 范晔：《后汉书》卷一百十八，清乾隆四年刻本，第4917页。
② 范晔：《后汉书》卷七十二，第2790页。
③ 汤用彤：《汉魏两晋南北朝佛教史》，上海书店出版社，1991，第15—26页。

解，而且不反感。至于汉明帝感梦遣使求法之说，有演义的成分，但派人前往西域求金人，就代表着国家层面对佛教的认可，并于永平十年（67）兴建佛寺，出现了我国最早的佛寺——白马寺，这不仅说明佛教得到上层社会认可，同时也表示佛教正式传入中国。

据以上分析，佛教传入中国内地的确切时间不能确定，但大致而言，定在西汉末、东汉初还是比较合理的。

## 二、传入路线

就佛教传播路线而言，一般认为有两条：一是经由中亚细亚传入我国新疆地区，再深入内地的陆路；另一条是经斯里兰卡、爪哇、马来半岛、越南到达广州的海上路线。有些学者认为还有第三条通道，即滇缅通道，是经过缅甸，再由我国云南进入四川的路线。陆路说的主要代表人物是汤用彤、任继愈等学者。汤用彤提出，关于佛教传入中国，"可注意者盖有三事：一、汉武帝开辟西域，大月氏西侵大夏，均为佛教来华史上重要事件；二、大月氏信佛在西汉时，佛法传入华或由彼土；三、译经并非始于《四十二章经》，传法之始当上推至西汉末叶"[1]。任继愈也认为，公元前 3 世纪孔雀王朝阿育王时期及其以后，佛教向印度各地以及周围国家传播：向南传到斯里兰卡和东南亚国家；向北传入大夏、安息以及大月氏，并越过葱岭传入中国西北地区，最后传入中国内地。在佛教向北传入中国的过程中，汉朝对西域交通的开辟起了促进作用。[2]

海上传入说的代表人物是梁启超、冯承钧等人。梁启超在其文中提道："但举要言之，则佛教之来，非由陆而由海，其最初根据地不在京洛而在江淮。汉武帝刻意欲从蜀滇通印度，卒归失败，然非久实已由海道通印度而不自知。盖汉代黄支，即《大唐西域记》中西印度境之建志被罗国，时以广东之徐闻、合浦为海行起点，以彼土之已程不为终点，

---

① 汤用彤：《汉魏两晋南北朝佛教史》，上海书店出版社，1991，第 43 页。
② 任继愈：《中国佛教史》第一卷，第 67 页。

贾船转相送至。自尔以来，天竺、大秦贡献，皆遵海道。凡此皆足证明两汉时中印交通皆在海上，其与南方佛教之关系，盖可思也。"① 他指出佛教是由海上传入中国，中国佛教最早的传教中心不在北方的中原洛阳，而在南方江淮地区，具体地说在长江与淮河流域，亦即汉代发迹之处徐州一带。冯承钧认为："南海一道亦为佛教输入之要途，南海之交趾犹之西域之于阗也。旧日传说或以佛教输入事在哀帝元寿元年（前2），或以事在明帝永平四年至十八年间（61—75），皆属传说而非史实。《后汉书·天竺传》志明帝感梦事，亦为传说之一种，殆出袁宏《后汉纪》，亦非实录。是欲寻究佛教最初输入之故实，应在南海一道中求之。"②

据梁启超研究，公元前后"盖当时中印交通实以日南为孔道也"③。

据《后汉书·西域传》记载：

> 天竺国，一名身毒，在月氏之东南数千里。俗与月氏同，而卑湿暑热。其国临大水，乘象而战。其人弱于月氏，修浮图道，不杀伐，遂以成俗。从月氏、高附国以西，南至西海，东至磐起国，皆身毒之地……和帝时，数遣使贡献，后西域反叛，乃绝。至桓帝延熹二年（159）、四年（161），频从日南徼外来献。④

《汉书·地理志》记载：

> 自日南、障塞、徐闻、合浦船行可五月，有都元国；又船行可四月，有邑卢没国；又船行可二十余日，有谌离国；步行可十余日，有夫甘都卢国。自夫甘都卢国，船行可二月余，有黄支国，民俗略与珠崖相类，其州广大，户口多，多异物，自武帝以来皆献见。有译长，属黄门，与应募者俱入海市明珠、璧流离、奇石异物，赍黄金杂缯而

---

① 梁启超：《佛学研究十八篇》，上海古籍出版社，2001，第32—33页。
② 冯承钧：《中国南洋交通史》，上海古籍出版社，2005，第6页。
③ 梁启超：《佛学研究十八篇》，第39页。
④ 范晔：《后汉书》卷一百十八，第4916页。

往。所至国皆禀食为耦，蛮夷贾船，转送致之。亦利交易，剽杀人。又苦逢风波溺死，不者数年来还。大珠至围二寸以下。平帝元始中，王莽辅政，欲耀威德，厚遣黄支王，令遣使献生犀牛。自黄支船行可八月，至皮宗；船行可二月，到日南、象林界云。黄支之南，有已程不国，汉之译使自此还矣。①

从这些记载来看，汉代时，日南、障塞、徐闻、合浦属于交州行政区管辖，是交州的出海口。日南在今越南中部一带的顺化等地，徐闻在今广东，合浦在今广西。

据研究，黄支国即南印度的古国拔罗婆朝的首都建志补罗。自汉武帝以来，黄支国就与广东有着海洋贸易往来，而这些航海者多是黄门译长，属于官方性质。

从以上古籍记载来看，自汉武帝以来中印交流就有海上的路线，印度南部的黄支国遣使朝贡。汉代的海上丝绸之路是我国海船经南海，通过马六甲海峡在印度洋航行的真实写照，即自徐闻、合浦往南海通往印度和斯里兰卡，以斯里兰卡为中转点。海上路线是从广东出发，到中南半岛，经马六甲海峡到马来西亚，再到印度南部，最后抵达斯里兰卡。由此可推测，汉代交州和印度的海洋贸易较活跃，因此为僧侣从海上传入佛教创造了条件，印度的佛教有很大可能随海船传入交州。

至东汉桓帝延熹九年（166），"大秦王安敦遣使自日南缴外献象牙、犀角、玳瑁，始乃一通焉"②。这是中国同欧洲国家直接友好往来的最早记录。这种友好往来突破了斯里兰卡的中转，接通了海上远洋东西航线直接进行。

《通志》记载："旧交趾七郡贡献转运，皆从东冶泛海而至，风波艰阻，沉溺相系。"③《三国志·吴志》记载："建衡元年（269）春正月……遣监军虞汜、威南将军薛珝、苍梧太守陶璜由荆州监军李勖、督

---

① 班固：《汉书》卷二十八，中华书局，1962，第1330页。
② 范晔：《后汉书》卷一百十八，第4913页。
③ 郑樵：《通志》卷一百八，清乾隆十二年刻本，第11907页。

第
一
章

中
国
佛
教
的
形
成

军徐存从建安海道，皆就合浦击交趾。"① 其中，"东冶"（今福州）、"建安"（今建瓯）均属福建之地。

汉代海上丝绸之路始发港有多个，比如徐闻、合浦、广州、泉州、宁波等，但史载最早的海上丝绸之路港口则是徐闻。徐闻是中国海上丝绸之路始发港。

可见，至少从汉代开始中国就开辟了海上丝绸之路。据孔望山摩崖石刻，源于古印度的佛教可能于汉代由海路传入中国。从魏晋时期开始，海上往来求法或布道者络绎不绝。10 世纪以后，随着印度佛教走向衰落，中印之间的佛教交流才渐渐隐没。

虽然史书缺乏两汉时期海外僧人取海路来华的记载，但六朝时期取海路来华僧人多见于史书。根据石云涛的研究，六朝时期经海路入华传法的僧人，主要来自中亚、天竺（印度）、师子国（斯里兰卡）和扶南（柬埔寨）。② 文献记载：3 世纪后不少西域僧人取海路来华传法。以此推测，虽然两汉之际还没有在文献中找到记载，但可能已有西域僧人取海路来华。

南开大学吴廷璆、郑彭年两位教授也认为，佛教是由海上传入中国。③ 他们的主要观点：一是认为明帝感梦求法说不是史实，而是后人虚构；二是不承认公元前后交替时期大月氏有佛教信仰；三是依据文献和考古资料，认为在公元前 2 世纪中叶以前，西域并无佛教流通。这个提法有值得商榷的地方。

## 三、海陆传入时间争议

对于佛教传入时间是陆路早还是海路早，目前学术界也存在很大争

---

① 陈寿：《三国志·吴志》卷三三，第 2325 页。

② 石云涛：《六朝时经海路往来的僧人及其佛经译介》，《许昌学院学报》2012 年第 6 期，第 76—77 页。

③ 吴廷璆、郑彭年：《佛教海上传入中国之研究》，《历史研究》1995 年第 2 期，第 20—39 页。

议。季羡林对此争议问题保持存疑，其文《浮屠与佛》中说："中国同佛教最初发生关系，我们虽然不能确定究竟在什么时候，但一定很早……它可能先从海道来的，也可能是从陆路来的。"① 汤用彤、羽田亨等学者认为佛教传入最早是经西域由陆路传入。"佛教入华，主要者为陆路，自汉武开通西域以来，中外交通，据史书所载，多由陆路。西汉虽有海上交通，然当不盛。及至东汉，日南徼外从海外贡献，会稽、交趾均有海上交通。安世高之徒陈惠，乃会稽人，而交趾之牟子，著论为佛道辩护，则佛法由海上输入，当亦有其事，然佛教东渐，首由西域之大月氏、康居、安息诸国，其交通多由陆路，似无可疑。即在两晋，天竺僧徒来华，亦大多数不取海程。据此，梁任公则谓汉代佛法传入先由海道，似不可信也。"② 汤用彤的结论后来成为学界的主流观点。但随着20 世纪 50 年代，大量佛像造型在南方地区不断出土，佛教从陆路，即陆地"丝绸之路"传入中国内地的观点遭到质疑，主张海路或者南传的学者越来越多，梁启超的观点被重新提出来讨论。

梁启超在《佛教之初输入》中认为："向来史家，为汉明求法所束缚，总以佛教先盛于北，谓自康僧会入吴，乃为江南有佛教之始。其北方输入所取途，则西域陆路也。以汉代与月氏、罽宾交通之迹考之，吾固不敢谓此方面之灌输，绝无影响。但举要言之，则佛教之来，非由陆而由海。其最初根据地，不在京洛而在江淮。"③

学者李刚认为，佛教最先由海路于公元前 2 世纪左右传入中国。"沿海地区与西域滨海地区自古就通过海路进行频繁的往来。公元前后，发达的造船业和先进的航海技术，又极大地促进了中西海路交往。毫无疑义，汉代大批西域滨海地区的胡人，就是随着中西远洋船舶纷纷涌入东南沿海地区的。东南地区汉墓出土的西域胡俑和汉代石刻造像、画像砖

① 季羡林：《浮屠与佛》，《季羡林学术论著自选集》，北京师范学院出版社，1991，第12—13 页。

② 汤用彤：《汉魏两晋南北朝佛教史》，上海书店出版社，1991，第 68 页。

③ 梁启超：《中国佛教研究史》，中国社会科学出版社，2008，第 25 页。

上的西域胡人形象，便是这一历史的最忠实的记录。"① 他指出，佛教的传播是观念的播迁，佛教率先流行滨海地区的胡人为佛教文化的载体，在东南地区（尤其是沿海地区）出土的汉代文物中，出土的大量西域胡俑、"托钵僧"俑和佛像等，以及狮子、大象、鸽子等象征性动物形象，堆塑器、塔式罐之类的象征性建筑造型等，表明佛教最先流行滨海地区的胡人与汉地人民融合，并由此引起与佛教有关的民俗变化，才是佛教最早传入中国的可靠标志。他还分析这是佛教文化从战国以后至东汉时期在中国东南沿海地区流行的艺术积淀。② 另外，日本学者镰田茂雄认为："历来都认为佛教传入中国的最早路线是由中亚经西域而传入中国，但如果孔望山的石刻像确认是佛教像，而且是后汉之物，那么佛教最早是经由南海航路传播到中国的东海岸一带也是有可能的。这条南海航路从相当古老的时期就已发达了，佛教通过这条航路传入中国东海岸，也是相当有可能的。"③ 学者张晓华认为，佛教最初传入中国路线有西域和海上两条，时间大致都在两汉交替之际，佛教传入同中国与中印、中国与中亚的商业活动有密切的关系。④

另外，吴延璆、郑彭年等学者认为，佛教从海路传入而非陆路，且中国最早的佛教即 1 世纪中叶楚王英所信的佛教，是从印度直接传来的，因为那时是使用"浮屠"来称呼佛教的。⑤

佛教传入中国的时间和路线目前还有很人争议。总而言之，佛教是从不同方向，以不同的方式逐步传入中国的。单方面厚此薄彼，为了强调某一条路线为最早输入线路，就否定其他路线传入的可能性，或为了肯定某路线的传入就否定其他路线的存在，都是不可取的。

---

① 李刚：《佛教海路传入中国论》，《东南文化》1992 年第 5 期，第 137 页。

② 同上。

③ 镰田茂雄：《受容期的佛教》，《中国佛教史》卷二，关世谦译，台湾佛光出版社，1985，第 78 页。

④ 张晓华：《对佛教初传中国内地的时间及路线的再考察》，《史学集刊》2001 年第 1 期，第 21 页。

⑤ 吴延璆、郑彭年：《佛教海上传入中国之研究》，第 28—32 页。

# 第二节　中国佛教的萌芽

　　佛教传入中国后，由于文化传统和社会背景不同，在许多方面与中国固有的思想文化、社会习俗等存在着巨大的差异。佛教便自觉发挥自身适应环境的内在机制，与中国宗教和文化在互异中求互补，在相斥中求相融，经历了一个不断中国化的过程。思想意识、宗教信仰是一定社会的产物。佛教初传时，要取得当地民众的接受和信任，不是一件容易的事情。它首先要迎合当地民族原有的思想和行为要求，并能满足他们的需求。汉代时，佛教的传入，与当时社会流行的黄老之术、神仙方术结合在一起。佛教史籍中记载的有名高僧大都会一些方术、法式，能治病或预测占卜。《高僧传》中记载安世高"通晓外国典籍及七曜五行、医方、异术等，乃至鸟言兽语，无不综览通达"。这些神仙之法不仅能吸引社会上层关注，更能吸引普通老百姓。佛家初传倚傍中国道术。佛家所讲轮回转世，"安般守意"的禅法及般若学与道家呼吸吐纳、修仙成道之法有相似之处。故直到东晋南北朝时期，佛教徒也称为"道人"，附庸玄学，最后形成"中国佛教"。在改造和发展佛教的同时，中国化的佛教也对中国社会的政治、经济、道德、宗教、哲学，乃至科学、文学、艺术及各族人民的思想观念和社会生活都产生了极其广泛而深刻的影响。"中国佛教"是佛教中国化中逐步形成的一个概念。日本学者多用"中国佛教"指代隋唐及其以后的佛教，西方学者以"佛教中国化"指隋唐之前佛教在中国的发展，而中国学者用"佛教中国化"来涵盖佛教在中国的全部发展阶段。本书中，"中国佛教"是指佛教传入中国的进程中，逐步形成的具有中国特色的佛教，及其在各地区的发展传播。汤用彤概括佛教中国化的总体进程说："汉代看佛学不过是九十六种道术之一。佛学在当时之所以能够流行，正因为它的性质近于道术。到了魏晋，佛学则倚傍玄学传播流行。虽说它给玄学带来不少的影响，可它在当时能够存在是靠着玄学的，它只不过是玄学的附庸。汉朝的皇帝因

信道术而信佛教，桓帝便是如此。晋及南朝的人则因欣赏玄学才信仰佛教。追溯至隋唐，佛教已不必借皇帝和士大夫的提倡便能继续流行。佛教的组织，自己成为一个体系。佛教的势力集中于寺院里的和尚，和尚此时成为一般人信仰的中心。"①

## 一、汉代佛教初来倚傍道教

从历史文献记载来看，印度佛教初传中国后，因民族、地域、自然环境、社会风俗及文化背景的不同，在相当长一段时期内，它只是被当作黄老神仙方术的一种，在皇室及贵族上层中间流传。

汤用彤在《汉魏两晋南北朝佛教史》一书中专辟"佛道"一章，从教理、修道行为等方面论述佛教初来与黄老道术的调和过程。"自东汉楚王英至桓帝百余年间，黄老、浮屠并称，佛教本来面目尚未显著。当世人士不过知其为夷狄之法，而且将其视为道术支流，于是持之与汉土道术相比拟。而信佛者，复借之以起信，用以推行其教。"② 因此，汤用彤认为，佛教与道教之间的关系，非仅佛教附会道术，而实为相得益彰，相资为用。"道家主元气永存，释氏谈生死轮转，因而精灵不灭，因报相寻，遂为流行信仰。轮回报应，原出内典。浴神不死，取之道经。二者相得而彰，相资为用。释、李在汉代关系密切，于此已见之矣。"③

以上说法，可以从研究考察汉代所译佛经的理论取向及汉代语汇的借用所建体系中窥得一些端倪。汉代佛经的翻译主要有大小乘两大系统：一是以来自安息国的安世高（安清）为代表的小乘禅学派，一是以大月氏的支娄迦谶（简称"支谶"）为代表的大乘般若学。安世高和支娄迦谶是汉末最有影响的两位佛经译者，他们二人几乎同时来到洛阳。

---

① 汤用彤：《隋唐佛学之特点》，《汤用彤全集》第二卷，河北人民出版社，2000，第328—329页。
② 汤用彤：《汉魏两晋南北朝佛教史》，商务印书馆，2015，第71页。
③ 同上书，第73页。

因此，也可以说，大小乘佛教几乎同时进入我国，从他们的译经中可以大致反映出佛教初来倚傍道教的情形。

根据比较确切的记载，最早来华的译经大师是从安息国来的安世高，在《高僧传》中记载：

安清字世高，安息国王正后之太子也。幼以孝行见称，加又志业聪敏，克意好学，外国典籍及七曜五行医方异术，乃至鸟兽之声，无不综达。尝行见群燕，忽谓伴曰："燕云应有送食者。"顷之，果有致焉。众咸奇之，故俊异之声，早被西域。高虽在居家，而奉戒精峻，王薨便嗣大位，乃深惟苦空，厌离形器，行服既毕，遂让国与叔，出家修道。博晓经藏，尤精阿毗昙学。讽持禅经，略尽其妙，既而游方弘化。遍历诸国，以汉桓之初，始到中夏……

高既王种西域宾旅，皆呼为安侯，至今犹为号焉。天竺国自称书为天书，语为天语，音训诡蹇与汉殊异，先后传译多致谬滥。唯高所出为群译之首。安公以为，若及面禀不异见圣，列代明德咸赞而思焉。余访寻众录，记载高公互有出没，将以权迹隐显应废多端，或由传者纰缪致成乖角，辄备列众异，庶或可论。案释道安经录云，安世高以汉桓帝建和二年至灵帝建宁中二十余年译出三十余部经。①

安世高所译佛经多属小乘佛教，包括禅定修行的《安般守意经》、大小《十二门经》、《大道地经》、《五十校计经》等，还有阿毗昙学，是梵文"abhidharma"的音译，又称"阿毗昙摩"或"毗昙"，意译"对法""无比法""胜法"，属于佛教经、律、论三藏中的论藏部分。因以数把教法分类，故也称为"数法"，如三科、四谛、五阴（蕴）、八正道、十二因缘、十二入（处）、十二门禅、十八界等。安世高所译佛典中，有部分解释《阿含经》教义的论书《阿毗昙》的节本，如《阿毗昙五法经》《七法经》《阿毗昙九十八结经》等。因此，安世高的学说被冠以"禅数之学"。禅数之学作为第一种系统性传入中国的佛教典籍，在修

① 慧皎：《高僧传》卷一，大正藏本，第2—5页。

（禅定）和学（义学）两个方面对中国佛教产生影响，中国佛教的面貌由此而焕然一新。这可以说是佛教传入中国初期很重要的事件之一。他译的小乘禅数之学的佛经中曾广泛使用了许多中国道家固有的概念，例如用"无为"来表示佛教的"涅槃"。

安世高所传禅法的代表性经典有《安般守意经》《阴持入经》和大小《十二门经》等，对禅法进行了较为完整系统的介绍。其中，安般意为出息、入息，即呼吸的意思；又意译为"数息观"，指计数入息或出息次数，以收摄心于一境，使身、心止息。在《安般守意经》的经文中，安世高花了较大的篇幅对"安般守意"进行了极为详尽的解释。其中，典型的经文"安为清，般为净，守为无，意名为，是清净无为也"①是以黄老之言为释氏格义，以"清净""无为""道"等概念来诠释佛教中的"菩提""正觉"。"清净无为"一词，本出自《老子》，是汉代道家常用的哲学概念，后来道教也常用"清净无为"一词来描述自己的修行。此为除散乱，趋入正定之修法。道家的胎息法以呼吸为念，达到"复归于婴儿""复归于无极"的长生之道，与《庄子·大宗师》篇中"真人之息以踵，众人之息以喉"相应。在儒家思想中，人禀承天地冲和之气而生。因此，人的生命完全依呼吸之有无。呼吸就是气息，即生命的根本，也是天地的活动力；认为气的呼吸如能得以正常运行，人就可以与天地同体。这种禅法自安世高翻译介绍全今，仍是中国佛教徒乃至许多非佛教徒最为常用的一种修法，这对中国佛教学者产生了重要影响。

安世高所译介的禅数之学将禅的概念、禅的定义及修禅的方法带入了中国，自此以后中国佛教才有了真正意义上的禅修。可以说，在中国禅学的发展历程中，安般禅法自东汉安世高译介始，直至隋唐都是非常重要的禅法。而中国禅学萌芽发展的思想渊源，当然毫无疑问源于佛教禅学经典的翻译和禅学思想在中国的传播。而这其中又以安世高所译的禅学经典最为显著。这可以从后来的道安、康僧会、慧远、谢敷等人的著作当中看出，并且在此后一直都没有大的变化。

---

① 安世高译《佛说大安般守意经》，大正藏本，第 164 页。

佛教中国化始自汉代对佛教的道教式解读，也可以说佛教的中国化在当时表现为道教化。汉代佛教仅被视为道术且与道教相附会，这说明两者关系不过是因表面形式的相似而调和，并未深入到实质性的思想内容层面。"佛道"现象是佛教中国化过程中最初始的表现形态，随后依据时风转变为"佛玄"现象。

支娄迦谶是从月氏国来的，于汉桓帝建和元年（147）到达洛阳。《高僧传》记载其"传译梵文"，共译佛典十四部二十七卷，其中，以《道行般若经》《般舟三昧经》《首楞严三昧经》最为重要。他的译经内容准确，译文语言朴实顺畅且力求保全原本的面目。他翻译的大乘般若学在魏晋盛极一时，对整个中国佛教理论的发展产生了巨大的影响。在他译出的《道行般若经》中，借用了"本无""自然"等概念，表示佛教"缘起性空"的基本思想。

汉译佛经的老庄化倾向不仅有利于佛教思想在中土的传播，而且也加深了佛教对中国传统思想发展的影响。

## 二、三国时期佛教入乡随俗

三国时期，佛教入乡随俗，不仅借用道家学说，还融合了儒家观点，有了儒、佛、道三教一致论。其中，最有代表性的著作是《牟子理惑论》。

任继愈认为："《牟子理惑论》认为佛教与中国封建社会的传统思想并无根本对立，其总的思想倾向具有鲜明的佛教、道家、儒家一致，特别是佛教、道家一致的观点。"[①]

《牟子理惑论》最早收入陆澄编的《法论》，但此书已佚。据僧祐编《出三藏记集》卷十二《宋明帝敕中书侍郎陆澄撰法论目录序第一》可知，此文收入《法论》第十四帙《缘序集》。梁武帝天监年间，僧祐编《弘明集》，把《牟子理惑论》列为卷一首篇，可知其成书在南北朝前。《牟子理惑论》是牟子用一问一答的形式论说儒、佛、道三家的关系，阐述儒、佛、道本质上是一致并相通的理念。牟子"既修经传诸子"，

---

① 任继愈：《中国佛教史》第一卷，第 204 页。

"读神仙不死之书"，"锐志于佛道，兼研《老子五千文》，含玄妙为酒浆，玩五经为琴簧"①。

首先，《牟子理惑论》阐明佛道本体论上是一致的：一是超经验型性，二是"无为"。他认为佛教中的"道"是指"道之言导也，导人致于无为。牵之无前，引之无后，举之无上，抑之无下，视之无形，听之无声。四表为大，蜿蜒其外，毫厘为细，间关其内，故谓之道"②。按照牟子的解释，道是导也，导人达到无为，道是无限，视之无形，听之亦无声，就像老子《道德经》十四章所说的"视之不见，名曰夷；听之不闻，名曰希；博之不得，名曰微"。《牟子理惑论》在前文之后又说："履行此道，充乎天地，设若弃道不用，表面上看来虽然消失，但从未离开此道。"牟子说的道，也是以老子之道的观念去理解佛教之道。其他地方多处提到佛教的"道"也是"无为"，并把佛与老子相提并论："佛与老子，无为志也。"③ 佛道至尊至高，无为淡泊。"大道无为，非俗所见，不为誉者贵，不为毁者贱。"④ 将佛神化，"佛者，号谥也。犹名三皇神、五帝圣也。佛乃道德之元祖，神明之宗绪。佛之言觉也，恍惚变化，分身散体，或存或亡，能小能大，能圆能方，能老能少，能隐能彰，蹈火不烧，履刃不伤，在污不辱，在祸无殃，欲行则飞，坐则扬光，故号为佛也"⑤。此与《庄子》中的"真人"同化。

其次，在生活方式上，儒、佛、道是一致的，都要求简朴，反对奢华。虽然沙门剃头不娶妻，有悖于儒家身体发肤受之父母，不敢毁伤及无后为大的要求，但都是从更高层次上成就孝道。"至于成佛，父母兄弟皆得度世。是不为孝，是不为仁，孰为仁孝哉！"⑥

最后，牟子说："道之为物，居家可以事亲，宰国可以治民，独立

① 王宗昱等：《中国宗教名著导读·佛道教卷》，北京大学出版社，2004，第 3 页。
② 同上书，第 4—5 页。
③ 同上书，第 7 页。
④ 同上书，第 11 页。
⑤ 同上书，第 4 页。
⑥ 同上书，第 8 页。

可以治身。"① 这就将佛教的道、老子的道都统一到儒家的格物、致知、修身、齐家、治国、平天下的观点上，为儒、佛、道的一致和互通提供了理论依据。因此，《牟子理惑论》不仅为佛教玄学化开先河，是佛教中国化的显性开始，也是中国佛教的滥觞。

另外，以《高僧传》中康僧会的记载来看，外来僧人在翻译佛教经典时，更多用儒家格言阐释佛教的明训。

康僧会原籍康居，即在西域三十六国中的康居国（今新疆北境以及中亚部分地区），因此以"康"为姓。据记载，康居人是著名的善于经商的民族，是陆上与海上丝绸之路主要贸易者之一。由于经商的原因，康僧会的先人迁至天竺。到康僧会的父亲时，又定居当时属于中国版图的交趾（今越南北部）。康僧会出生于此地，受汉文化的熏陶，博览儒家六经，天文地理多有涉猎；十余岁父母去世后出家，明解三藏。康僧会虽是佛教徒，却对儒家经典相当熟悉。在与孙权、孙皓对答时，他不断征引《论语》《周易》《诗经》等，且谓"虽儒典之格言，即佛教之明训"②，意欲寓佛于儒，以广其教。由此可知，传入中国的佛学与中国固有的儒家思想相结合，其开创者当推康僧会。

康僧会在交州曾将《六度集经》等许多佛经翻译成汉文。三国孙权时，佛教在吴地流传未广。从当时的交通情况来看，康僧会应当是由海路出发，途经福州东冶港后继续沿海北上，吴赤乌十年（247），最终抵达吴国的都城建业从事佛事活动。史籍记载，康居人深目、高鼻、多须髯。康僧会的样貌很快引起了统治者的注意，这才出现了他与孙权的一番交锋。正是在他的努力下，佛法得以在

康僧会画像

① 王宗昱等：《中国宗教名著导读·佛道教卷》，第 5 页。
② 慧皎：《高僧传》卷一，中华书局，1992，第 17 页。

第一章　中国佛教的形成

江东兴起，六朝佛教的繁荣也自此而始。

康僧会来到建业，为了弘传佛道，让吴主孙权接受佛法，设像行道，广显灵迹。孙权最初要求康僧会七天之内作法求得佛舍利，结果并未成功，又连续延期了两次，最终在第二十一天的夜里，铜瓶之中铿然作响，盛盘乍破，目之所及皆为法云遮覆。孙权惊于此神迹，肃然叹为"稀有之瑞"，遂下令在建业修寺造塔，江东始有佛寺，故称"建初寺"，成为江南最初的寺庙。

康僧会的传法之路并不是一帆风顺的。264 年，孙皓即位，成为吴国的第四位皇帝。这位继承者在历史上以暴虐多疑著称，在位期间发明多种酷刑，施行暴政，曾试图烧毁佛寺，甚至还向佛像上泼洒粪汁取乐。在佛法初传的年代，劝化明君尚且不易，更何况是这样一位历史上出了名的暴君。面对这样一位君王，康僧会不去多谈精奥的佛理，而是非常注重技巧。有一次，孙皓问康僧会："佛法所说的善恶报应是什么？"康僧会援引儒家经典说："佛法所讲的善恶报应就和《易经》中的'积善余庆'，以及《诗经》中所讲的'求福不回'是同样的道理。"[①] 孙皓反问道："既然周公和孔子他们都已经讲明白了，那么要佛教又有什么用呢？"康僧会答："周公、孔子说的只是眼前之事，而佛教不仅讲到现实世界，还能讲未来世界。用佛教来教化百姓，难道不是更高明吗？"孙皓听后不禁默然。据说，孙皓还曾派以辩才知名的大臣张昱前去与康僧会辩论，结果张昱自愧不如，铩羽而归。从康僧会善以"儒典之格言"阐释"佛教之明训"的特点来说，佛教中国化的进程在此时就已经有了明显的表现。佛教史中评价康僧会的经注和经序"辞趣雅赡，义旨微密，并见重后世"，现代著名佛教学者汤用彤认为他"深悉华文，其地位重要在撰述，而不在翻译"。

康僧会翻译《六度集经》和《吴品》（亦称《小品般若》）两部十四卷佛经，还注释佛经。他的佛学撰著（释经）比其译经影响更大。他曾注《安般守意经》《法镜经》《道树经》三经，并为之作序。康僧会译经甚多，以《六度集经》最有影响力。该经中收录了近百则情节生动的

---

① 慧皎：《高僧传》卷一，中华书局，1992，第 17 页。

寓言故事，以阐释"六度"这一大乘佛教普遍认可的修行体系。六度即六度波罗蜜，佛教称我们的现实世界为此岸，而称佛国为彼岸，六度即六种到彼岸的方法。六度者，一为布施度，二为戒度（持戒度），三为忍辱度，四为精进度，五为禅度（禅定度），六为般若度（智慧）。在对六度的总结中，康僧会注重与中国人传统伦理思想相结合，比如在讲"忍辱"时，康僧会就将世间种种灾祸都归结于人们能不能"怀忍行慈"上，提出用"忍"来修行，消除身心内外的各种烦恼、冲突。而儒家有"修养之忍"（忍己）与"不忍人"的一体两面之分，但前者是独善其身，后者则能兼济天下，属德性伦理的范畴。儒家把"不忍人之心"作为首善之端，讲求的仁爱是对弱者的怜爱，与康僧会所讲的"培养善心，消除杂念"是一致的。用善恶报应的业报因果观点，在劝人向善的同时，也以此来坚定人们对于佛教的信仰。从康僧会的传记中，可以看出他当时对佛经的翻译、传教活动产生了很大影响。他的翻译使得佛教和中国固有文化结合，特别是与儒家、道家的交融，被中国社会所接受。康僧会是中国佛教史上最早融合佛、道、儒三家思想的僧人，这一点可以在他所注释的佛经上见到。同时，他也是"有史记载的第一个自南而北传播佛教的僧侣"[1]。

吴天纪四年（280），康僧会圆寂。同一年，吴主孙皓向西晋投降。三国时代彻底结束了，但"海丝佛教"却才刚刚扬帆起航。建初寺的佛舍利如同一盏航灯，为"海丝佛教"照亮了黎明前的汪洋。

### 三、两晋南北朝时期中国佛教的发展

两晋南北朝时期是中国佛教史上一个特殊的时期。在这一阶段，佛教在与本土文化交融中逐步玄学化。此时佛教的主要活动仍以译经为主，表现为佛教经典的传译和理论的"格义"化。对佛教教义的宣讲以本土化的理论为解释参考，许多语汇来自儒家和道家。佛玄合流，正如汤用彤所说："玄学佛教固为同气。其精神上可谓契合无间。其时之佛

---

① 杜继文：《佛教史》，中国社会科学出版社，1991，第 155 页。

玄合一，而士大夫之所以与义学僧人交游，亦为玄理上之结合。此南朝佛教之特质，吾人所当注意者也。"① 正是通过魏晋玄学的桥梁，佛教得以在思想上逐步深入华夏，站稳了脚跟，逐步形成有鲜明特征的两支：一是以安世高所译经典为主的小乘佛法，重禅法，重实修默坐专念；二是以支娄迦谶所译经典为主的大乘佛法，讲般若（智慧）学，偏重教义的解读与宣传。尤其是般若学，借助魏晋时期玄学的发展，形成许多重要派别，有"六家七宗"之说。所谓"六家"，即本无、心无、即色、识含、幻化和缘会，而"本无"一家后又分出"本无异"一宗，故合称"七宗"②。这反映以佛教理论为特色的般若学逐步成熟。

两晋时期，随着佛教的不断发展，译经工作也取得很大成就，翻译工作也较为具体和细致。竺法护、竺叔兰是当时最著名的译经高僧。最重要的经典《法华经》由竺法护以《正法华经》为题翻译而流布于世。据《出三藏记集》载，竺法护所译经典共有 154 部 309 卷。其中，《光赞般若经》《普曜经》《渐备一切智德经》《无量寿经》和《弥勒本愿经》对当时以及后世影响极为深远。

据《出三藏记集》记载，竺法护又称昙摩罗刹，是敦煌郡人，八岁时跟随印度高僧出家，后随师西游，精通三十六种西域语言文字。后来，他到长安时带了很多佛教经典。他在长安青门寺精勤布道，声名远播，拥有僧徒数千人跟随他修行。其译经之所遍布敦煌、酒泉、洛阳、长安等地。他所译的佛经译本种类繁多，有《涅槃》《法华》经类、《大集》经类、本生经类、大乘经集类，有大乘律类，还有西方撰述类，几乎涵盖了当时西域盛行的要典，打开了大乘佛教在中原地区的弘传局面。

竺叔兰祖上是印度人，其父因遇国难携众迁到中国，在河南生下竺叔兰。竺叔兰少年时喜好游猎、饮酒，后因一次非常经历，看到了各种业果，于是改励专精，开始崇奉佛法，且兼善梵汉双语。据《开元录》

---

① 汤用彤：《汉魏两晋南北朝佛教史》，《汤用彤全集》第一卷，河北人民出版社，2000，第 355 页。
② 汤用彤：《汉魏两晋南北朝佛教史》，中华书局，1983，第 194 页。

卷二载，西晋元康元年（291），竺叔兰与西域道士无罗叉等在陈留仓垣（今河南开封市西北）水南寺共同译出了《放光般若经》，共三十卷。此外，竺叔兰自己又译出了《异毗摩诘经》三卷和《首楞严经》二卷。这三部经籍对后世影响深远，使竺叔兰成为西晋时期的译经高僧，地位仅次于竺法护。当时的佛教学者都借《放光般若经》来弘传般若学说，如帛法祚、竺法蕴、支孝龙、康僧渊、于法开、竺法汰等，译本风靡京城。凡是致力于讲习般若学的，均将之奉为圭臬。自此之后，讲习般若之风盛行。

在中原地区，大乘般若学说的发展分为两个时期，即"格义"和"六家"。"格义"是用《老子》《庄子》等中国固有的名词去解释佛教思想的一种方法，解释和翻译佛经大多采用道家哲学的概念，如"有""无""有为""无为"等概念。无论在形式上还是在方法上，他们对"本末""有无""色心"等概念的辨析，同强调越名教而任自然的有无之辩的玄学存在很多相似之处。更为重要的是般若学的"真如""涅槃""空"等概念，同老庄哲学中的"有""无""道"一样，均是其意义的本体。这些都促进了般若学在魏晋时期的迅速发展和广泛传播。到道安时，觉察到了"格义"对理解佛理的乖违，转而译介《毗昙》。因为《毗昙》采取给概念下定义的方法表达佛理，其准确性是"格义"所不可比拟的。道安不仅致力于经典的注释或目录的稿纂等学术的研究，在戒律方面也开拓了新局面。道安认为戒律是成佛的基础，戒律在三藏中占首要地位。他搜求戒本，整理前代般若、禅法、戒律等系佛学，遂使原本零散的佛学思想得以较完整的面目呈现于世。因此，道安大师被视为汉晋间佛教思想的集大成者。

在佛教戒学方面，贡献最大的是鸠摩罗什。汤用彤说："罗什来华，大出律藏，从此天下僧人仪范有所遵循。"[1] "中华闻法，亦先经而后律。律藏稍广，始自晋末"[2]。《高僧传》卷二《晋长安昙摩流支传》叙其始末云：

① 汤用彤：《汉魏两晋南北朝佛教史》，中华书局，1983，第154页。
② 僧祐：《新集律来汉地四部记录》，载《出三藏记集》卷三。

初弗若多罗诵出《十诵》，未竟而亡。庐山释慧远闻支既善毗尼，希得究竟律部，乃遣书通好曰："佛教之兴，先行上国，自分流以来，四百余年，至于沙门德式，所阙尤多。顷西域道士弗若多罗，是罽宾人，甚讽《十诵》梵本。有罗什法师，通才博见，为之传译。《十诵》之中，文始过半，多罗早丧，中途而寝。不得究竟大业，慨恨良深。传闻仁者赍此经自随，甚欣所遇。冥运之来，岂人事而已耶。想弘道为物，感时而动，叩之有人，必情无所吝。若能为律学之徒，毕此经本，开示梵行，洗其耳目，使始涉之流，不失无上之津，参怀胜业者，日月弥朗。此则慧深德厚，人神同感矣，幸愿垂怀，不乖往意，一二悉诸，道人所具。"流支既得远书，及姚兴敦请。乃与什共译《十诵》都毕，研详考核，条制审定。而什犹恨文烦未善，既而什化不获删治。①

鸠摩罗什先后组织过逍遥园和大寺两个译场。据僧祐在其《罗什传》中所载：僧肇、僧邈、僧略等沙门八百余人"咨受什旨"。据《开元释教录》刊定罗什翻译的经籍为 74 部 384 卷，现存的经籍有 39 部 313 卷。其中，重要的经籍有《妙法莲华》《摩诃般若》《维摩诘》《中论》《百论》《金刚》《十二门论》《马鸣菩萨传》《大智度论》《提婆菩萨传》和《龙树菩萨传》等。僧肇的《维摩诘经序》中记载了鸠摩罗什的译经情况：有 1200 位义学沙门在长安的大寺诚请鸠摩罗什法师重译正本，于

鸠摩罗什像

是鸠摩罗什手执胡本，口译为汉文。其译作简要精炼，旨婉而章。此

---

① 慧皎：《高僧传》卷二，中华书局，1992，第 32 页。

外，僧睿的《大品经序》中也详细记载了鸠摩罗什重订旧译的情况：鸠摩罗什在译经时先将梵文口译为汉语，宣讲义旨，并与旧译版本对照，详加讨论，写出初稿，然后以"论"证"经"，再次修改。其译作在用字方面也十分慎重：如果胡本有误，便用梵本校正；如果对汉文有所质疑，就以训诂来定字。经过众名僧的协助，其译作文辞精美、内容精当。这不仅为佛教在中原地区的传播奠定了重要基础，而且丰富和发展了我国的传统文化，对于构建大中华文化具有举足轻重的作用。以慧远为代表的东晋高僧迫切催请《十诵》译本，并在社会上流传开来。

在戒律发展方面还有一位具有影响的僧人是法显。"又有沙门法显，自长安游天竺，经三十余国，随有经律之处，学其书语，译而写之。还至金陵，与天竺禅师跋陀参共辩定，谓《僧祇律》，学者传之。"① 他从陆路出发去印度求法，历尽千辛万苦后从海路回国，带回《摩诃僧祇律》《萨婆多部抄律》《弥沙塞律》等。其中四十卷的《摩诃僧祇律》（即《婆粗富罗律》）由他在义熙十二年（416）"十一月，共天竺禅师佛陀跋陀，于道场寺译出，至十四年（418）二月末乃讫"②。这部律在后世影响颇大，于是汉地大律始传。此外，稍晚期智猛也从天竺得到了一部《摩诃僧祇律》，并最后定居在钟山定林寺。这些都促进了南北朝时期戒律的发展。

南北朝时期，除个别帝王如北魏太武帝、北周武帝排佛外，历代帝王都提倡佛教，因而佛教大为兴盛。般若学、禅法以及规定佛徒行仪的戒律学的传入，佛教戒、定、慧三学都趋于完善。由此，佛教体系开始健全，佛教特色开始形成，其形态整体走向成熟。此时，佛教不但对道教，而且对道家的经典和儒家的思想也开始运用佛教理论加以批评。在本末之争、形神之辩、夷夏之争等理论上深入辨别，不断调整、融合自身观念和立场。各类佛典的翻译大体齐备，在此基础上，形成了佛典讲诵与研讨的不同派别，如成实师、涅槃师、毗昙师、俱舍师、摄论师、地论师、三论师、四论师、律师、楞伽师等，佛教发展到了一个新的阶段，中国佛教逐步形成。

第一章　中国佛教的形成

① 魏徵等：《隋书》卷三十五，清乾隆四年刻本，第2112页。
② 僧祐：《出三藏记集》卷三，大正藏本，第61页。

# 第二章
# 魏晋南北朝佛教传海东

中国佛教之初传海东，时值中国东晋十六国时期与朝鲜半岛的三国时期。朝鲜半岛三国为高句丽（前37—668）、百济（前18—660）及新罗（前57—935），其时期相当于中国西汉末至五代后唐。高句丽与中国东北接壤，所以汉文化最先传入，也最先接受中国佛教。百济次之，新罗又次之。

## 第一节　佛教初传朝鲜半岛

朝鲜半岛位于亚洲东北部，是隔鸭绿江、图们江与我国相望的近邻。朝鲜民族其族源可以追溯到公元前 4000 年前居住在朝鲜半岛并制作使用过栉纹陶器（新石器文化）的古亚细亚人和公元前 1000 年至公元前 700 年开始由亚洲大陆迁移而来的无纹陶器（青铜器文化）的主人濊貊人。全岛各处都有新石器时代及青铜器时代文化遗址，历史文献中关于"熊""虎"图腾信仰的记载，都证明朝鲜社会曾有过漫长的原始社会历史。半岛上最先出现的国家，在北部是古朝鲜，在南部是马韩、辰韩和弁（或作卞）韩。《三国遗事》沿引中国历史文献《魏书》说："乃往二千载，有坛君王俭，立都阿斯达，开国号朝鲜。"《三国志》引《魏略》说："箕子之后，时值周衰，燕国自尊为王，并企图东略，但为朝鲜侯遣使劝阻。"朝鲜侯之后，子孙稍骄虐，燕国于是遣将领秦开攻其西方，取地二千余里，至满番汗为界，箕氏朝鲜从此开始衰弱下来。秦灭六国，修筑万里长城，东起碣石。这时箕氏朝鲜的国王名否，他既畏强秦袭击，表示服属，但又不肯朝会。否死后传位于其子准，时为公元前220年前后。迨秦末天下大乱，燕、齐、赵民众不堪战乱之苦，纷纷逃亡到朝鲜，准将他们置之于西部。刘汉立国，以浿水与朝鲜为界。燕王卢绾反，亡入匈奴，燕人卫满化装成胡人渡浿水降准，收燕、齐、赵流民为朝鲜守边。卫满强大之后，攻灭准，夺取箕氏朝鲜政权，历史进入卫满朝鲜阶段。真番、临屯皆受其役属。

卫满政权传至其孙右渠，不再入觐汉室，也不准真番等国与汉朝通使。汉武帝于元封二年（前109）遣楼船将军杨朴、左将军荀彘从海、陆两路出兵攻右渠，灭卫氏朝鲜政权，于其地置真番、临屯、乐浪、玄菟四郡。汉昭帝始元五年（前82），罢临屯、真番二郡，并入乐浪、玄菟两郡，玄菟郡治所复迁至句骊地。又据《汉书》载："是年，汉昭帝置二外府，将古朝鲜地平那（即真番）及玄菟郡设为平州都督府，临屯、乐浪两郡地置东部都尉府。"至建武六年（30），省都尉官，于是放弃单单大岭以东地，悉封其渠帅为县侯。

在卫满朝鲜政权建立前后，朝鲜半岛的南半部也存在"三韩"政权，即马韩、辰韩、弁韩。马韩位于西部，统属五十余国，大国万余家，小国数千家，总十万余户。其民以土著为主，也有箕氏朝鲜遗民。据《三国志》载，卫满攻夺箕政权，箕准遂将其左右宫人走入海，居韩地，自号韩王（或谓"率其余众数千人，攻马韩，破之，自立为王"），建都于目支国，尽王三韩之地。后来，其裔虽灭绝，但后人犹有奉而祭祀者。东汉初，服属乐浪郡。汉灵帝末年，韩国强盛，郡县不能制。三国景初年间，魏明帝遣刘昕、鲜于嗣定带方、乐浪二郡。其后，带方郡太守弓遵、乐浪郡太守刘茂攻灭马韩。

辰韩在马韩之东，相传其祖先原为秦人，因避嬴秦苛政而逃亡至韩国，马韩因割其东界地与之居。其言语与马韩异，而类于秦。故辰韩又称"秦韩"。辰韩常用马韩人作主，世代相传，不得自立，以明辰韩人为流移之民。可见辰韩实为马韩所制。辰韩初统六国，后析为十二国，新罗即其一。据《三国史记》载，朝鲜遗民分居于山谷间为六村，是为辰韩六部。高墟林长苏伐公于杨山麓萝井傍林间，剖卵得一婴，收而养

之。姓朴，名赫居世。及成人，六部人皆推尊之，共立为君，是为新罗始祖，时为汉孝宣帝五凤元年（前57）。新罗强大，统一十二国，据有辰韩之地。因此，古今又以辰韩即新罗。真兴王在位时，领土进一步扩大，中部到达汉城一带，往北甚至到达今咸镜南道。

弁韩在辰韩之南，其南与倭接，亦有十二国，皆属辰韩，又与辰韩共役属于马韩。十二国之一即百济。中、朝两国历史文献都有关于百济始祖的记载。一般认为，百济世系与高句丽同出扶余，故以扶余为姓。初，朱蒙（或谓邹牟、东明）自北扶余逃难至卒本扶余。扶余王有三女而无子，见朱蒙，以第二女妻之。后生二子，长者名沸流，次者名温祚。朱蒙在北扶余时曾与礼氏生子孺留，后亦至卒本，并被立为太子，最后继承王位。沸流、温祚恐难容于太子，遂与十大臣及众百姓南行，温祚居于河（汉水）南慰礼城，沸流居于滨海之弥邹忽。温祚得地利，都邑鼎盛，人民安泰，沸流惭愧而死，其臣民皆归慰礼。温祚即百济始祖。或谓南迁时百姓乐从，故号百济；或谓初以百家济海，因号百济。时当汉成帝鸿嘉三年（前18）。百济强盛后，统一十二国，据有弁韩之地，传三十一王，历六百七十八年而亡。

新罗始祖赫居世立国第二十一年，高句丽政权也开始建立。两汉时，高句丽地跨马訾水（今鸭绿江）中游南北，南与濊貊，东与沃沮，北与扶余接壤，方可二千里，户三万。北魏太武帝始光四年（427）迁都平壤城，政治中心转至朝鲜半岛，其地东西二千里，南北一千余里，北境在今辽东南一千余里处，东至栅城，南至小海，北至旧扶余，民户三倍于前魏时，原半岛三韩以北地皆为其辖有，濊貊、沃沮皆属中之，而三韩中之马韩地已为百济所有，新罗据辰韩地不变。

## 一、高句丽佛教的肇始

根据至今尚可查考的中国和朝鲜历史文献资料判断，高句丽是朝鲜半岛三国中最早接受中国佛教的国家，但始传于何时，则自古及今都颇有异说，尚待进一步的辩证厘清。

一般认为佛教向高句丽的传播，是由南北朝时期前秦苻坚传播的。

据《三国史记·小兽林王条》记载:

> 小兽林王二年（372）夏六月，秦王符坚遣使及浮屠顺道送佛像、经文，王遣使回谢，以供方物，立大学，教育子弟……四年（374），僧阿道来……五年（375）春二月，始创肖门寺，以置顺道，又创伊弗兰寺，以置阿道，此海东佛法之始。①

另外，中国南朝梁代僧人慧皎所撰的《高僧传》中有两处记载涉及高句丽佛教肇始的问题。其一是《竺潜传》所载:

> 支遁遣使求买仰山之侧沃洲小岭，欲为幽栖之处，潜答云:"欲来辄给，岂闻巢由买山而隐遁?"后与高丽道人书云:上座竺法深，中州刘公之弟子，体德贞峙，道俗纶综，往在京邑，维持法网，内外具瞻，弘道之匠也。②

文中提到的支遁，号道林，族出陈留，或说河东林虑人，生于晋愍帝建兴二年（314），卒于太和元年（366）。其家世崇佛，幼年流寓江南，先住建康，与名士知交；二十五岁出家，在吴地建支山寺，还住过会稽灵嘉寺，晚年投迹剡山（今浙江嵊州），于沃州小岭立寺行道，门徒常百人。竺潜，又名竺道潜，字法深，山东琅琊人，东晋时期高僧。其为丞相武昌郡公王敦之幼弟，生于西晋太康七年（286），卒于东晋宁康二年（374）。竺潜十八岁即剃落出家，事中州刘元真为师；二十四岁即能讲《法华》《大品》等经，门徒有五百之多。其身经两朝，皆为皇室、重臣、文士所重，后幽居于剡山之仰山，"率合同游，论道说义"。此间，竺潜即与支遁过从甚密。

从这则记载来看，支遁寄书与"高丽道人"之事值得分析。按支遁买山幽栖一事出在晚年，晋哀帝即位（362）之前不久，也就是前秦符坚

---

① 金富轼:《三国史记》（上），乙酉文化社，1987，第329页。
② 慧皎:《高僧传》卷四，中华书局，1992，第77页。

永兴元年（357）至甘露四年（362）之间。这里所说的这位"高丽道人"，《海东高僧传》也有记载，称呼高丽道人为释亡名，称其为"志道依仁，守真据德"。高丽道人（释亡名）习法、传法于何处，现无可考，但无疑在支遁致书前已经皈依佛门，并且深谙中国僧事，与支遁有过非同一般的交往，深受支遁、竺潜的影响，是一位对佛教义理造诣甚深的僧人。而据此记载分析，佛教在 366 年以前已传入高句丽，这种可能性很大。一者当时西邻高句丽的后赵、前秦都举国崇佛，而且后赵管辖区域北至辽地，又和高句丽交好，所以佛教极有可能很早就从后赵、前秦传入高句丽；二者当时东临高句丽的乐浪郡已传入佛教，所以佛教也有可能自东晋从海路经乐浪、带方传入高句丽。从后赵石勒、石虎父子尊奉佛图澄，举国崇佛以及辖境北至辽地这一点而论，后赵佛教波及高句丽之辽东，这应是情理中事，在本土接受者有之，入赵求法者有之，事迹端倪虽不能详知，但可以根据现有的记载加以推测一二。高句丽第十五代王美川王二十一年（320）曾遣使至后赵，致石勒以楛矢，表示臣服。这件事也似乎佐证了高句丽接受后赵佛教的可能性。不过，这时的高句丽佛教传播地区还只局限于接近中国一方的边境地带，信徒也不会太多。370 年，前秦苻坚灭前燕，拓地至今辽宁西部地区。高句丽一面乘前燕初亡，前秦势力对此鞭长莫及之机，与前秦争夺原属前燕的辽东、玄菟等郡，一面又为抵御北方拓跋鲜卑的侵扰，与前秦交好。在这种形势下，始有 372 年前秦遣使及浮屠顺道赍经文、佛像至高句丽之举。高句丽一是出于交好前秦，巩固国防的政治需要，二是受到后赵之影响，已经有了崇信佛教的群众基础和思想基础，因此对此事表示出高度重视的态度，正式创立寺院，建立弘扬佛教的根据地。如果说"高丽道人"可以被看作高句丽民间信仰佛教（或者说佛教在民间流传）之始，那么顺道、阿道的到来并为之创寺，就应被认为是高句丽国家接受佛教的开始。从这角度看，《三国遗事》关于"顺道肇丽"的说法无疑是正确的。

其二是《高僧传·神异下·昙始》记载：

释昙始，关中人。自出家以后，多有异迹。晋武太元之末，赍经律数十部往辽东宣化，显授三乘，立以归戒。盖高句丽闻道之始也。义熙初，复还关中，开导三辅。始足白于面，虽跣涉泥水，未尝沾涅，天下咸称白足和上。①

《三国遗事》则注意到"昙始以大元末到海东，义熙初还关中，则留此十余年，何东史无文"这一问题。此外，《三国遗事》还提出"始既恢诡不测之人，而与阿道、墨胡、难陀年事相同，三人中疑一必其变讳"的大胆设想。

从记载内容来说，《海东高僧传》记载道：

　　释顺道，不知何许人也。道德高标，慈忍济物，誓志弘宣，周流震旦，移家就机，诲人不倦。句丽第十七解味留王（或云小兽林王）二年（372）壬申夏六月，秦苻坚发使及浮屠顺道送佛像、经文，于是群臣以会遇之礼，奉迎于省门，投诚敬信，感庆流行。寻遣使回谢，以贡方物。或说顺道从东晋来，始传佛法，则秦晋莫辨何是何非。师既来异国，传西域之慈灯，悬东晲之慧日，示以因果，诱以祸福。兰薰雾润，渐渍成习。然世质民淳，不知所以裁之。师虽蕴深解广，未多宣畅。自摩腾入后汉，至此二百余年。后四年，神僧阿道至自魏（存古文），始创省门寺以置顺道。《记》云：以省门为寺，今兴国寺是也，后讹写为肖门。又建伊弗兰寺以置阿道，《古记》云兴福寺是也。此海东佛教之始。②

这与《三国史记》的记载基本相同。这种记载上的承袭客观上也反映出其对372年顺道至高句丽这段历史事实的认同。《海东高僧传》《三国遗事》均有与《三国史记》相同的记载。不同者在于，《海东高僧传》提出了"或说顺道从东晋来，始传佛法，则秦晋莫辩""后四年，神僧阿道至自魏"，以及"肖门"为"省门"之误，省门寺即兴国寺，伊弗

---

① 慧皎：《高僧传》卷十，中华书局，1992，第210页。
② 觉训：《海东高僧传》卷一。

兰寺即兴福寺等问题。而《三国遗事》则对顺道自晋之说持否定态度，并且认为高句丽当时建都于安市城，位置在鸭绿水之北，所建之肖门寺、伊弗兰寺亦当在此城之内，而《海东高僧传》引古记上述二寺即指松京之兴国寺与兴福寺也是错误的。

再次，昙始赍经律典籍至辽东宣化是在太元之末，这已是苻秦末年的事情，离顺道传教晚了十三年，故谓此为"高句丽闻道之始"说自然是不确切的。但昙始赍经律典籍至辽东宣化在高句丽佛教史上却仍具有重大意义，其意义就在于高句丽不仅于此时接受了佛法，而且第一次有了佛教经、律典籍。此外，关于顺道与阿道二僧的国籍问题，朝鲜史籍也记载不一。《三国史记》以顺道为前秦僧，阿道则不明国籍，但从记载的连续性看，实际上也是把他当作前秦人来对待的。《海东高僧传》则以顺道为"秦晋莫辨"，阿道自魏。《三国遗事》以顺道、阿道都来自前秦。联系小兽林王当政的前后形势看，顺道是否来自晋的问题并不难解决。诚然，小兽林王之前的故国原王一代，曾先后于六年（336）、十三年（343）遣使至晋贡方物，但只是一般性的礼节往来，并无更深的关系。由于当时前燕正屡次兴兵入侵，以至于攻陷首都丸都城，王单骑走脱，王母、王妃皆为燕军追获，并挖其父坟载尸以归。所以，自十四年（344）以后，再无与晋通使之事。四十年（370），前秦王猛伐平前燕，故国原王立即通好于前秦，燕太傅慕容评曾逃奔高句丽，王执而送之于秦。纵观小兽林王一代，也都没有与晋通好的记载，反而是多次朝贡于秦，除接受佛教之外，又开始立大学教育子弟。在小兽林王之后的故国壤王、广开土王两代，也都没有与东晋通过使节。这些事实说明，顺道来自东晋之说是不太可能的。出于同一原因，阿道也非来自东晋，至于来自魏之说，也同样难于成立。因为曹魏早已灭亡，鲜卑拓跋氏政权尚远在漠南，而且在 376 年为前秦所灭，至 386 年始复国称魏。这样，阿道来自魏之说便无从说起，来自前秦才是唯一的解释。

## 二、百济佛教的初传

继高句丽之后，百济也开始接受中国佛教。传统的说法是，百济佛教传自于中国东晋，具体时间是第十五代王枕流王即位元年。朝鲜西南的百济国，在枕流王元年（384）迎请来自中国的梵僧摩罗难陀，翌年在汉山创立佛寺，度十人为僧，为百济佛教之始。

关于这件事，朝鲜的主要历史文献都有记述。《三国史记·百济本纪》载：

> 枕流王即位元年（384），秋七月，遣使入晋朝贡。九月，胡僧摩罗难陀自晋至，王迎致宫内礼敬焉，佛法始于此。
>
> 二年（385）春二月，创佛寺于汉山，度僧十人。①

《三国遗事》在"难陀辟济"条记云：

> 第十五枕流王即位甲申（东晋孝武帝大元九年），胡僧摩罗难陀至自晋，迎至宫中礼敬。明年乙酉，创佛寺于新都汉山州，度僧十人。②

又莘王即位元年（392）二月，下教崇信佛法求福，摩罗难陀传法一事，以《海东高僧传》记载最详，其文为：

> 释摩罗难陀，胡僧也。神异感通，莫测阶位。约志游方，不滞一隅。按《古记》本从竺干入于中国，附材传身，征烟召侣，乘危驾险，任历艰辛。有缘则随，无远（缘）不履。当百济第十四（实为十五）王枕流王即位九（应为"元"）年九月，从晋乃来。王出郊迎之，邀致宫中，敬奉供养，禀受其说。上好下化，大弘佛事，共赞奉行，如置邮而传命。二年春创寺于汉山，度僧十人。尊法师故也。由是百济次高丽而兴佛教焉。逆数至摩腾入后汉二百八十有年矣。③

---

① 金富轼：《三国史记》卷十八。
② 一然：《三国遗事》卷三，权锡焕、陈蒲清注译。
③ 觉训：《海东高僧传》卷一。

以上三种记载的共同点是都认可枕流王即位之年（384）是百济接受并弘扬佛教之始。

摩罗难陀到达百济后，受到了国王的隆重接待，迎于郊外，供养宫中，并且禀受其说教。根据《海东高僧传》对摩罗难陀的介绍，首先摩罗难陀是一位"胡僧"，他一生以"约志游方说法"为务，"不滞一隅"，不避险阻艰辛，东晋不过是他漫长游方道路中的一站；其次他从东晋横渡黄海之沧波，随身并无所带，在百济所传之法不过是原在印度或其他西域国家中修成的"神异感通"之类，并非糅合了玄风儒味的中国佛教，所以实际上是他将印度佛教经由东晋而传于百济。当然，这只是就"始传"而言，并非泛论整个百济佛教。

## 三、新罗佛教传入时间争议

佛教传入新罗的时间，各种史料典籍所载各异，异中有同，同中有异，颇费识辨。

第一种是讷祗王（417—458）、毗处王（479—500）时代始传说。《三国史记·新罗本纪》载云：

> 初讷祗王时，沙门黑胡子自高句而至善郡，郡人毛礼于家中，作窟室安置。于时，梁遣使赐衣着香物，群臣不知其香名与其所用，遣人赍香遍问。黑胡子见之，称其名目曰："此焚之则香气芬馥，所以达诚于神圣。"所谓神圣，未有过于"三宝"，一曰佛陀，二曰达摩（即"法"），三曰僧伽。若烧此发愿，则必有灵应。时王女病革，王使胡子烧香表誓，王女之病寻愈。王甚喜，馈赠尤厚。胡子出见毛礼，以所得物赠之，因语曰："吾今有所归，请辞。"俄而不知所归。至毗处王时，有阿道（一名我道）和尚，与侍者三人，亦来毛礼家，仪表似黑胡子，住数年，无病而死，其侍者三人留住，讲读经律，往往有信奉者。[1]

---

[1] 金富轼：《三国史记》卷四。

第二种是原宗王（即法兴王）时代始传说。这一说法主要出自《海东高僧传》沿引的《古记》，其文略云：

　　梁大通元年（527）三月十一日，阿道来至一善郡，天地震动。师左执金环锡杖，右擎玉钵应器，身着露衲，口诵花诠，初到信士毛礼家，礼出见惊愕而言曰："曩者高丽僧正方来入我国，君臣怪为不详，议而杀之；又有灭垢玭从彼复来，杀戮如前。汝尚何求而来耶？宜速入门，莫令邻人得见。"于是引入密室，供修不怠。①

阿道至新罗时既已是梁代，献香于原宗王之吴使亦应为梁使，梁、吴同立国于江南，指梁为吴，当是一种"历史的惯性"。

第三种说法出自《海东高僧传》所引：

　　又按高得相诗史曰：梁氏遣使曰元表，送沈檀及经像。不知所为。咨四野。阿道逢时指法，相注云。②

这里所指的显然是与《古记》所载同为一事，只是使者姓氏及所携物作了补充而已。

第四种说法出自《海东高僧传》和《三国遗事》。此说根据朴寅亮《殊异传》，认为新罗佛教始传当在味邹王时代，此传叙阿道之父崛摩本曹魏人，正始年间奉使高句丽，与此国女高道宁私通后还国，高道宁因而生其子阿道。阿道五岁出家，十六岁归魏省父崛摩，并且投玄彰和尚就业；十九岁复归高句丽，因"此国机缘未熟，难行佛法"，而"新罗今虽无声教，尔后三千余月有护法明王御宇，大兴佛事"，于是依母嘱自高句丽至于新罗，寓王阙西里（后之庄严寺）。这一年是新罗味邹王即位的第二年（263）。阿道诣阙请行教法，世人以佛法为前所未见为嫌，欲杀阿道。阿道遂隐于续村（一善县）毛礼家，三年后治愈成国公主之

---

① 觉训：《海东高僧传》卷一。
② 同上。

病，王许其请，于天镜林创佛寺。七年后始有人求出家，依受佛法。毛礼之妹史侍，亦投依为尼，并于三川岐创立永兴寺。味邹王死后，嗣王（即儒礼尼师今）不敬浮屠，欲将废之。阿道再次退隐于续村。新罗佛教于是乍兴又灭。《朝鲜通史》定佛教始传朝鲜的时间为3世纪左右，即持味邹王时代始传这一说。以上四说，又可归为三说，即味邹王时代始传说、讷祇王、毗处王时代始传说和原宗王时代始传说。

讷祇王在位时间是从417年至458年，距离梁朝建立即502年还有半个世纪，所以上文中"梁使"恐怕为"宋使"误。又毗处王在位时间为479年至500年，同讷祇王在位时间相距二十年左右。《三国史记》没有明言"黑胡子"和"阿道"就是一人，但仔细品味其文意，似乎有这种倾向。"黑胡子"因语曰"吾今有所归，请辞"，"俄而不知所归"，好像是给后来阿道"亦来毛礼家"埋下伏笔。非但如此，这位阿道还"仪表似黑胡子"。如果说"黑胡子"是在讷祇王末年来新罗弘法，而阿道是在毗处王初年来新罗再度弘法，那么二者之间只相差二三十年左右。从时间上讲，这两件事完全可以发生在一个人身上。假如此人以"黑胡子"身份来新罗时是中年，则以阿道身份来新罗时就是晚年了。这一点并不完全是凭空想象，因为第二次来毛礼家的阿道仅仅"住数年"，便"无病而死"。"无病而死"换句话说就是因年老而自然死亡，这是在新罗生活几年后的事，可见他来新罗时确实是晚午了。

《海东高僧传》和《三国遗事》在记述"黑胡子"宣扬"三宝"，为公主祈祷治病以及阿道（我道）来毛礼家的情节和前引《三国史记》基本相同。《古记》认为，阿道是在梁大通元年（527）三月十一日来一善郡，被藏于毛礼家的密室，后因辨认"吴使"所献原宗王（即法兴王）五香而受到礼敬。一然在《三国遗事》"阿道基罗"条的夹注中认为：至新罗传教的阿道就是小兽林王四年（374）至高句丽的阿道。如果说他在毗处王时期才到新罗，那么就是说他在高句丽已逗留了一百多年。显然，这种说法不太可能，再说新罗奉佛也不应当如此之晚。至于味邹王时代初传说，使新罗佛教的初传比高句丽提前了一百多年，一然觉得，这也是不符合历史事实的。应当说，一然得出的"揆夫东渐之势，必始于丽济而终乎罗"的结论是中肯的，比较符合历史事实。从三国的地理位置来看，高句丽位于半岛的北部，与中国毗连；百济居半岛西南部，隔海与中国相望；而新罗在半岛的东南部，同中国的交通最艰难。在发展水平上，高句丽最高，百济次之，新罗最后。所以，将新罗佛教的初传，提前到 3 世纪中叶，也确实"不合高丽（即高句丽）未到而越至于罗也"。因此，"阿道之辞丽抵罗，宜在讷祇之世"。至于"黑胡子"和"阿道"，一然明确肯定就是一人，且"黑胡子"并非人的真实名字，而是就人的相貌特征所言，如中国梁朝人称达摩为"碧眼胡"。阿道危行避讳，不言姓名，而世人随其所闻，将黑胡子、阿道当作两个人分别作传。上述引文"阿道仪表似黑胡"即可为证。

如前所述，朝鲜半岛佛教传自于中国，这是一个无可置疑的事实。中国佛教传播朝鲜三国，有三个因素在起作用：一是中国佛教的发展形势，二是朝鲜三国的地理位置及由此而决定的各自同中国不同程度的密切关系，三是三国本身各自社会发展的水平。就中国佛教发展的形势看，东汉属初传阶段，仅在宫廷流行，不过是附属于黄老之学，而被视为方术之一种。

朝鲜佛教的进一步发展也体现在朝鲜高僧入华问法，如高句丽僧人义渊、僧朗等。据《海东高僧传》记载：

> 释义渊，句高丽（高句丽）人也，世系缘致，咸莫闻也。自隶剃染，善守律仪，慧解渊深，见闻泓博，兼得儒玄，为一时道俗所归。性爱传法，意在宣通。以无上法宝，光显实难，未辨所因。闻前齐定国寺沙门法上，戒山慧海，肃物范人，历跨齐世为都统，所部僧尼不减二百万，而上纲纪将四十年。当文宣时，盛弘释典，内外阐扬，黑白咸允，景行既彰，逸响遐被。是时，句高丽大圣相王高德，乃深怀正信，崇重大乘，欲以释风，被之海曲。然莫测其始末缘由，自西徂东，年世帝代。故件录事条，遣渊乘帆向邺，启发未闻。①

至第二十五代平原王（559—590）时，由于大丞相王高德的护持，

① 觉训：《海东高僧传》卷一。

义渊入华问法传法宗义。另据《高僧传》卷八《法度传》记载：

> 度有弟子僧朗，继踵先师复纲山寺。朗本辽东人，为性广学，思力该普，凡厥经律皆能讲说，《华严》、"三论"最所命家。今上深见器重，敕诸义士受业于山。①

僧朗乃高句丽辽东城人，南朝齐时入华至摄山栖霞寺师事法度，师圆寂后继位住持此寺，因住摄山，后人称之为"摄山大师"。朗睿智好学，思力敏捷，大凡经律，皆能讲说，而犹以华严、三论最为擅长。朗曾住钟山草堂寺，隐士周颙从他受学，又曾于摄山止观寺修道。齐建武年间，朗至江南弘扬三论之旨，后深得梁武帝器重，被视为中国三论学说的振微起衰者。梁天监十一年（512），武帝派僧怀、智寂、僧诠等十人赴摄山从朗学"三论"之学。据说武帝本人也由原来的《成实论》而改学"三论"。② 中国三论宗的创始人吉藏十分推崇僧朗，并在自己的著作中多次提到他在"三论"方面的造诣以及同梁武帝、隐士周颙的关系。如《大乘玄论》卷一记载：

> 摄山高丽朗大师，本是辽东城人，从北土远习罗什师义，来入南土，住钟山草堂寺，值隐士周颙，周颙因就师学。次梁武帝敬信三宝，闻大师来，遣僧正智寂十师，往山受学。梁武天子，得师意舍本成论，依大乘作章疏。开善亦闻此义，得语不得意。③

此外，高句丽僧人尚有闻名于城外者，如波若、印法师、实法师等先后入华求法，惠便、惠慈、僧隆、云聪、昙徵、惠灌等又陆续将佛教传往日本。这些僧人事迹均见于唐代道宣所撰《续高僧传》。

---

① 慧皎：《高僧传》卷八，中华书局，1992，第175页。
② 参见江总持《摄山栖霞寺碑》和吉藏《大乘玄论》卷一。
③《大正藏》卷四十五，诸宗部二，第19页，中。吉藏在另一篇文章《二谛义》中也记录了僧朗的行迹。

法语东垂： 中国佛教在东亚的传播与影响

# 第二节　佛教初传日本

日本最早用文字记载的历史，是 712 年太安万侣撰写的历史文学作品《古事记》，但其可靠性还不如后来的《日本书纪》。关于日本早期历史，只能以中国史籍为主要依据。汉武帝征服朝鲜后，中日民间交往就有所便利了。列岛上有三十多个小国，通过朝鲜半岛与汉朝建立联系。中国文化的进入，对日本的开发和进步有划时代的意义。公元 1 世纪，日本原始氏族社会迅速解体，逐渐建立起国家政权。东汉时期，中日有了政治交往。《后汉书·倭传》记载了这一外交史实："建武中元二年（57），倭国奉贡朝贺，使人自称大夫，倭国之极南界也。光武赐以印绶。"① 倭国使臣称"大夫"，说明这位外交官深知东亚大陆文化（春秋战国时诸侯国之间特使多为大夫）。日本还处在奴隶社会初期，政治制度尚未确立，倭国使官也可能是汉人移民。光武帝所赐金制印绶，一千七百多年后，于日本天明四年（1784）二月十二日（阴历）在日本九州地区志贺岛发现，上刻"汉委奴国王"五字。汉帝赐印表示汉朝统治者视倭国为汉朝诸藩国之一。汉倭关系即为宗藩关系，倭国有朝贡汉宗的义务。东汉"安帝永初元年（107），倭奴国王帅升等献生口（奴隶）百六十人，愿请见"②。

《三国志·魏志·倭人传》有介绍，当时日本社会处于部落林立的分裂状态，有"百余小国"之称。《魏志》和《后汉书》分别记载的邪马台国和倭国，是日本诸部族集团之一。公元初，日本列岛进入弥生时代，各部落相互攻伐。中国东汉桓帝、灵帝年间，"倭国大乱"。经过近百年兼并战争后，已由"百余国"减少到"三十余国"。"倭人在带方东

---

① 范晔：《后汉书》卷八十五，中华书局，1965，第 1907 页。
② 同上。

南大海之中，依山岛为国邑。旧百余国，汉时有朝见者，今使译所通三十国。"① 此三十国"统属女王国"，即邪马台国，其他国名在《三国志》中只提到二十一个，如对马国、末卢国、伊都国等。此外，还有由男子为王的"狗奴国"。邪马台国是一个从原始社会过渡到奴隶社会初期的国家，女王"特置一大率，检察诸国，诸国畏惮之"。邪马台国对大陆政治有较深的了解，因而不但同汉魏中央交往，还同朝鲜半岛上的带方郡、诸韩国通使。《倭国传》记"（卑弥呼）王遣使诸（魏国）京都、带方郡、诸韩国"。魏景初二年（238）六月，邪马台国女王卑弥呼派使节难升米、都市牛利等带生口（奴隶）十人和上布二匹到带方郡，郡太守刘夏派人将倭使护送到魏京洛阳。魏明帝曹叡封卑弥呼为"亲魏倭王"。

为奖励使节"万里来朝"，魏帝还封倭正使大夫难升米为"率善中郎将"，副史牛利为"率善校尉"。除金、银印绶外，魏国还送给倭国绛地交龙锦五匹，张地绉粟毯十张，旧绛和绀青各五十匹，绀地句文锦二匹，细班花毯五张，白绢五十匹，金八两，五尺刀两把，铜镜百面，珍珠和铅丹各五十斤。卑弥呼以"朝贡"为名，换取这么多的回报，说明她利用了汉魏政府政治上虚荣（以德化远人）和在经济上爱"出费"的弱点。而当时中日官方贸易（美名曰"贡与赐"）逆差，中国封建统治者是不在乎的，卑弥呼见中国这么多"回赐"，自然乐于继续"纳贡"。当魏国的诏书、印绶和回赐物品由带方郡建中校尉梯儁等于 240 年送于日本时，卑弥呼女王备表谢恩。十个奴隶、二匹上布不及魏国一个地主的私产，而换回这么多的高档奢侈品，真是一本万利的生意。于是，卑弥呼更热衷于纳贡。234 年，她派大夫伊声耆、掖邪狗为"率善中郎将"。

247 年，带方郡太守王颀回朝述职时，报告了日本列岛内乱情况：邪马台女王同狗奴国男国王卑弥弓呼争霸致战。魏国派塞曹椽史张政为特使，前往日本调停。张政到日本后，卑弥呼已死，宗女壹与（13 岁）为邪马台女王。壹与接见张政使团后，又派"中国通"掖邪狗带领十人的使团、生口三十及白珠二枚等贡品随张政回魏。

---

① 陈寿：《三国志·魏志》卷三十，第 1692 页。

另外，根据日本最早史书《古事记》记载，"在应神十六年（285），五经博士王仁从百济到日本，献郑玄注的《论语》十卷和《千字文》一卷"①。另外，据另一本日本古史书《日本书纪》记载，五经博士段杨尔曾受命在日本讲授儒学，为期三年之久，而之后又有人前来接替。② 由此可见，很多汉文书籍通过朝鲜半岛流传到日本国，在文化方面是一直输出交流的。

3世纪时，日本中部兴起一个比较强大的奴隶制国家"大和"。大和不断扩张，到5世纪统一了日本列岛。日本在统一之后就开始侵略朝鲜半岛。此时的朝鲜半岛有高句丽、新罗和百济三个国家。此三国都与中国经常有使节往来，且都受中国的册封。朝鲜半岛三国生产力的发展比日本列岛更为先进。其中，高句丽是三国中建国最早的大国，4世纪开始征伐新罗和百济。三国的相互征战，使统一后的日本有机会插手朝鲜半岛事务。日本利用百济、新罗恐惧高句丽的心理，以支援名义占领了朝鲜半岛南部的任那地区。日本北侵时同高句丽军多次激战，遭到了高句丽的顽强抵抗。新罗、百济两国不得不成了日本的保护国。朝鲜半岛北部曾是汉朝辽东诸郡的一部分，日本大和国建立时，中国各政权并不承认其"天皇国"地位，而一直封其天皇为"安东将军倭国主"，直到南朝宋元嘉二十八年（451），中国才册封日本大和天皇为"使持节，都督倭、新罗、任那、加罗、秦韩、慕韩六国诸军事，安东将军"。对高句丽王已取得魏册封的"都督辽海诸军事、征东将军、领护东夷中郎将、辽东郡开国公、高句丽王"的称号，百济王的称号是"使持节、都督百济诸军事、镇东大将军、百济王"，大和天皇对自己的称号只是一个"将军"（百济王是大将军）表示不满，于478年"万里修贡"要求当时南朝的宋明帝改封"大将军"称号。梁沈约所著《宋书》中记载了倭国呈上的表文，文曰：

封国偏远，作藩于外；自昔祖祢，躬擐甲胄；跋涉山川，不遑宁

① 吴廷璆：《日本史》，南开大学出版社，1994，第40页。
② 同上。

处。东征毛人五十五国，西服众夷六十六国，渡平海北九十五国。王道融泰，廓土遐畿，累叶朝宗，不愆于岁。臣虽下愚，忝胤先绪，驱率所统；归崇天极，道遥百济，装治船舫。而句骊无道，图欲见吞，掠抄边隶，虔刘不已。每致稽滞，以失良风；虽曰进路，或通或不。臣亡考济，实忿寇仇，壅塞天路；控弦百万，义声感激。方欲大举，奄丧父兄，使垂成之功，不获一篑；居在凉暗，不动兵甲，是以偃息未捷。至今欲练甲治兵，申父兄之志。义士虎贲，文武效功；白刃交前，亦所不顾。若以帝德覆载，摧此强敌，克靖方难，无替前功。窃自假开府仪同三司，其余咸假授，以劝忠节。①

南朝统治者从表文中知倭国力量之强大，封倭王为"安东大将军"②。南朝宋在江南，北魏在陆上阻挡了南朝对朝鲜半岛的干涉。中国在分裂时期对外政策各行其是，北魏承认高句丽，南朝宋又承认了倭国与百济的联盟。中国的南北对立势力便延伸到了境外。在整个南北朝时期中日官方交往中，中方的代表是南朝。日本"倭之五王"遣使来朝都是向南朝而来。中国史书记载的倭国五王的名字是赞、珍、济、兴、武。从南朝刘宋政权的建立到被南朝萧齐政权取代的五十多年中，五倭王"遣使贡献"十多次，第一次是永初二年（421）。据《宋书·倭国》载："永初二年，诏口：'倭赞万里修贡，远诚宜甄，可赐除授。'"③ 最后一次是倭王武于478年贡献上表并得到了刘宋政权对其在朝鲜半岛南部扩张的承认。5世纪，东亚地区都处在分裂状态之中，中国南北对立，朝鲜半岛三国并峙，日本有毛人、众夷、海北共两百多"国"。这是一个极为复杂而又松散的国际关系体系。五倭王对中国向南朝汉族统治区"一边倒"的外交，是对汉人"正宗"王朝的承认，而南朝（刘宋政权）封倭王为"都督倭、新罗、任那、加罗、秦韩、慕韩六国诸军事"，是对倭王来朝的回报。

---

① 沈约：《宋书》卷九十七，中华书局，1974，第2395页。
② 同上书，第2396页。
③ 同上书，第2394页。

中国与日本的文化交流，周秦时代已经开始，而佛教的传入则是在中国的南梁时代。

## 一、"公传" 和 "私传" 之争

日本学者对佛教传入有所谓"公传"和"私传"的说法。这也是日本学术界长期争论的问题之一。"公传"是指佛教通过朝廷传入，"私传"则是指通过民间传入。

### （一）佛法的"私传"

按照常识推断，随着中国和朝鲜移民不断东渡日本，5世纪后日本与中国南朝有着频繁的使节往来，可以说日本社会不仅有不少人对佛教早已有所了解，也有一部分人已是佛教信徒。但这方面缺乏文字记载。日本12世纪皇圆《扶桑略记》记载，在继体天皇十六年（522）有中国人来到日本，结庵供奉佛像。原文曰：

> 日吉山药恒法师《法华验记》云：延历寺僧禅岑记云：第二十七代继体天皇继位十六年壬寅，大唐汉人案部村主司马达止，此年春二月入朝，即结草堂于大和国高市郡坂田原，安置本尊，归依礼拜。举世皆云，是大唐神之。出缘起，隐者见此文，钦明天皇以前，唐人持来佛像，然而非流布也。

据日本学者考证，药恒生活在10世纪中叶，延历寺禅岑当生活在9世纪初，这里所引的是一个传说。"案部"或作"鞍部"，当是以制鞍为业由移民组成的部民组织。"司马达止"，有的书作"司马达"等，是中国移民。"大唐""唐"是在唐王朝建立后日本人对中国的称呼。这个记载称，早在佛教公传之前，在继体天皇十六年（522），中国移民司马达等已在大和国高市郡坂田原建草堂，安置佛像礼拜。

根据以上所引日本史书中关于佛教公传、私传及其他有关资料，可以认为：

第一，在早期的中日佛教文化交流中，主要是通过朝鲜半岛间接地进行。中国佛教首先传入朝鲜半岛，再由朝鲜半岛传入日本。朝鲜半岛当时三国并立：北部有高句丽，东南部有新罗，西南部有百济。日本在4世纪时派兵在朝鲜南部扩张势力，曾在任那设日本府。百济为对抗高句丽和新罗，曾与日本有较密切的关系。因此，《日本书纪》中所载百济圣明王派使臣赴日献佛像、佛经的说法是有根据的，但所谓百济圣明王称臣奉表的内容是不足凭信的。此时期的日本国，仍处于带有氏族制血缘关系不发达的奴隶制社会。在文化上，有主张积极引进大陆先进政教文化的上层人士，他们在外交上主张与百济结盟，此以大伴氏（如大伴金村，6世纪后失势）、苏我氏（如苏我稻目）为代表；另有主张固守传统文化的上层人士，在外交上主张联合新罗，此以中臣氏（如中臣镰子）、物部氏（如物部尾舆）为代表。据传说，苏我氏统率中国移民秦氏、东西文氏，管理三藏（斋藏、内藏、大藏），对大陆文化比较了解；物部氏管军事、刑狱，在钦明天皇时与苏我氏共同控制朝政；中臣氏世掌祭祀。在对待佛教的态度上，苏我氏主张仿效大陆国家支持佛教传播，并且亲自奉佛，而物部氏和中臣氏则主张仍奉敬"国神"，反对佛教传播。

第二，在日本钦明天皇时传入佛教的说法是可信的，因日本古代无成文历史，故后代追记的年代难免有误。《元兴寺伽蓝缘起》和《上宫圣德法王帝说》所载佛教在日本公传的年代比较可信，本书即以538年作为佛教正式传入日本之年。天皇接受佛像、经幡等，让大臣苏我稻目先率佛法，看其效应。物部氏、中臣氏反对，认为应率祭"天地社稷百八十神"，否则将会招致"国神之怒"。这里讲的天地社稷之神、国神，即日本原始神道所奉的天地日月等自然神灵和祖先神。这两种不同的态度，拉开了日本佛教史上奉佛与排佛之争的序幕。

第三，据日本学者考证，《日本书纪》中的百济圣明王之表及天皇之诏是后人伪造的。例如，表文申费颂佛法"是法于诸法中最为殊胜，难解难入"取自中国唐代义净所译《金光明最胜王经·寿量品》中"是金光明最胜王经于诸经中，最为殊胜，难解难入"；"逐所须用尽依情"取自此经《四天王护国品》之颂中"如入室有妙宝演，随所受用悉从心"，天皇诏书中的"朕从背来，未曾得闻如是微妙之法"，取自此经《四天王护国品》中"我从背来，未曾得闻如是甚深微妙之法"。义净译《金光明最胜王经》在唐武周长安三年（703），上距钦明十三年（552）有151年之久。可见，此表、诏显然是后人编造，用以粉饰日本历史。但这并不妨碍其中包含真实的内容，即在钦明天皇时佛教从百济传入日本。因为当时日本没有成文记事，后人著史时为了美饰天皇及佛法的传入，参照唐译《金光明最胜王经》，把原来简单、朴素的传说加以补充和修饰，造出表奏及诏书，是可以理解的。

第四，关于佛教私传，即民间传入，按理说应早于公传。《扶桑略记》所载虽不无可疑之处，但把它轻易否定，也不妥当。它的最初来源也是个传说。"司马达止"似乎应解释为"司马达到达"。后人以"司马达止"作为人名，按中国人起名习惯，不太可能。后人还把"司马达止"与"司马达等"看作是一个人。"司马达等"也许是以司马达为首的一批人的意思。因为缺乏翔实的资料，本书仍按日本学术界的说法，把"司马达等"当作一个人看待。他在坂田原结庵拜佛，显然是个佛教徒。此地后为坂田寺，是后来飞鸟文化的发祥地。据史书记载，司马达等之子是多须奈，出家为德齐法师；女儿叫岛，出家为比丘尼，称善信尼。

### （二）佛法的"公传"

佛教公传的年代有两种说法影响较大。一是钦明天皇十三年（552）佛教传入说。据8世纪成书的《日本书纪》卷十九记载：

> 冬十月，百济圣明王遣西部姬氏达率怒唎斯致契等，献释迦佛金铜像一躯、幡盖若干、经论若干卷。别表赞流通礼拜功德云：是法于诸法中最为殊胜，难解难入，周公孔子尚不能知。此法能生无量无边福德果报，乃至成就无上菩提。譬如人怀随意宝，遂所须用，尽依情；此法妙宝亦复然，祈愿依情，无所乏。且夫远自天竺，爰泊三韩，依教奉持，无不尊敬。由是百济王臣明，谨遣陪臣怒唎斯致，奉传帝国，流通畿内，果佛所记，我法东流。

是日，天皇闻已，欢喜踊跃。诏使者云：朕从昔来，未曾闻如是微妙之法。然朕不自决。乃历问群臣曰："西蕃献佛，相貌端严，全未曾看，可礼以不？"苏我大臣稻目宿祢奏曰："西蕃诸国一皆礼之，丰秋日本岂独背也。"大连物部尾舆、中臣镰子同奏曰："我国家之王天下者，恒以天地社稷百八十神，春夏秋冬祭拜为事。方今改拜蕃神，恐致国神之怒。"①

按照这个记载，在钦明天皇十三年（552），百济圣王（圣明王）派遣使者去日本，并进献释迦佛金铜像一躯、幡盖若干、经论若干卷，另外还上表赞颂传播并信奉礼拜佛的功德。钦明天皇有意信奉，向群臣征询意见。大臣苏我稻目主张仿效大陆各国，崇奉佛教，而大连物部尾舆和中臣镰子表示反对，认为改奉佛教会招致日本传统祭祀的众神之怒。

二是戊午（538）佛教传入说。据奈良时代成书的《元兴寺伽蓝缘起》记载：

大倭国佛法，创自斯归岛宫治天下天国案春岐广庭天皇（按，指钦明天皇）御世，苏我大臣稻目宿祢仕奉时，治天下七年，岁次戊午十二月度来，百济国圣明王时，太子像并灌佛之器一具及说佛起书卷一箧度而。

另一部在奈良时代成书的《上宫圣德法王帝说》，与《古事记》《日本书纪》所据资料不同，有很高的史料价值，亦记载：

志癸岛天皇（按，钦明天皇）御世，戊午年十月十二日，百济国主明王，始奉度佛像经教并僧等，勒授苏我稻目宿祢大臣，令兴隆也。

按照《日本书纪》的纪年，钦明天皇是继安闲、宣化二天皇之后（540）即位的，而戊午岁相当于宣化天皇三年。日本史学界有些学者认

---

① 舍人亲王：《日本书纪》卷十九，四川人民出版社，2019，第265页。

为，在继体天皇死（531）后曾存在钦明天皇与安闲、宣化二天皇并立的局面。按照这种说法，钦明天皇是在继体天皇死后立即即位的，到《日本书纪》所载他死之年（571）正好四十一年，与《上宫圣德法王帝说》所说"志归岛天皇治天下四十一（年）"也相符合。

以上二书所载内容在时间上虽与《日本书纪》说法有所不同，但二者也有相同之处：一是在钦明天皇治世传入佛法，二是向日本派使者传入佛像、佛经的是百济圣明王。目前日本学术界多采用戊午佛教传入说，即认为在538年由百济正式向日本传入佛教。

## 二、佛教初传情况

钦明天皇见物部氏、中臣氏反对奉佛，便把百济王献的佛像、佛经赠与苏我稻目，"试令礼拜"[①]。苏我氏把佛像安置在小垦田的家中，后又为建向原寺。此后日本国内流行疫病，人民病死者很多。物部尾舆、中臣镰子同奏："昔日不须臣计，致斯病死。今不远而复，必当有庆。宜早投弃，勤求后福！"[②] 天皇准奏，有司把寺焚毁，把佛像投到难波的堀江之中。此年，据《上宫圣德法王帝说》为庚寅年，即钦明天皇三十一年（570）。苏我稻目于此年去世。

敏达天皇十四年（585），苏我稻目之子苏我马子有病，得到天皇允许，供奉百济所献佛像和弥勒石像，"乞延寿命"[③]。在此前一年命司马达的女儿岛跟从高句丽比丘尼惠便、法明出家，名善信尼；又命善信尼的弟子二人出家。苏我马子在家宅之东营建佛寺，安置佛像，请善信尼等在此修法，并特为她们施置水田以供衣食所需。翌年，国内又有疾病流行，物部尾舆之子物部守屋与中臣胜海上奏天皇"宜断佛法"，天皇准奏。物部氏等人即把苏我马子所建的佛寺烧毁，把佛像等投到堀江，

---

① 舍人亲王：《日本书纪》卷十九，第266页。

② 同上。

③ 舍人亲王：《日本书纪》卷二十，第285页。

又强令夺去三位比丘尼的法衣，把她们禁锢起来①。这一年按干支纪年是乙巳年，佛教史书称这次灭佛事件为"乙巳法难"。

然而，实际上佛教并没有被消灭。尽管物部氏及其党羽称佛是"蕃神"，予以排斥，宣传信奉佛法会招致"国神之怒"，带来灾害，但在皇室和贵族中有越来越多的人逐渐对佛教产生信仰，认为礼拜佛像、建寺造像和供养僧尼，可以消病祛灾，招致福祥。在用明天皇的第二年（587），天皇生病，表示要信奉佛教，命群臣商议。大连物部守屋和中臣胜海反对，声言："何背国神，敬他神也！"② 但苏我马子坚决支持，要大家"随诏而奉助"。于是，由天皇庶弟引丰国法师入宫传法。在天皇病重之时，为祈愿病愈而建寺，造药师佛像，据传说此即法隆寺。司马达等之子鞍部多须奈为祈求天皇身体康复而出家为僧，发愿造丈六佛像，此即南渊坂田寺的佛像以及胁侍菩萨像。

用明天皇在587年死去，朝廷围绕天皇继承问题发生激烈斗争。大臣苏我马子与泊濑部皇子、竹田皇子、厩户皇子等联合，率军诛灭物部守屋，拥立泊濑部皇子，即为崇峻天皇。在讨伐战争处于困难的时刻，厩户皇子为祈祷胜利，许愿建四天王寺。苏我马子也发誓愿说："凡诸天王、大神王等助卫于我，使获利益，愿当奉为诸天与大神王，起立寺塔，流通三宝（按，佛、法、僧为三宝）！"③ 在战争结束后，厩户皇子果然在摄津建四天王寺，把物部氏的奴隶分出一半作为"寺奴"，分出其田宅作为寺的"田庄"。苏我马子也按战时发的誓愿，在飞鸟（今奈良高市郡明日香町）建造法兴寺。此寺直到推古四年（596）才完成，也称元兴寺、飞鸟寺。

崇峻天皇元年（588），百济国派使臣并僧惠总、惠实、令斤等，献佛舍利；后又遣僧聆照，律师令威、惠众，以及寺工、炉盘博士、瓦博士、画工等赴日。苏我马子让他们参与造法兴寺，又派善信尼等入百济学习戒律。善信尼在崇峻天皇三年（590）回国，住樱井寺，举行度尼授

① 舍人亲王：《日本书纪》卷二十，第285页。
② 舍人亲王：《日本书纪》卷二十一，第291页。
③ 同上书，第293页。

戒仪式。据载，有大伴狭手彦连女善德伯夫人，新罗媛善妙，百济媛妙光，汉人善聪、善通、妙德、法定照、善智聪、善智惠、善光等受戒出家。可见，在日本早期出家人之中，除日本原籍人（如大伴氏）外，还有相当数量来自朝鲜半岛、中国的移民及其后裔。

此后，佛教在日本开始顺利传播。经圣德太子的提倡和扶植，佛教迅速深入日本社会。

# 第三章
# 隋唐时期佛教东传

　　隋唐是中国古代社会的盛世时期，在政治上比较统一和稳定，在经济和文化上都达到前所未有的昌盛。从国际形势来看，中国处在亚洲乃至世界先进国家的行列，不仅对亚洲邻国的发展产生较大影响，且对世界文明进步作出较大贡献。这一时期虽然儒家文化仍居正统支配地位，但佛教也进入了鼎盛时期。佛教在经历长期与中国传统思想文化和宗教习俗的融会贯通之后，无论在教义理论、修持方法、礼仪戒规方面，还是在组织形式方面，都发生了巨大的变化。众多高僧大德完成了对佛教经典的总结和概括，并形成各具特点、规模空前庞大的教派，包括天台宗、三论宗、法相宗、律宗、净土宗、华严宗、禅宗、密宗等，逐渐构成中国佛教的基本格局。

　　关于隋唐时期佛教在中国的发展情况，汤用彤说："（第三期）佛教已经失却本来面目，而成功为中国佛教了。在这个过程中与中国相同相合的能继续发展，而和中国不合不同的则往往昙花一现，不能长久。比方说中国佛教宗派有天台宗、华严宗、法相宗等等。天台、华严二宗是中国自己的创造，故势力较大。法相宗是印度道地货色，虽然有伟大的玄奘法师在上，也不能流行很长久。"[1]

　　汤用彤还指出："华严上溯至北朝，天台成于隋。它们原来大体上可说是北统佛教的继承者。禅宗则为南方佛学的表现，和魏晋玄学有密切关系……北统传下来的华严、天台，是中国佛学的表现；法相宗是印

---

[1] 汤用彤：《文化思想之冲突与调和》，《汤用彤全集》第五卷，河北人民出版社，2000，第 281 页。

度的理论，其学说繁复，含义精密，为普通人所不易明了；南方的禅宗，则简易直截，重在觉悟，明心见性，普通人都可以欣赏而加以模拟……禅宗不仅合于中国的理论，而且合乎中国的习惯……到了宋朝，便完全变作中国本位理学，并且由于以上的考察，也使我们自然地预感到宋代思想的产生。从古可以证今，犹之说没有南北朝的文化特点，恐怕隋唐佛学也不会有这种情形。没有隋唐佛学的特点及其演化，恐怕宋代的学术也不会那个样子。"①

当新罗统一了高句丽、百济后，东亚的唐朝、新罗、日本，无论是各自国内还是三国之间，都处在比较安定、和平的环境中，出现一个长达二百余年繁荣昌盛文化交流时期。可以说，由此奠定了所谓"东亚文化圈"的基础。中国唐王朝时期是从 618 年至 907 年，新罗统一时期是从 668 年至 935 年，而日本则自 645 年大化革新确立起古代天皇制，直到 10 世纪中叶，也正是奈良、平安文化的兴盛时期。在这个历史时期，中国、新罗、日本三国的文化密切联结起来，隔离三国的海洋看上去恰如同一文化圈中的内海一样。这个文化圈的文化内容，核心是五经、《论语》等儒家文化和佛教文化。在这个文化圈中，中国文化处在领先的地位。中国文化首先在朝鲜半岛传播、发展，然后又经朝鲜半岛东渡至日本。

# 第一节　中国佛教在朝鲜半岛的发展传播

早在南北朝时期，朝鲜半岛的百济、新罗已通过海上丝绸之路与南朝佛教开展频繁交流。至 7 世纪，新罗在唐王朝的支持下统一朝鲜半岛，两国文化的交往也更加亲密。唐朝与新罗的交通既有海路，又有陆路。陆路相对海路比较遥远，路途艰难，大规模贸易运输货物不便，故唐与

① 汤用彤：《隋唐佛学之特点》，《汤用彤全集》第二卷，河北人民出版社，2000，第 330—331 页。

新罗的贸易多通过海路进行。海路的航线据《新唐书》中《地理志》的记载，"登州海行入高丽、渤海道"，由登州入海至大同江，或汉江口，或临津江口之长口镇。此外，海上交通不止一条。根据圆仁的《入唐求法巡礼行记》记载，唐朝与新罗的海上通路有五条："自明州进发之船，吹着新罗境。又从扬子江进发之船，又着新罗。"① 从两地入海的商船经过黑山岛可达今韩国全罗南道的灵岩。"登州牟平县唐阳陶村之南边，去县百六十里，去州三百里，从此东有新罗国。得好风两三日得到新罗"②，此路线最为便捷。从楚州山阳县和海州也可以入海达新罗。由新罗至唐则可以从新罗汉江口的长口镇或南阳湾的唐恩浦起航到达山东半岛，也可以从灵岩附近经黑山岛到达唐定海县或明州。唐朝与新罗间发达的海上交通航线，为大量渡唐的新罗佛僧提供了交通便利，成为他们纷纷入唐的首要通道，也为中华文化的海外传播提供了便利。

佛教自中国正式传入朝鲜半岛三国之后，真正的入华求法请益活动便逐渐兴起和发展开来。这一活动延续的时间长达千年。求法请益僧人数众多，但往往史籍阙如，已经无法做到准确的统计。据中国学者严耕望先生《新罗留唐学生与僧徒》一文中的统计，新罗留唐僧徒有法号可考者逾 130 人③，实际人数要远大于此数。据黄有福、陈景富《中朝佛教文化交流史》一文的统计，隋唐两代入唐的新罗僧人（包括赤山法华院的 35 名僧人）共 179 人④，其中名号可考者有 176 人。据《全唐文》《唐文拾遗》所载 18 篇入学僧的碑铭统计，除 2 人未入唐，1 人记载不明外，其中 15 人中便有 14 人从海路入唐。⑤ 在唐代小说、笔记和诗歌中，我们常常可以看到有关新罗僧、高丽僧的记载，"高丽僧"甚至被作为讽喻之词。唐官场中，左台称右台为"高丽僧"。新罗僧徒多由海

---

① 圆仁：《入唐求法巡礼行记》，广西师范大学出版社，2007，第 36 页。

② 同上书，第 42—43 页。

③ 拜根兴：《入唐求法：铸造新罗僧侣佛教人生的辉煌》，陕西师范大学学报 2008 年第 3 期。

④ 黄有福、陈景富：《中朝佛教文化交流史》，中国社会科学出版社，1993，第 154 页。

⑤ 陈景富：《中韩佛教关系一千年》，宗教文化出版社，1999，第 29 页。

路来唐，在扬州、登州、楚州等地弃舟登岸，这一带聚集了不少新罗僧人。仅就青史、丰碑之可稽考的，自中国东晋开始，截至元末明初，僧俗总人数多达270人。①

## 一、高句丽佛教的发展

佛教在朝鲜半岛的传播过程中，高句丽占地理上和文化上的优势，率先接受了佛教，但结局并不理想。后起的新罗在佛教传播方面的发展势头强劲，大大超越了高句丽。目前，有关高句丽佛教史料较少。大致而言，小兽林王时佛教传入，其后第十八代故国壤王晚年（391）曾下令崇信佛教求福，第十九代广开土王即位第二年（393），在平壤建造九座寺院。而在广开土王五年（396），东晋僧人昙始来辽东传佛法，带来数十部经律论，这在高句丽佛教史上具有相当重要的意义。第二十一代文咨王七年（498）七月，建立金刚寺。第二十五代平原王时，义渊高僧入华问法，反映了当时高句丽佛教发展水平和所传宗义。此时，还有高句丽僧人僧朗闻名域外。僧朗之后的波若、印法师、实法师和慧灌等都在隋唐时期有入华求法的记载。

关于波若（562—613），在《续高僧传》记载道：

> 台山又有沙门波若者，俗姓高句丽人也。陈世归国，在金陵听讲，深解义味。开皇并陈，游方学业。十六（596）入天台北而（向）智者求授禅法。其人利根上智，即有所证。谓曰："汝于此有缘，宜须闲居静处成备妙行。今天台山最高峰，名为华顶，去寺将六七十里，是吾昔头陀之所。彼山只是大乘根性，汝可往彼学道进（修）行，必有深益，不须愁虑衣食。"其即遵旨，以开皇十八年（598）往彼山所，晓夜行道，不敢睡卧，影不出山，十有六载。大业九年（613）二月忽然自下。初到佛垄上寺，净人见三白衣担衣钵从，须臾不见。至于国清下寺，仍密向善友同意云："波若自知寿命将尽非久，今故出与大众别

① 陈景富：《中韩佛教关系一千年》，第21—22页。

耳。"不盈数日，无疾端坐，正念而卒于国清，春秋五十有二。送龛山所，出寺大门回舆示别，眼即便开至山仍闭。是时也，莫问官私道俗，咸皆欢仰，俱发道心。外睹灵瑞若此，余则山中神异人所不见，固难详矣。①

印法师的名字记录在唐绵州隆寂寺释灵睿的传记中：

> 释灵睿……遇见智胜法师，便曰："家门奉道，自欲奉佛随师出家，即将往益州胜业寺为沙弥。"一夏之中，大品暗通。开皇之始，高丽印公入蜀讲三论，又为印公之弟子，常业大乘。②

在此，我们只知道印法师是通三论学的僧人，开皇初年入蜀讲法，并成为灵睿的老师。除此之外，至于印法师名字的全称和其他来龙去脉便一无所知了。

实法师的事迹也只是《释慧持传》中顺便提到：

> 释慧持，姓周，汝南人也。开皇初年，父任豫章太守，因而生焉……初达丹阳开善寺，投满法师而为息慈……乃听东安庄法师，又听高丽实法师三论，钩探幽极，门学所高。③

慧灌在第二十七代荣留王八年（625）春正月入日本弘三论宗，赴日本之前，曾入隋从嘉祥吉藏大师学习三论玄旨。至日本后，又值大旱，慧灌奉召着青衣讲三论祈雨，灵验，深得天皇喜悦，被提拔为僧正，成为日本三论宗的始祖。

以上四人除波若学习天台教观外，其余三人都是三论学的僧人。这些人中波若圆寂于中国，其余三人也都未见有回到高句丽的明确记载，

---

① 道宣：《续高僧传》卷十七，大正藏本，第 437 页。
② 道宣：《续高僧传》卷十五，第 345 页。
③ 道宣：《续高僧传》卷十四，第 339 页。

所以他们的学问是否传回自己的祖国不能肯定。一般情况来说，入华求法肯定不止这几个人，其中肯定有回到高句丽的，只是韩国的史料缺乏，中国的史料也没有记载。入华的高句丽僧人中，还有一位叫作玄游的僧人，曾随同其中国老师僧哲至印度二次求法，在《大唐西域求法高僧传》卷下僧哲禅师传中有提到。

## 二、百济佛教的发展

百济佛教的发展有其特色，它不仅向中国学习佛教，还去印度探求佛教的元旨；不仅在本国积极宣扬佛法，还会输送佛法到日本。

百济名僧谦益是海东僧人中最早至印度求法者，根据《弥勒佛光寺事迹》记载，谦益的求法经过大致如下：

> 百济圣王四年（526）丙午，沙门谦益，矢心求律，航海以转至中印度常伽那大律寺，学梵五载，洞晓梵语，深攻律部，庄严戒体。与梵僧倍达多三藏赍梵本阿毗昙藏及五部律文归国。百济王以羽葆鼓吹，郊迎，安于兴轮寺，召国内名释二十八人，与谦益法师译律部七十二卷。是为百济律宗之鼻祖也。于是，昙其旭、惠仁两法师，著律疏三十六赛，献于王。王作毗昙新律序，奉藏于台耀殿。将欲剞劂广布，未遗而薨。[1]

一般来说，海东僧人去印度求法，都是先到中国，然后取道陆路或海路，谦益的西行大致也是如此。他第一次将律藏传到百济，故而被推为百济律学的鼻祖。

后有百济僧人发正在梁天监年间入华求法，据生活在由宋至梁时期的陆杲（459—532）所撰的《系观世音应验记》和唐朝僧详所撰的《法华传记》记载：

---

[1] 转引自李能和《朝鲜佛教通史》上编第33—34页。

> 有沙门发正者，百济人也。梁天监中，负笈西渡，寻师学道，颇解义趣，亦明精进。在梁三十余年，不能顿忘桑梓，还归本土。①

在百济，继谦益之后以求法闻名于世的另一位僧人是玄光。他的生卒年月和入华年月都不详，但其事迹在中国史料《佛祖统记》《宋高僧传》《新修科分六学僧传》《神僧传》等均有记载。其中，《宋高僧传》最为详细：

> 释玄光者，海东熊州人也。少而颖悟，顿厌俗尘，决求名师，专修梵行。迨夫成长，愿越沧溟，求中土禅法。于是观光陈国，利往衡山，见思大和尚开物成化，神解相参。思师察其所由，密授法华安乐行门。光利若神锥，无坚不犯，新犹劫贝，有染皆鲜，裹而奉行，勤而罔忒。俄证法华三昧，请求认可。思为证之：汝之所证，真实不虚，善护念之，令法增长。汝还本土，施设善权，好负螟蛉，皆成蜾蠃。光礼而垂泣。自尔返锡江南，属本国舟舰附载离岸。②

据文献记载可见，玄光是根据"法华安乐行门"证得"法华三昧"的。这里的"法华三昧"为《法华经》妙音菩萨品所说的十六种三昧的异名，达到此种三昧则三谛圆融之妙理分明现前。玄光证得后，将此法门传回百济。

## 三、中国佛教在新罗的发展

新罗是由斯卢部落发展而来，这个斯卢部落又以金城（庆州）为中心，由三韩的一个分支辰韩人构成。自奈勿王起，原先的朴、昔、金三姓轮流担任首领，后改由金姓单独世袭。从此，王权逐渐得到加强，国

---

① 陆杲：《系观世音应验记》，参见牧田谛亮所著《六朝古逸观世音应验记的研究》。此处引文引自金煐泰编《韩国佛教史料》（海文文献抄集）第58页，东国大学校佛教文化研究所。
② 赞宁：《宋高僧传》卷十八，大正藏本，第336页。

家体制才逐步完善起来。奈勿王在位达四十六年之久，大致相当于高句丽的故国原王、小兽林王、故国壤王、广开土王等朝代，也相当于百济的近肖古王、近仇首王、枕流王、辰斯王、阿莘王等朝代。就是说，高句丽、百济佛教初传的时候，新罗内部还没有真正统一，还无暇顾及纳入国际交流的佛教，也缺乏接收佛教的社会基础。所以，佛教的发展晚于高句丽和百济是必然的。从532年到562年，新罗统一了弁韩人的所有部落，完全占据了整个洛东江流域。由于法兴王、真兴王两位护法君王大力崇信和推动佛教，新罗佛教出现强劲势头，入华求法请益僧人人数众多。

6世纪至7世纪，新罗入唐僧侣的活动可分为前后两期，即前期为新罗统一三国之前，后期则为新罗统一时期。统一之前的新罗佛教并没有完全摆脱以王室为中心的贵族佛教形态，因为这一时期的新罗在政治、经济等方面都是以骨品制①为主的统治阶层。同时，这也是佛教在新罗社会扎根并生根发芽的时期。由于佛教受到统治阶层的大力支持，以及大量寺院的建立证明，新罗佛教逐渐从以王室为中心的贵族形态转变为一般庶民为中心的平民形态。这时期从新罗入唐并归国的僧人，如慈藏等人，不仅为佛教发展作出了杰出贡献，同时积极调动国内有利因素，在精神文化方面为日后新罗统一三国起到了奠基作用。

### （一）佛教在新罗扎根发芽时期

#### 1. 圆光

圆光（532—630），俗姓朴，其事迹在唐西明寺沙门道宣所著的《续高僧传》和元代昙噩撰述的《新修科分六学僧传》中有记载，两者所记内容基本相同。另外，海东史料《殊异传》《海东高僧传》《三国史记》和《三国遗事》等都有记载。其中，《续高僧传》记载：

> 释圆光，俗姓朴，本住三韩——卞韩、马韩、辰韩，光即辰韩新罗人也。家世海东，祖习绵远，而神器恢廓，爱染篇章，校猎玄儒，

① 新罗时期以血缘（骨血）关系为纽带的社会等级制度。

第三章 隋唐时期佛教东传

讨雠子史。文华腾鬐于韩服,博赡犹愧于中原。遂割略亲朋,发愤溟渤,年二十五,乘舶造于金陵。有陈之世号称文国,故得咨考先疑,询猷了义。初听庄严旻公弟子讲,素沾世典,谓理穷神。及闻释宗,反同腐芥,虚寻名教,实惧生涯。乃上启陈主,请归道法。有敕许焉。既爱初落采,即秉具戒。游历讲肆,具尽嘉谋,领牒微言,不谢光景。故得《成实》《涅槃》,蕴括心府,三藏数论,遍所披寻。末又投吴之虎丘山,念定相沿,无忘觉观;息心之众,云结林泉,并以综涉四含,功流八定,明善易拟,简直难亏,深副夙心,遂有终焉之虑。于即顿绝人事,盘游圣踪,摄想青云,缅谢终古。时有信士,宅居山下,请光出讲,固辞不许。苦事邀延,遂从其志。创通《成实》,末讲《般若》,皆思解俊彻,嘉问飞移,兼糅以绚采,织综词义,听众欣欣,会其心府。从此因循旧章,开化成任,每法轮一动,辄倾注江湖,虽是异域通传,而沐道顿除嫌隙,故名望横流播于岭表,披榛负裹而至者相接如鳞。会隋后御宇,威加南国,历穷其数,军入扬都。遂被乱兵将加刑戮。有大主将望见寺塔火烧,走赴救之,了无火状,但见光在塔前被缚将杀。既怪其异,即解而放之。斯临危感达如此也。光学通吴越,便欲观化周秦。开皇九年(589)来游帝宇。值佛法初会,《摄论》肇兴,奉佩文言,振绩徽绪。又驰慧解,宣誉京皋。绩业既成,道东须继,本国远闻,上启频请。有敕厚加劳问,放归桑梓。光往还累纪。老幼相欣。新罗王金氏,面申虔敬,仰若圣人。光性在虚闲,情多泛爱,言常含笑,愠结不形。而笺表启书,往还国命,并出自胸襟。一隅倾奉,皆委以治方,询之道化。事异锦衣,请同观国,乘机敷训,垂范于今。年齿既高,乘舆入内,衣服药食,并王手自营,不许佐助,用希专福。其感敬为此类也。将终之前,王亲执慰,嘱累遗法,兼济民斯。为说徵祥,被于海曲。以彼建福五十八年,少觉不念。经于七日,遗诫清切,端坐终于所住皇隆(龙)寺中,春秋九十有九,即唐贞观四年(630)也。当终之时,寺东北虚中,音乐满空,异香充院,道俗悲庆,知其灵感。遂葬于郊外,国给羽仪葬具,同于王礼。①

---

① 道宣:《续高僧传》卷十三,第297页。

照此记载，圆光世代为新罗人，出身于书香门第，家学深厚，对儒家、玄学及子史都有涉猎，但其仍惭愧于博赡不足，所以要发愤西学，扩大眼界，二十五岁时渡海入华。这里没有具体的来华时间，据上文记载，他活了九十九岁，圆寂于贞观四年（630）。由此推算，他应当出生于梁武帝中大通四年（532），即新罗法兴王十九年；二十五岁入华，当为梁敬帝太平元年（556），亦即真兴王十七年，第二年，梁亡陈兴，所以他的活动是在陈朝进行的。而他来华时还不是和尚，是听了旻公弟子讲法后蒙陈主敕许，才成为僧人。这与《殊异记》和《海东传》记载不同，一处说他入华前便"初为僧"，一处说他"年十三落发"，而且三十岁时还开始了为期六七年的归隐生活。

圆光在中国的学佛经历大致分为四个时期。第一个时期学习《成实》《涅槃》等"三藏数论"。《成实》主要讲"我空"，兼讲"法空"，所以历来被认为是由小乘走向大乘的一部相当重要的过渡性著作。《涅槃》的观点是"泥洹不灭，佛有真我；一切众生，皆有佛性"。其肯定佛具有常、乐、我、净四德，并提出如来藏作为其理论支柱。第二个时期是入虎丘山修习禅定。第三个时期是因住在虎丘山下的"信士"所请，不得已出山，"创通《成实》，末讲《般若》"。这一时期是他在中国的传教阶段，"法轮一转，辄倾注江湖"，可见圆光在中国留下影响。《般若》认为，世俗认识及其面对的一切对象，均属"因缘和合"，假而不实，只有通过"般若"这种智慧对世俗认识的否定，才能把握佛教的"真理"，达到觉悟解脱。第四个时期是"学通吴越"之后的"观化周秦"。这个时期开始于开皇九年（589），即隋灭陈的那一年。他学习《摄大乘论》。该论为古印度无著所著，汉文有三个译本，即陈真谛译的《摄大乘论》三卷，北魏佛陀扇多译的《摄大乘论》两卷，唐玄奘译的《摄大乘论本》三卷。该论是对古印度《大乘阿毗达磨经》（未传入中国）的"摄大乘品"的解释论述，以对比小乘的方式来阐述大乘的教义，并着重宣扬瑜伽行派的观点。综上所述，圆光在华的四个时期中，所学涉及《成实》《涅槃》《般若》《摄大乘论》四部，学有所成，名声在外，以至于新罗国王上书请求放归故土。

据《殊异传》记载，圆光归国时间是真平王二十二年（600），后三

十年都在新罗传法，为佛教的新罗化作出了贡献。

圆光回国时，新罗正处于存亡危急关头：一方面，新罗与百济为争夺江汉流域而冲突不断；另一方面，高句丽不断侵犯新罗北方边界，而倭人站在百济和高句丽一边，形成对新罗的合围之势。新罗为求自存，一边以驰誉中国的高僧取得中国的支持，向隋朝作乞师表，请隋帝派兵援救；一边推动佛教新罗化，在精神上对花郎道进行指导。新罗提出"世俗五戒"的说法："一曰事君以忠，二曰事亲以孝，三曰交友有信，四曰临战无退，五曰杀生有择。"五戒很大程度体现适用军事儒家的伦理思想，在新罗面临生死存亡之时，"事君以忠"与"临战无退"有着特殊意义。

圆光在皇龙寺设"百座道场"，请名僧讲经，以《占察善恶业报经》为人预卜吉凶。圆光等新罗佛教界的代表人物决定建立"归戒灭忏之法"，以此作为通向佛法"堂奥"的"津梁"。这种"归戒灭忏之法"以圆光所住的嘉岵寺设置"占察宝"。这里的"宝"有"宝地"的意思，指的是伽蓝佛寺等地方。占察宝就是举行占察法会的地方，也就是专为占吉凶善恶、行忏而定期召集的法会。占察宝依据的经典是《占察善恶业报经》，共两卷，为隋菩提灯所译。据有的学者研究，该经为疑经，其内容一是叙述地藏菩萨所说的，以投木牌占吉凶善恶之法，兼示忏悔法，二是叙述一实境界、二道之观道，事理具备。《占察善恶业报经》的上卷记录了一百八十九个简子的名称，如求上乘得不退、所求果现当证等，以此来表示三世善恶果报的差别之相。行法上，以所得简子的果报，与自己所持戒要求的思想行为相比较，相符则为"感应"，不相符则为"无感应"。这是为广大尚未准备接受佛教理论的普通民众，运用大乘佛教伦理对日常生活方式加以教化所作的努力。这也是佛教世俗化、民族化的表现。

### 2. 慈藏

有关慈藏的事迹，中国方面的史料有《续高僧传》《新修科分六学僧传》，二者大同小异，而且前者更为详细。韩国史料《三国遗事》《三国史记》也有记载。比较《续高僧传》和《三国遗事》，后者增添了不少神话成分，但在语言上比前者通俗易懂。

据《续高僧传》记载：

释慈藏，姓金氏，新罗国人。其先三韩之后也……藏父名武林，官至苏判异（以本王族，比唐一品）既向高位，筹议攸归，而绝无后嗣。幽忧每积，素仰佛理，乃求加护，广请大舍，祈心佛法，并造千部观音，希生一息……冥祥显应，梦星坠入怀，因即有娠，以四月八日诞……神睿澄兰，独拔恒心，而于世数史籍略皆周览，情意漠漠无心染趣，会二亲俱丧，转厌世华，深体无常终归空寂，乃捐舍妻子第宅田园。随须便给行悲敬业，子尔只身投于林壑，粗服草屏用卒余报……位当宰相，频征不就，王大怒，敕往山所将加手刃。藏曰："吾宁持戒一日而死，不愿一生破戒而生。"使者见之不敢加刃，以事上闻，王愧服焉，放令出家任修道业。即又深隐，外绝来往，粮粒固穷，以死为命，便感异鸟各衔诸果就手送与，鸟于藏手就而共食……而常怀戚戚慈哀含识，作何方便令免生死。遂于眠寐见二丈夫曰："卿在幽隐欲为何利。"藏曰："惟为利益众生。"乃授藏五戒讫曰："可将此五戒利益众生。"又告藏曰："吾从忉利天来。故授汝戒。"因腾空灭，于是出山，一月之间国中士女咸受五戒。又深惟曰，生在边壤，佛法未弘，自非目验，无由承奉，乃启本王，西观大化。以贞观十二年（638），将领门人僧实等十有余人，东辞至京。蒙敕慰抚，胜光别院，厚礼殊供。人物繁拥，财事既积，便来外盗，贼者将取，心战自惊，返来露过，便授其戒。有患生盲，诣藏陈忏，后还得眼，由斯祥应。从受戒者，日有千计。性乐栖静，启敕入山。于终南云际寺东悬崿之上，架室居焉……既而入京，蒙敕慰问，赐绢二百四，用充衣服。贞观十七年（643），本国请还，启敕蒙许，引藏入宫，赐纳一领杂彩五百段，东宫赐二百段。仍于弘福寺为国设大斋，大德法集，并度八人。又敕太常九部供养，藏以本朝经像雕落未全，遂得藏经一部并诸妙像幡花盖具堪为福利者，赍还本国。既达乡壤，倾国来迎，一代佛法于斯兴显。王以藏景仰大国，弘持正教，非夫纲理，无以肃清乃敕藏为大国统。住王芬寺，寺即王之所造。又别筑精院，别度十人恒充给侍。又请入宫，一夏讲摄大乘论，晚又于皇龙寺讲菩萨戒本，七日七夜天

降甘露……从受戒者其量云从。因之革厉十室而九，藏属斯嘉运，勇锐由来，所有衣资并充檀舍，惟事头陀……一切佛法须有规猷，并委僧统藏令僧尼五部各增旧习，更置纲管，监察维持……又以习俗服章中华有革，藏惟归崇正朔义岂贰心，以事商量举国咸遂，通改边服一准唐仪，所以每年朝集位在上蕃，任官游践并同华夏。据事以量通古难例，撰诸经戒疏十余卷，出观行法一卷，盛流彼国。有沙门圆胜者，本族辰韩清慎僧也。以贞观初年，来仪京辇遍陶法肆，闻持镜晓志存定摄，护法为心，与藏齐襟秉维城堑，及同返国大敞行途讲开律部。惟其光肇自昔东蕃有来西学，经术虽闻无行戒检。缘构既重，今则三学备焉。是知通法护法代有斯人，中浊边清于斯验矣。①

　　关于慈藏的家世，中韩史料略有差异。《续高僧传》说他父亲名为"武林"，官至苏判异，并在夹注中说"以本王族，比唐一品"。《六学僧传》记他父亲"贵如中朝一品"，是"新罗国王诸公子也"。而在《三国遗事》中记载其父为"茂林"，未言及同王室的关系。不过，他出身于新罗贵族之家无疑。其父母因膝下无儿无女，便造《观音经》千部，望通过佛事来求子，并发愿如果生子就让他出家奉佛。其父"素仰佛理"，说明慈藏自幼便生长在信仰佛教的家庭里。慈藏的生日与释尊相同，即四月八日，但具体的生年，各种材料都没有明载。待双亲去世后，他便走上了出世之路。他早期的师承关系不明，只知他处苦处，修枯骨观（白骨观）。真平王在位期间，正值新罗处于危急存亡之秋，新罗朝廷也在广泛招纳贤才，以期度过危难。这时，慈藏也在被招揽的人才行列之中。《续高僧传》则说是"物望所归，位当宰相"。但慈藏坚持不就，差点被杀害，后感动天人授"五戒"，出山一个月，"国中士女咸受五戒"。慈藏不满足自己所学，奉敕在贞观十二年（《三国遗事》为贞观十年）受新罗善德女王派遣，入唐学习佛法。其渡海辗转来到长安，唐太宗敕使慰抚，并将其安置于城内胜光寺别院，赐厚供殊。之后，慈藏入终南山于云际寺东崖架室而居三年学习律宗。

---

① 道宣：《续高僧传》卷二十四，第 643 页。

贞观十七年（643），善德女王请求唐太宗让慈藏回国。唐太宗允许，并亲自接见慈藏，赐予一件百衲衣、五百段杂彩。太子也赏赐其二百段杂彩，又于弘福寺设斋度人，命太常寺以九部乐供养，隆重欢送。慈藏又乞赐《大藏经》一部并诸幢幡花盖携归本国。①

慈藏回国时，朝鲜半岛正处于战乱时期，面临国家存亡危急的新罗，对佛教教团疏于管理，急需整顿。为了调动一切有利因素一致对外，同时安抚由于战争破坏受到创伤的民众心理，慈藏领导了佛教教团改革运动。他敕任非常职大国统，主管全国僧尼一切事物。② 同时，他改革并整顿了佛教教团，如"半月说戒"，即经常讲戒律，加深僧尼对戒律的认识，并且设立冬季和春季的僧尼考试，使僧侣们懂得犯戒和持戒；专门设置巡察使，监督并检查全国各地寺院的运营情况，以便于及时了解各地寺院的实际情况。慈藏的这些措施不仅有力推动了新罗佛教的发展，还提高了民族的凝聚力。"国中之人，受戒奉佛，十室八九；祝发请度，岁月增至。"慈藏确立的新罗佛教戒律，被中国律宗的创始者道宣誉为"护法菩萨"。慈藏是新罗律宗的创始者，也是新罗佛教史上的"十圣"之一。在通度寺建立的戒坛，也成为现代韩国佛教界中的根本戒坛。慈藏从唐归国后，在本国大力宣扬"根本佛土论"及"护国龙"理论，积极树立佛教权威，使佛教成为新罗的护国宗教，且使新罗佛教呈现出新的面貌，走在了三国的前列，进而奠定了慈藏在新罗乃至整个韩国佛教发展史上的重要地位。

慈藏不仅以佛法护国，建议王室"举国咸遂，通改边服，一准唐仪"，还建议新罗使用唐朝年号。他不仅在唐与新罗的佛教交流中作出了巨大贡献，也为唐与新罗的更深层次的文化交流架起了桥梁，并促进了新罗社会的发展。

据统计，梁、陈两代，入华学僧共十四人，其中新罗六人，百济三人，高句丽五人。有隋一代，入华学僧共四人，新罗三人，高句丽一

① 蒋非非：《中韩关系史（古代卷）》，社会科学文献出版社，1998，第139页。
② 刘素琴、刘胜芳：《新罗僧侣对唐代佛教文化贡献考实》，《青海师范大学学报（哲学社会科学版）》1995年第4期。

人，百济无。初唐时期，入华学僧共四十一人，新罗三十八人，百济一人高句丽二人。截至初唐，新罗入华学僧达四十七人，百济仅四人，高句丽也仅八人。三国僧人的入华情况同佛教与三国的兴衰是相吻合的，同三国和中国历朝政府的密切程度也是相吻合的。新罗僧人参与国政和外交事务者不乏其人，新罗王朝以佛教来促进对华关系的事例比比皆是。《三国遗事》卷三"原宗兴法"条记载，法兴王于梁大通元年（527年，一然疑为中大通元年，即529年）为梁武帝创大通寺，说明佛教在国际关系中起着一定的作用。僧人圆光倍受王臣尊敬，他不仅弘扬佛法以助王化，同时也"笺表启书，往还国命"。608年，真平王患高句丽、百济侵犯边境，让圆光修乞师表于隋，隋炀帝发兵三十万讨伐高句丽。

## （二）佛教在新罗发展融合时期

佛教在新罗的发展，不仅限于文化领域，在唐与新罗的外交关系上也起到润滑作用。佛教交流是在政府之间进行，带有很强的政治色彩。三国向中国派遣的留学僧和留学生，不仅是佛教交流，同时也是同宗主国之间友谊和臣服的象征。从这个意义上讲，入华留学僧的活动情况也折射出三国和中国历代王朝之间的亲疏度。

新罗统一时期的到来，则是由于结束了三国鼎立的局面在统一安定的环境下，积极吸取唐朝的先进文化，创立了与唐朝类似的佛教宗派，如密宗、戒律宗、华严宗、唯识宗、天台宗等，进而出现了古典文化繁荣昌盛的局面。这时期是中国化佛教在新罗进一步的发展阶段，与新罗本土文化相互融合并彼此传递，成为新罗文化当中的一部分。

### 1. 天台宗在新罗传播

从现存的史料可以看出，天台宗成立伊始，就有不少海东僧人陆续来中国学习传承这一宗派的教旨。玄光法师于新罗真兴王时期最先到陈朝向天台宗二祖慧思学习天台教义，证得法华安乐行法门，同智者大师一起名列南岳门下二十八大弟子，其事迹《佛祖统纪》卷九以及《宋高僧传》卷十八均有记载。智者大师门下的海东僧人还有波若和缘光。波若在开皇十六年（596）入天台山师事智颛，不久即有所证，后遵师嘱至天台最高峰华顶修头陀行，时间长达十八年，最终圆寂于国清寺。又据唐僧详所撰《法华传记》卷三记载："释缘光，是智者门人，诵《法华经》为业。"此后，金果毅之子和朗智等人的事迹以及元晓的有关《法华经》的著述，大致为我们了解新罗统一前后《法华经》在海东的流传情况提供了一定的线索。中唐时期，就学于天台宗第八祖左溪尊者玄朗门下的新罗僧人有法融及其弟子理应、纯英等。他们回国后传播的当是玄朗"独以止观为入道之程"的天台思想。

### 2. 元晓、义湘和华严宗

元晓（617—?）的事迹，中国史料见于《宋高僧传》卷四及元代昙噩所撰《新修科分六学僧传》，韩国史料有《三国遗事》及《高仙寺誓幢和上塔碑》等碑刻资料。《三国遗事》在"元晓不羁"条中补记了《宋高僧传》中没有记载的几件事。此外，在记述义湘等人时有涉及元晓的事迹。

元晓经历了由三国分裂走向新罗一统的历史大变革时期，其佛教思想在佛教史上影响很大，但其生活上让人产生很多非议。他的思想，从某种意义上讲，代表的是统一以后新罗佛教发展的新的方向和新的特征。

据《三国遗事》史料记载，元晓出生时间是真平王三十九年（617），即隋大业十三年，其俗家姓薛，小名誓幢，"生而颖异，学不从师"。而《宋高僧传》记述他"随师禀业，游处无恒，勇击义围，雄横文阵。仡仡然，桓桓然，进无前却。盖三学之淹通，彼土谓为万人之敌。精义入神为若此也"。元晓自幼出家，舍宅为寺，这一点是没有异议的。以上两种史料的不同点是，前者认为他"学不从师"，后者则说他"随师禀业"。故其有学无常师的可能性较大。

在学习佛法时，元晓非常敬仰玄奘慈恩之门，于是与义湘结伴入唐。他们行至本国海门唐州界，突然遭遇苦雨，遂依道旁土龛间避雨，等到天亮时才发现宿于墓地尸骸旁。由于天还在下雨，地很泥泞，尺寸难前，于是他们逗留不进，又寄宿在埏甓之中。到夜之未央，感有鬼物为怪。元晓因此感悟：前夜寓宿在此，心中以为是土龛而心安。今夜留宿在同样的地方，但因知道是墓地，便心生鬼怪，则知"心生故种种法生，心灭故龛坟不二。又三界唯心，万法唯识，心外无法，胡用别求"，便决定携行李回国。此后，元晓"言行狂悖"，或入酒肆娼家，或若志

公持金刀铁锡，或为《华严经》制疏以宣讲，或抚琴以乐祠宇，或闾阎寓宿，或游山水坐禅，任意随机，都无定检。其为《金刚三昧经》作疏，疏成开讲，"王臣道俗，云拥法堂"，由此闻名当世。

元晓一生以无牵无碍之"达人"心境立身处世。其现存论著22部，全部著作估计达100余部①。尽管很难用一句话对他的全部思想体系加以概括，但可以用"一心"和"和净"来概括其核心思想。元晓的"一心"是如来藏，作为全部生命的归结之处的"终极关怀"。"一心"是摆脱了相对的偏见的所有生命的源泉。因而恢复"一心"不仅是众生的目标，同时也是通向佛国净土的捷径。此外，"和净"乃是化解现实世界各种矛盾的钥匙，各种纠葛的根本原因其实是固执于自身的"我相"。因此，首先阐明了"空"的立场来否定"我相"，继而"空"又可看作通过否定之否定的辩证法来获得绝对自由。但是这一"和净"的逻辑依靠实践的展开才能实现回向，即恢复到"一心"之源，从而达致真正的和谐与和平。虚空包容观、平等大悲观、一心同源观，这"三观"可以说是元晓"和净"的理论基石。"和净"不是无原则的调和，其中体现着对"净"的肯定，它承认各种思想理论的并存、并行。"和净"是站在一种极高的境界上超越一般所谓"和"与"净"的思维方式。元晓的"和净"思想在他的主要著作中有鲜明的表现。中国的儒、释、道都重视"和"的传统，这是元晓佛学思想的来源。

元晓后期的生活体现出他对"和净"思想的贯彻。例如，他与瑶石公主相恋有了儿子薛聪，按《华严经》的颂句作"无碍歌"，以及入寂前他在称之为"穴寺"的洞内了却一生。这是作为生活佛教，孕育新的民众佛教的体现。像"蛇府说话"②"与大安的机缘"等都是带有类似背景的传说故事。对"一心"的论究与菩萨道的实践贯穿于其论著之中。其著述全篇贯穿如来藏思想的同时，还强调了圆融的趋向及对大众佛教

---

① 义天的《新编诸宗教藏总录》中记有44部82卷，赵明基的《新罗佛教的理念与历史》中载有98部，东国大学佛教文化研究院《韩国佛教撰述文献总录》中载86部。如果将"弥陀证性偈"等短小的偈颂也列入其中的话，总数达100余部。

② "说话"是新罗古代文学的一种样式，类似于中国的寓言或传说故事。

的指向性。

　　义湘和元晓生活在同一个年代，但是他们的生活轨迹却有着极其鲜明的相悖之处。义湘（625—702），俗姓朴（或云姓金），出家后与元晓同行，在662年入唐求法。元晓中途折回，义湘渡海经登州（今山东蓬莱）到长安。义湘在华十年，未闻其曾易地问法，而是始终从于一师，即投师于终南山至相寺之智俨三藏研习《华严经》，参询《华严经》义要。668年，义湘总结学习心得，撰成《华严一乘法界图》。义湘仅留给后人篇幅不长的几部著述，如《华严一乘法界图》《白花道场发愿文》《一乘发愿文》等，这一点也似乎同他的个人性格有关。

　　义湘的中心思想是华严思想，而华严思想的核心内容又是以圆融思想和普贤行愿。华严思想的中心内容，即"一即多、多即一"的圆融思想，其主旨就是对立万物都是平等的圆融无碍思想。这种思想主张个体与个体之间，或者个体与集体之间的关系是平等的。它既是义湘后来展开佛教大众化运动的理论依据，也是义湘归国后领导创建的华严宗的发展方向。

　　咸亨二年（671），义湘乘商船归国，后数年行迹不明。至文武王十六年（676），义湘始归太白山，奉旨创建浮石寺，并于此敷敞大乘经教，开弘《华严经》，使新罗的华严宗也进入了成熟阶段。从义湘受法之人甚多，在浮石寺开讲之初，从新罗各地云集的学徒达三千余名。[1] 后来由于得到朝廷的支持，信徒益众。回国后，他又相继建浮石寺等"华严十刹"，并据此专念于华严的经典和传播。可以说，义湘同元晓的大众佛教一道，致力于佛教学理上的开拓事业。前面也提到，任何宗教都有理念和实践两个层面。佛教的理念是"成佛"，而其实践则是"菩萨行"。尤其是在7世纪末以前，还很难认为佛教能够完全克服其外来宗教的局限性。当时要实现佛教的本土化，一个方便法门就是扎根于经典一途，义湘正是这种"经典佛教"的主将。

　　华严思想与佛教信仰相辅相成，最终形成完整独立的思想体系。义湘坚持严谨慎重的实践作风，极力普及佛教信仰，缓解新罗各阶层之间

第三章　隋唐时期佛教东传

① 何劲松：《韩国佛教史》，社会科学文献出版社，2008，第219页。

的矛盾。义湘积极开展的讲经活动，既让新罗民众更加容易接受华严宗思想，同时也是新罗佛国土信仰的一种表现形式。

在义湘门下弟子中，《宋高僧传》载智通、表训、梵体、道身四人皆可登堂睹奥，《三国遗事》则列悟真、智通、表训、真定、真藏、道融、良圆、相源、能仁、义寂十大德为首领，并皆为"亚圣"。① 由于义湘及其弟子的积极弘扬，华严义在新罗迅速传播开来，势力日益增大，影响遍及全国，至7世纪末、8世纪初蔚成一大宗派。义湘亦被推为海东华严初祖，是新罗佛教史上的"十圣"之一。义湘与中国华严宗三祖贤首即法藏关系甚密。孝昭王元年（692），法藏托其弟子胜诠将《华严探玄记》二十卷、《一乘教分记》三卷、《玄义章等杂义》一卷、《别翻华严经中梵语》一卷、《起信疏》二卷、《十二门论疏》一卷、《新翻法界无差别论疏》一卷的抄写副本送给义湘②，并寄书隔海深致问候，成为中韩间弘传《华严经》的佳话。义湘从唐归国以后，受到了新罗王室的隆重欢迎。在新罗王室的支持下，义湘创建了浮石寺，并积极传播其在唐所学的华严宗思想。同时，他还领导了佛教大众化运动，为社会安定与佛教的大众化作出了伟大贡献。

元晓和义湘是海东佛教本土化过程中发挥核心作用的人物。他们的思想和影响为海东佛教本土化打下了坚实的基础。

### 3. 新罗法相宗（唯识宗）

瑜伽行派③在中国的第三传是唐代玄奘。玄奘和他的弟子窥基等人共同建立的法相宗在当时影响很大。玄奘门下几千弟子中，新罗的知名僧人至少有八人：圆测、神昉、智仁、玄范、义寂、道伦（一作遁伦）、胜庄、神廓。他们在推动法相宗的发展中作出了贡献。实际上，新罗僧人涉猎佛教义学的第一步，就是新旧两系的法相学。

圆测（613—696）讳文雅，新罗国王孙，是唐玄奘最有影响力的弟

---

① 黄有福、陈景富：《中朝佛教文化交流史》，第154页。
② 同上书，第153页。
③ 瑜伽行派又称唯识宗，法相宗。瑜伽行派的理论学说经玄奘系统地引入中国，形成了中国佛教的唯识学派——法相宗。

子之一。记载圆测的史料有《大周西明寺故大德圆测法师舍利塔铭》（《玄奘三藏师资传丛书》）以及《宋高僧传》卷四、《故翻经证义大德圆测和尚讳日文》（崔致远撰）等。据《大周西明寺故大德圆测法师舍利塔铭》称，圆测三岁出家，十五岁即唐贞观二年（628）入长安留学，初师从法常、僧辩学法，与玄奘、智俨等同门，后由太宗皇帝敕度为僧，住京师元（玄）法寺，学《成实》《俱舍》《毗昙》《婆娑》等论，"古今章疏，无不娴晓"①，由此而名声显著。玄奘自天竺回国后，立即前去受学，得传《瑜伽师地论》《成唯识论》等所翻大小乘经论。显庆三年（658）西明寺落成，玄奘被召为西明寺大德，撰成《唯识论疏》十卷、《解深密经疏》十卷、《仁王经疏》三卷，此外还有《观所缘缘论》《无量义经疏》等。高宗简选五十名大德入寺，辅助玄奘弘法，圆测就是其中应选入寺者之一。圆测曾"赞佐奘公，使佛法东流"，真正起到了"羽翼秘典，耳目时人"的作用。垂拱年间，新罗国王多次上表朝廷，请求让圆测回国弘法，但"圣帝垂情""优诏显拒"。② 武则天后又命圆测参加地婆诃罗、实叉难陀两个译场的工作，充首席证义大德，帮助中天竺地婆诃罗（即日照）译《大乘密严经》《大乘显识经》等。万岁通天元年（696），圆测圆寂于东都佛授记寺，春秋八十有四，葬长安西南六十里之丰德寺。

测师塔

据《新编诸宗教藏总录》及《东域传灯目录》等史料的记载，圆测

---

① 蒋非非：《中韩关系史（古代卷）》，第139页。
② 同上。

著作多达十八部，其中大部分是法相、唯识方面的章疏。但其著作大都遗失，现存的只有《解深密经疏》《般若心经赞》《仁王经疏》等。《解深密经疏》体现其法相唯识学思想，被译成藏语，在甘州一带流传广泛，后收入藏文版大藏经《甘珠尔》内。其汉文版所缺第十卷是据《甘珠尔》藏文本转译得以补全。

圆测虽没有归国，但他的法系继承人将其学说带回新罗，对新罗产生巨大影响。继承圆测法系的是新罗学僧道证、胜庄等。道证于武周长寿二年（693）由唐归国，著有《成唯识论要集》《辩中边论疏》《因明理门论疏》《因明入正理论疏》等，均佚。道证是维护圆测思想的主力，他的嫡传弟子是太贤。太贤的生平不详，《三国遗事》卷四说他是新罗瑜伽之祖，自号"青丘沙门"，曾应请为景德王讲《金光明最胜王经》，以南山茸长寺为中心修行与讲授唯识教义，为时人所重。据日本学者考察，太贤著书五十余部一百多卷，现仅存五部。其中，有《成唯识论学记》八卷、《起信论内义略探记》一卷及《梵网经古迹记》等。

当时，玄奘声誉朝鲜半岛，研习法相者遍及各种学僧。神昉和智仁是直接师从玄奘的新罗僧人。据《开元释教录》等有关资料记载，神昉早年入唐，原居长安法海寺。贞观十九年（645）以十二名证义大德之一的身份应选，进入玄奘弘福寺译场，至玄奘在玉华宫寺译出绝笔之作《大般若经》和《缘起经》时，仍继续担任缀文和笔受工作，终于成为玄奘门下"四上足"之一。玄奘译场解散后，神昉的行迹便不清楚了。神昉所撰著作有《十轮经抄》（三卷，或作二卷）、《十轮经疏》（八卷）、《十轮经音义》（一卷）、《大乘大要做十轮经序》（现存）、《顺正理论述文记序》、《成唯识论要集》（同《文义记》，十三卷，或说十卷）、《显唯识论集》（一卷）、《种性差别集》（三卷）等。

智仁曾长期参与玄奘译场工作，担任笔受之职。其著述方面有《十一面经疏》《四分律六卷抄记》《佛地论疏》《显扬论疏》《杂集论疏》等。余事均不详。

关于胜庄，一种说法是玄奘门人，另一种说法是圆测弟子。考其事迹未见参与玄奘译场工作。武则天执政时，胜庄为京师大荐福寺的著名大德，曾将圆测遗骸葬于丰德寺东岭。胜庄先后参加过义净的东、西两京译场，并在睿宗时参加过菩提流志的西崇福寺译场，担任证义。其著述有《金光明最胜王经疏》《成唯识论决》《杂集论疏》《佛性论义》《大因明论述记》《起信论问答》等，现存的只有《梵网经菩萨戒本述记》。

义寂也是玄奘的弟子，但同西明系的关系非常密切。他的著述很多，总共二十五种，唯识学方面的有《般若理趣分幽赞》《梵网经疏》《无量寿经疏》《成唯识论未详决》《大乘义林章》《法华经论述记》《百法论总述》等，现存有《法华经论述记》和《菩萨戒本疏》。

神廓的事迹不详。《东域录》说他是玄奘门人，海东佛教资料都称他为新罗人。其著述有《摄论无性释论疏》《观所缘缘论疏》《摄大乘论章》等。

玄范也传说为新罗人，但《唐内典录》则云其籍贯不详。他自幼出家，专攻唯识。或谓其为玄奘门人，曾住长安普光寺从事撰述，主要著作有《成唯识论疏》《杂集论疏》《解深密经疏》《无垢称经疏》《法华经疏》《对法论疏》《摄论疏》《辨中边论疏》《因明入正理论疏》《大涅槃经疏》《仁王经疏》《金刚般若经疏》等，均佚。

新罗的法相唯识学者道伦（《东域传灯目录》等史料也时常写作"遁伦"）曾入唐研习法相唯识学，生存年代大约与玄奘同时，一说为窥基弟子。其行迹不详，唯知其著述有二十种，如《大般若经略记》《大般若经疏》《般若理趣经疏》《金刚般若经略记》《法华经疏》《金刚三昧经注》《胜鬘经疏》《阿弥陀经疏》《药师本愿经疏》《维摩经料简》《金光明经略记》《净饭王经疏》《十一面经疏》《四分律决问》《新撰大乘义章》等，以上均佚；现存的有《瑜伽论记》二十四卷、《菩萨戒本记》一卷、《菩萨戒羯磨记》一卷。

上述法相系新罗籍僧人基本上都没有回到新罗，但从当时唐朝与新罗关系的密切程度来讲，他们的活动肯定会影响到新罗唯识学发展的进程。

### 4. 新罗禅门九山的形成与发展

禅宗在唐初创立，与天台、华严宗并立，为中国佛教诸宗派之一。禅宗将北魏时期来华的菩提达摩作为初祖，到唐初的四祖道信（580—651）、五祖弘忍（602—675）成为一个宗派。弘忍之后，禅宗分为两支：

一支以神秀为首的"北宗"，主要活动在长安、洛阳一带，尚"渐悟"为主的修行方法；另一支以慧能为首的"南宗"，以韶州（今广东韶关）曹溪宝林寺为中心传授禅法，修行方法以"顿悟"为主。

在新罗的禅门九山正式成立前，入唐学禅的新罗僧人大致可列出法朗、神行、智德等人。新罗禅门最初是由法朗传入了禅法，他曾在四祖道信门下求学，其弟子也曾在五祖弘忍门下，道义、惠哲、洪陟等为西堂智藏之法。由于西堂智藏为马祖道一之后，遂成南宗禅之旁系。

关于法朗的事迹唯见于道宪的碑铭（崔致远所撰），收录在《全唐文·唐文拾遗》卷四十四中，全称为《有唐新罗国故曦阳山凤岩寺教谥智证大师寂照之塔碑铭》。碑铭在述及道宪的传承法脉时说：

> 法胤，唐四祖为五世父，东渐于海，溯流数之。双峰子法朗，孙信行，曾孙遵范，玄孙惠隐，末孙大师也。朗大师从大医之证。按杜中书正伦纂（墓之误）铭：远方奇士，异域高人，无惮险途，来至珍所。则掬宝归止，非师而谁！盖知者不言，复藏于密，能掸秘藏，唯行大师。然时不利分，进未亨也，乃浮于海，仍闻于天。肃宗皇帝，躬贻天什。曰：龙儿渡海不凭筏，凤子冲虚无认月。师以山鸟海龙二句为对，有深旨哉。东还三传，至大师。①

从中我们得知法朗受学于四祖道信，并传法给神行。

关于神行的事迹，最早的文献是他圆寂三十五年后由新罗民院侍郎金献贞所撰的《海东故神行禅师之碑并序》。朝鲜时期的李陆（号青坡）在《游智异山录》中说："智异山断俗寺西，有神行禅师碑铭，皇唐卫尉卿金献贞撰，元和八年（813）九月日立。"柳梦寅（号于于堂）在《游头流录》中也记述道："断俗寺有碑，乃新罗兵部令金献贞所撰神行碑铭，李唐元和八年建也。石理粗恶，其高不及大鉴（高丽坦然）碑数尺，文字不可读。"就是说，神行的碑铭撰立于唐宪宗，亦即新罗的宪德王时期，该碑一直保存到近代。按照该碑的记载，神行是东京（今庆

---

① 何劲松：《韩国佛教史》（上卷），宗教文化出版社，1997，第279页。

州）御里人，俗姓金氏，级干常勤之子，高僧安宏兄之曾孙。其年三十出家入道，从运精律师学律，苦练两年，更上蝴踞山见法朗，顿领奥旨。未至七日便"冥应以即心无心"之玄旨。朗叹云："善哉！心灯之法，尽在汝矣。"可见，神行最初是在新罗出家，后又成为法朗的弟子。

有关智德的事迹，在中国的禅宗史料《楞伽人物志》和《历代法宝记》中有提到。他晚于法朗，是五祖弘忍的上首弟子之一。《楞伽师资记》记述：

> （弘忍）又曰："如吾一生，教人无数，好者并亡，后传吾道者，只可十耳。吾与神秀论《楞伽经》，玄理通快，必多利益。资州智诜、白松山刘主簿，兼有文性。华州惠藏、随州玄约，忆不见之。嵩山老安，深有道行。潞州法如、韶州惠能、扬州高丽僧智德，此并堪为人师，但一方人物。越州义方，仍便讲说。"又语玄赜曰："汝之兼行，善自保爱，吾涅槃后，汝与神秀，当以佛日再晖，心灯重照。"

《历代法宝记》记载：

> 吾一生教人无数，除惠能，余有十尔：神秀师、智诜师、智德师、玄赜师、老安师、法如师、惠藏师、义方师、玄约师、刘主簿，虽不离吾左右，汝各一方师也。

中国禅宗基本上形成于道信、弘忍时期，智德就是在形成期入华的海东僧人。他能名跻弘忍门下上首弟子之列，说明他出色地继承了弘忍的禅学思想。而且，即使他未能回到新罗，其师弘忍倡导的山居禅学也被后来的新罗禅宗所接收，并成为新罗禅宗的特色之一。由于人生经历、经验等不同，许多僧人即使是在同一个师傅的门下学法，其所得、所学都具有个体性特色，回国后又各自以某一寺院为中心传禅说法，到王氏高丽初，禅宗发展为九个支派，史称"禅门九山"。其中，除一派传北宗禅，一派传南宗石头门下曹洞禅之外，其他七派皆传马祖禅法。分述如下：

(1) 道义与迦智山派

关于道义（？—825）的行迹，《景德传灯录》中有名无录，《寂照塔铭》《禅门宝藏录》《普照禅师塔碑》中有零星片语。《祖堂集》记述较详细：

> 雪岳（江原道）陈田寺元寂禅师嗣西堂在溟州（江陵），师讳道义，俗姓王氏，北汉郡人。未妊之前，其父见白虹入室。又，母梦中见僧同床而寝，觉闻香气芬馥……因瑞出家，法号明寂。以建中五年（784）岁次甲子，随使韩粲号金让恭过海入唐，直往台山，而感文殊。空闻圣钟之响，山见神鸟之翔。遂届广府宝坛寺，始受具戒。后到曹溪，欲礼祖师之堂，门扇忽然自开，瞻礼三遍而出，门闭如故。次诣江西洪州开元寺，就于西堂智藏大师处，顶谒为师，决疑释滞。大师犹若抚石间之美玉，拾蚌中之珍珠，谓曰：“诚可以传法，非斯人而谁！”改名道义，于是头陀而诣百丈山怀海和尚处，一似西堂。和尚曰：江西禅脉总属东国之僧软！余如碑文。①

《祖堂集》记载道义于唐德宗建中五年（784）随韩粲金让恭入唐，在广府宝坛寺接受具足戒，又南至曹溪礼南宗惠能的影堂，最后就西堂智藏和百丈怀海门下“顶谒为师”。此时，唐止值南宗方兴未艾、风靡全国之时，中唐强劲的禅风使他加入了禅宗的行列。《祖堂集》也没有明确说明道义回国的具体时间，照《寂照塔铭》的记载，大致是唐穆宗长庆元年，新罗宪德王十三年，即 821 年。该塔铭说：“洎长庆初，有僧道义，西泛睹西堂之奥，智光侔智藏而还。”道义在唐三十多年，回国后禅宗南宗“直指之要”不能被时人接受，最后隐于山林，付法于廉居禅师。后来，道义在海东禅宗史上地位逐渐抬高，被看作是禅宗初传之人。道义所传禅学二传廉居，三传体澄，终于形成迦智山一派。

体澄（804—880）的行迹，可见诸其入寂后不久金颖在唐僖宗中和三年（883）所撰的《新罗国武州迦智山宝林寺谥普照禅师灵塔碑铭并

---

① 释静、释筠辑《祖堂集》卷十七，高丽藏本，第 317 页。

序》。照此塔铭，体澄姓金，熊津（忠清南道公州）人，出生于地方有名望的乡绅家族。体澄很小就出家游学，后投廉居门下学南岳一系禅法。他在开成二年（837）与贞育、虚会等入华，参善知识，得祖师道义所传以"无为任运"为宗旨的禅学；840年随平卢师返回新罗，开展传教活动，得到以国王为首的各方面力量的支持，作为传法基地的迦智山寺扩建工程得以告成。此后近十年时间里，体澄在此传教授徒，声名日振。唐僖宗广明元年（880）三月九日，体澄告诸依止曰："吾今生报业尽，就木北成，汝等当善护持，无至堕怠。"十三日夜出现地震，体澄及天晓右胁卧终，享龄七十有七，僧腊五十二岁；十四日葬于王山松台，叠塔安厝；宪康王追谥号为"普照"，赐塔号"影圣"，另外又赐寺名为"宝林寺"。"朝请郎守定边府司马赐绯鱼袋"，金颖撰写成《新罗国武州迦智山寺普照禅师灵塔碑铭并序》。禅门九山之一迦智山派得以发展，一方面保持禅派的独立性，不受制于王权；另一方面广泛吸收各种世俗力量的支持，使他们能够游离于山林与庙堂之间，让法系得以传承。

（2）洪陟与实相山派

有关洪陟的史料极少，中国史料中《景德传灯录》仅列名而无录，《祖堂集》也只有这样一句话："东国实相和尚嗣西堂，师讳洪直，谥号'证觉大师'，凝寂之塔。"①

据今人考察，洪陟回国时间略晚于道义，大约在唐敬宗宝历二年（826）。崔致远所撰《有唐新罗国故曦阳山凤岩寺教谥智证大师寂照之塔碑并序》在述及道义"韬光庑下，敛迹壶中"，"罢思东海东，终遁北山北"，正为世所不容后马上描述了洪陟大振禅风的情景：

> 及兴德大王纂戎，宣康太子监抚，去邪医国，乐善肥家。有洪陟大师，去西堂证心，来南岳休足。鹜冕陈顺风之请，龙楼庆开雾之期，显示密传，朝凡暮圣，变非蔚也，兴且勃焉。试较其宗趣，则修乎修没修，证乎证没证。其静也，山立；其动也，谷应。无为之益，不争

① 释静、释筠辑《祖堂集》卷十七，第318页。

第三章 隋唐时期佛教东传

第三章 隋唐时期佛教东传

而胜。于是乎，东人方寸地灵矣。能以静利海外，不言其所利，大矣哉！尔后鸼骞，河筌融道，无念尔祖，实繁有徒。或剑化延津，或珠还合浦，为巨擘者可屈指焉。

上文明言洪陟传禅于兴德王之代，所传禅旨为"修乎修没修，证乎证没证"，换句话说就是无修之修、无证之证。"无为之益，不争而胜"，这和南岳、马祖、西堂一系的"无为任运"的禅风是相吻合的。洪陟回国后，在全罗北道南原郡智异山创建实相寺，接引学徒，传播洪州禅旨。其门下弟子多达数百人，海东僧史习惯将他和道义并举，称作"北山义，南岳陟"。据《景德传灯录》卷十记载，新罗兴德王、宣康太子都是他的法嗣，可见他的禅派得到统治势力支持。关于实相山派建立的始末，日本学者忽滑谷快天的《韩国禅教史》曾转引金包光氏的记述：

> 实相山即今全罗北道南原郡山内面智异山实相寺。新罗兴德王三年（828）开山，开祖洪陟国师，别名南汉祖师，新罗宪德王时入唐，谒西堂传心法。兴德王即位初归国，休足南岳（今智异山），兴德大王宣康太子归依之，敕修实相寺住之。门下有片云秀彻等出身之弟子千余人。依《寂照塔碑》，南岳洪陟国师之入唐求法虽在北山道义国师之后，还国后，建之伽蓝，开成门派，以实相山为九山之最先。然则海朶之传禅，洪陟国师实为初祖，其嗣法秀彻（一作澈）国师，为实相山之第二祖，密阳郡莹原寺开祖也。新罗宪德王七年（815）出世，投正法得度，就缘虚律师受具，后得景文王与宪康王之归依，大振宗风；真圣王七年（894）示灭，门下有饮光等数百人，传遗法于后世。①

可见，洪陟创建的实相山禅派在海东禅门九山中立派最早，同时也是海东弘扬慧能南宗洪州派的最早道场。

（3）惠哲（又作慧彻）与桐里山派

有关惠哲的事迹，在中国史料《祖堂集》记载："东国桐里和尚嗣

---

① 忽滑谷快天：《韩国禅教史》，朱谦之译，中国社会科学出版社，1995，第 79 页。

西堂，师讳慧彻，谥号'寂忍禅师'，照轮清净之塔。"①

崔贺于惠哲圆寂后不久所撰写的《武州洞里山大安寺寂忍禅师碑颂并序》至今尚存。根据碑文记载，惠哲又作慧彻，字体空，京师（庆州）人。惠哲接受传统佛学，出家学习《华严经》，曾到浮石寺学华严宗。唐宪宗元和九年（814）入唐，入智藏门下学禅。智藏对这位远道而来并有独到见解和远大志向的海东弟子格外欣赏——"知志既坚，禀性最悟，一识如旧，密传心印。于是，禅师已得赤水所遗，灵台豁尔，如大虚之寥席也"。智藏圆寂后，惠哲开始了长期的行脚云游生活，"虚舟莫留，孤云独逝，天南地北，形影相随"。其间，惠哲曾"到西州（今江苏南京江宁区西）浮沙寺，披寻《大藏经》，日夕专精，晷刻无废，不枕不席，至于三年。文无奥而未穷，理无隐而不达。或默思章句，历历在心焉"。惠哲在唐二十五年后即唐文宗开城四年（839）春回国，得到文圣王的支持。当时，在武州谷城郡（今全罗南道同郡）桐里山开设道场。经过二十余年的努力，惠哲终于建成一大禅刹。从此，"渐顿云集于四禅之室，贤愚景附于八定之门"。桐里山的弘教事业受到了世人的关注，被视为"复罗浮之古，作曹溪之今"，文圣王也予以充分肯定，称之为"现多身于象末"。对此，惠哲也一改以往禅师们隐迹山林，同政治若即若离的超然姿态，也将注意力放在现实社会问题上。所以，他上的"封事若干千条"，条条"皆时政之急务"，都能"裨益朝廷"。这使得初传禅宗求得自身发展，同时为现实政治服务。这是此派独特的风格。

道诜投惠哲门下时，正值禅刹的创建阶段。因此，九山之一的桐里山，实际上也有道诜的一份功劳。道诜完全接受了惠哲所传智藏系"无说之法，无法之法"的禅法。三年后，他又至云峰山、太白岩等地修行，最后以白鸡山玉龙寺为终焉之所。政治上，道诜同宪康王有过交往，曾被迎至宫中讲经说法。他"每以玄言妙道开发君心"，这种积极入世的精神同惠哲如出一辙。但"未几，不乐京辇，恳请还山"，之后便未见和新罗政府有任何往来了。898年道诜去世后，孝恭王赠谥号

① 释静、释筠辑《祖堂集》卷十七，第318页。

"了空禅师"，塔名"证圣慧灯"。道诜对后世影响最大且又让世人争议最多的是，他成功地运用阴阳五行说和谶纬学为高丽王朝的建立服务。这也是因佛教传到中国后，受到阴阳五行思想影响，而这种影响也体现在对高丽王朝的建立上。太祖王建利用谶纬预言为自己导演黄袍加身之戏，成功推翻了泰封政权，于918年取得政权。同时，其充分利用佛教力量，设八关会，请名僧为国师，建九层塔，希借玄功，欲合三韩为一家，借道诜威望镇护国家。王建之后的光宗在即位的第二年（951）创大奉恩寺于城南，又创佛日寺于东郊，并分别以这两座寺院作为太祖和先妣刘氏的愿堂，后又创建崇善寺、归法寺，以及弘化、游岩、三归等寺，并以僧惠居为国师，以僧坦文为王师。

（4）玄昱、审希与凤林山派

玄昱为马祖道一门下章敬怀晖的弟子。《祖堂集》卷十七记载：

> 东国慧目山和尚嗣章敬，师讳玄昱，俗姓金氏，东溟冠族。父讳廉均，官至兵部侍郎。妣朴氏，胎孕之际梦得殊常。以贞元三年（787）五月五日诞生。才有童心便知佛事，每汲水以供鱼，常聚沙而为塔。年至壮齿，志愿出家，既持浮海之囊，遂落掩泥之发。元和三年（808）遂受具戒，长庆四年（824）入于大唐，至太原府，历居二寺。①

玄昱出身贵族，他出生的贞元三年为787年，也就是新罗元圣王三年。元和三年（808），其受具足戒时正好二十一岁。长庆四年（824），玄昱入唐至太原府投章敬怀晖门下学习。怀晖和惟宽等都享有很高的政治地位，是洪州禅系中属京禅类师。在唐二十多年后玄昱：

> 随本国王子金义宗奉诏东归。以开成二年（837）九月十二日达于本国。武州会津南岳实相安之。敏哀大王、神武大王、文圣大王、宪安大王并执师资之敬，不征臣伏之仪。每入王宫，必命敷座诵法。自

---

① 释静、释筠辑《祖堂集》卷十七，第318页。

开成末，结苑于慧目山陲。景文大王命居高达寺，奇香妙药，闻阙必供。暑葛寒裘，待时而授。咸通九年（868）秋，解夏之始，忽告门人曰："我今岁内法缘当尽，你等宣设无遮大会，以报百岩传授之恩，终吾志也。"十一月十四日中夜，忽尔山谷震动，鸟兽悲鸣，寺钟击而不响三日。十五日未曙，遽命侍者撞无常钟，胁席而终，享年八十二，僧腊六十耳。①

玄昱回国的时间为开成二年，即 837 年。他受到敏哀王（838—839）、神武王（839）、文圣王（839—857）、宪安王（857—861）等历朝国王的礼敬和经济上的支持，经常出入王宫，讲经说法，为王权和政治服务。这可以看出新罗禅宗的某种转变。玄昱门下的弟子审希（855—923）继其禅法，在金海（今庆尚南道）之西建立禅宇，号凤林寺，作为弘法之地。审希得到高层统治者支持，创立了凤林山派，为禅门九山之一，此后，有璨幽等继后。

璨幽俗姓金，字道光，鸡林河南人，于唐懿宗咸通十年（869）生。其先祖"代代名家"，父曾任仓部郎中，后又任长沙县令。璨幽于年十三落发出家，谒尚州（庆尚北道）公山三郎寺融谛祥师。融谛乃真镜大师审希之嗣，见璨幽堪为法器，遂劝其师从审希门下。璨幽听其劝告，在审希门下精研妙理，高悟玄机。年二十二，璨幽受具足戒于扬州（京畿道）三角山庄义寺。景福元年（892），璨幽入华，后往舒州桐城县，投子山大同门下参学。大同是石头法孙翠微无学的嫡胤，俗姓刘，舒州怀宁人。他先习小乘安般之法，后习《华严经》，又上终南山参翠微无学。大同认为璨幽"西学之求者，则可以与言道者唯子矣"。后璨幽别大同，"旁求胜友，历谒高师。或索隐于天台，或探玄于江左"，开始访道生活，于贞明七年（921）秋归国，径诣凤林（庆尚南道昌原郡）拜见真镜大师（审希），并受命住三郎寺。三年后，璨幽又怀着"栖梧之志"，"远携黎杖，遥诣玉京"，入觐太祖王建，奉敕住广州天王寺，之后又因慕慧目山之幽静而往居焉。于是，四达问津者视千里犹跬步，如云来

① 释静、释筠辑《祖堂集》卷十七，第 318 页。

集。王建亦赐衲衣及坐具，后惠宗、定宗等礼敬有加。光宗即位后，赐法号"证真大师"，并请璨幽入京。璨幽"以为道之将行，时不可失"，"遂出虎溪，诣龙阙"，于舍那院同光宗申师徒之谊，越三日于重光殿开法筵，被尊为国师，受赐银瓶、银香炉、水晶念珠、法衣等物，并于天德殿设法席，升座说法。显德五年（958），璨幽入寂前，说偈示众曰："万法皆空，吾将往矣。一心为本，汝等勉之。心生法生，心灭法灭。仁心即佛，宁有种乎？如来正法，其护之勉之哉！"言毕而灭，寿九十，光宗追谥号"元宗大师"。其门下弟子有昕弘、同光、幸近、传印等五百余人。①

（5）道允、折中与师子山派

道允（798—868）和折中（826—900）师徒所传的是马祖道一门下的另一位高足南泉普愿的禅法。《祖堂集》记载：

> 双峰和尚，嗣南泉，师讳道允，姓朴，汉州鸧岩人也。累叶豪族，祖考仕宦，郡谱详之。母高氏，夜梦异光，荧煌满室，愕然睡觉，有若怀身。父母谓曰："所梦非常，如得儿子，盍为僧乎。"寄胎十有六月载诞，尔后日将月就，鹤貌鸾姿，举措殊侪，风规异格。竹马之年，摘花供佛；羊车之岁，累塔娱情。玄关之趣昭然，真境之机卓尔。年当十八，恳露二亲，舍俗为僧，适于鬼神寺，听于花严教。禅师窃谓曰："圆顿之筌罤，岂如心印之妙用乎！"遂被辇挈瓶，栖云枕水，洎于长庆五年（825），投入朝使，告其宿志，许以同行。既登彼岸，获觐于南泉普愿大师，伸师资之礼，目击道存。大师叹曰："吾宗法印归东国矣。"②

道允自幼就受到佛教的熏陶，十八岁出家。他先于鬼神寺学华严教旨，后舍圆教而入禅。长庆五年（825 年，实即唐敬宗宝历元年），到入朝使处，告其宿志，许以同行。入唐师从南泉普愿门下学。从普愿"吾

---

① 何劲松：《韩国佛教史》（下卷），宗教文化出版社，1997，第50—53 页。
② 释静、释筠辑《祖堂集》卷十七，第330 页。

宗法印归东国"这句话中可知,道允受到普愿的器重,师徒之间的思想很接近。道允于唐宣宗大中元年（847）归国,在咸通九年（868）去世。其弟子折中在师子山兴宁寺传法对后期影响很大,故在道允、折中一系从禅法历史上称"师子山派"。

(6) 无染与圣住山派

无染（800—888）是马祖一系麻谷宝彻门下的海东弟子。所传禅法史称圣住山派,为禅门九山之一。其事迹《祖堂集》有传,崔致远为他撰写《有唐新罗国故两朝国师教谥大朗慧和尚白月葆光之塔碑铭并序》。根据崔氏的《碑铭》,无染俗姓金氏,以武烈王为八代祖。其祖父周川,品第真骨,位韩粲。其父范清族的品第为降真骨一等,曰"难得"。其母华氏,"魂交,睹修臂天垂授藕花",又梦见胡道人自称法藏者授十护充胎教,遂于哀庄王元年即唐德宗贞元十六年（800）生禅师。无染自幼聪慧,九岁扣篋,目所览则口必诵,因而人称"海东神童",后在父母的支持下出家。无染宗教生涯的第一步是于雪岳山五色石寺师事法性禅师,数年间将法性的所学"掸索无孑遗",后来在浮石寺释澄大德处学华严教义。

821年,无染由海路入唐,各处游学参访,到长安终南山至相寺学华严宗义,后来到洛阳,跟从马祖弟子如满学习禅法。如满用洪州系的禅学印证无染所学。无染又到蒲州的麻谷宝彻禅师处,学习继承农禅类禅风,又得到印可。宝彻去世后,无染游历中国各地,在华二十余年。会昌五年（845）,无染回到新罗,受到王臣热烈欢迎。他将熊州乌合寺重新修葺,并改寺名为圣住寺,在此弘传禅法。无染经历五代新罗王,受到历朝王室的礼遇,在其中两朝成为国师,这是新罗禅宗同王权结合的典型。其门下弟子超过两千人,著名的有询乂、圆藏、灵源、玄影等人。

(7) 梵日、行寂与阇崛山派

据《祖堂集》记载,梵日（810—889）乃鸡林冠族金氏。其祖父讳达元,官至溟州都管;母文氏,累叶豪门。梵日元和五年（810）正月生,年十五誓愿出家,年二十至京师受具足戒,净行圆备,精勤更励。兴德王时,梵日与王子金义琮结伴入唐,既至,遍寻善知识,后参盐官

齐安大师，"服勤六年"。齐安（？—842）俗姓李，是唐宗皇室的后裔，海门郡（一作海汀郡）人，因住杭州盐官之海昌院，故又有"盐官"之称。齐安自幼出家，跟随本郡云琮禅师学法，后在南岳智严律师门下受具足戒，并学习律仪，后又拜谒江西马祖道一，深受器重，"乃令人室，密示正法"。① 道一圆寂后，齐安游化四方，于元和末年重修荒废已久的越州萧山法乐寺。时海昌之法昕创建海昌院，请齐安居住，一时间参学之徒翕然聚集。在禅学思想上，齐安是道一门下众弟子中与汾州无业、大梅山法常等坚持"即心是佛"的一支。据说，齐安有一次转告法常说："马师近日道'非心非佛'。"法常表示："任他非心非佛，我只管即心即佛。"齐安闻而叹曰："西山梅子熟也。"梵日和齐安相见后，也曾有一段反映其禅学特点的对话——

参彼盐官齐安大师。

大师问曰："什么处来？"

答曰："东国来。"

大师进曰："水路来，陆路来？"

对云："不踏两路来。"

"既不踏两路，阇梨争得到这里？"

对曰："日月东西，有什么障碍？"

大师曰："实是东方菩萨。"

梵日问曰："如何即成佛？"

大师答曰："道不用修，但莫污染。莫作佛见菩萨见，平常心是道。"②

梵日听后大悟。随侍齐安六年后，梵日又到药山惟俨处求学。惟俨（751—834）属青原行思法系，山西绛州人，俗姓韩。他十七岁投潮阳（广东）西山慧照禅师出家，大历八年（773）就衡山希澡受具足戒，后

① 普济：《五灯会元》卷三，中华书局，1984，第143页。
② 释静、释筠辑《祖堂集》卷十七，第319页。

投石头希迁门下密领玄旨，又参马祖道一，言下契悟，因而是会通南岳、青源两系禅法的人物。惟俨处，二人也用问答的方式印证所学——

> 药山问："近离什么处？"
> 师对曰："近离江西。"
> 药山曰："做什么来？"
> 师对曰："寻和尚来。"
> 药山曰："此间无路，阇梨作么生寻？"
> 师对曰："和尚更进一步即得，学人亦不见和尚。"
> 药山曰："大奇！大奇！外来青风冻杀人。"①

在这些机锋问答中，我们看到无论是齐安还是惟俨，都对梵日的悟解表示印可。会昌四年（844），梵日因避法难而躲进商山，独自居住练习禅定，以捡拾坠果充饥，以山泉水止渴，最终以至于"形容枯槁，气力疲羸，未敢出行，直逾半载"；后梦"异人"告其可以出山，方才到韶州礼祖师塔。会昌六年（846）八月，梵日由海路回国。大中五年（851）正月，梵日闲居在白达山，后应溟州都督金公的祈请，入住崛山寺，"一坐林中四十余载"，时常教人"莫踏佛阶级，切忌随他语"，以此作为衲僧的行为准则。咸通十二年（871）、广明元年（880）、光启三年（887），景文王、宪康王、定康王三王先后遥伸钦仰，拟封国师，但梵日"久蕴坚贞，确乎不赴"。龙纪元年（889），梵日于崛山寺圆寂，春秋八十，僧腊六十，谥号"通晓大师"，塔名"延徽"。

梵日诸弟子中得承法席者首推行寂。据《新罗国故两朝国师教谥朗空大师白月栖云之塔碑铭》记载，行寂俗家姓崔，祖父名全，父名佩常。其母薛氏，应瑞生寂，时为太和六年（832）十二月三十日。行寂自幼出家，在伽耶海印寺谒宗师，精心探究佛教经藏论藏，特别擅长杂华的妙义，于大中九年（855）在福泉寺受具足戒。之后，行寂谒通晓大师，自投五体，虔启衷怀。大师便许升堂，遂令入室，自此衷心信奉达

---

① 释静、释筠辑《祖堂集》卷十七，第 320 页。

数年，勤奋努力，学识渊博。咸通十一年（870），行寂投入朝使金紧荣，同舟渡唐；上岸后，步行至京师，受敕住左街宝堂寺孔雀王院。没过多久，恭逢降诞之辰，懿宗皇帝问行寂远隔重洋来到京师，所求何事。行寂对曰："贫道幸获观风上国，问道中华，今日叨沐鸿恩，得窥盛事。所求遍游灵迹，追寻赤水之珠，还耀吾乡，便作青丘之印。"懿宗"甚善其言，犹如法秀之逢晋文，昙鸾之对梁武"。对答中透露出，行寂入唐的最大用意是"遍游灵迹"，即云游天下。这也是他一生的最大特征。于是，他游五台，入住华严寺，以求得与文殊菩萨的感应；乾符二年（875）至成都府，谒静众寺，礼无相大师的影堂；又投石霜庆绪和尚门下，竭尽诚意，最终得摩尼之宝；访名山衡岳，探曹溪宝林寺，参访结交高僧大德，礼拜祖师的宝塔。行寂在华达十五年，几乎走遍整个中国，真可谓"四远参寻，无方不到"。行寂于中和五年（885）归国，重至崛山寺梵日门下，但仍保持游方参寻的作风。龙纪元年（889），梵日圆寂前传法于行寂，并宣布其禅法"唯在大师一人而已"。之后，行寂又憩锡于翔州之建子庵，修茅舍，来者如云；时当末世，"灾星长照于三韩"，所以"无计潜藏"；乾宁初（894）移住王城，光化末（901）旋归野郡。孝恭王（897—912）即位后，因行寂在禅法上超越群伦，天下第一，特遣僧正法贤等征赴皇居。行寂认为"自欲安禅，终须助化"，又认为"吾道之流于末代，外护之恩也"，所以欣然应召。孝恭王以国师之礼待行寂，并虔诚地申明自己的敬仰之情。次年，行寂离京居金海府名寺，翼福苍生。神德王（912—917）即位后，行寂又奉诏居京城之南山实际寺。辞还之际，其门下女弟子明瑞以石南山寺相赠。行寂亦以此作为终焉之所。第二年春，行寂卒于此寺，寿八十五，僧腊六十一。

梵日门下弟子知名者除行寂外，还有朗圆大师开清（854—930）。开清俗姓金，为东溟冠族，先祖在朝中为官。开清自幼出家，跟随华严山寺正行法师，大中末年（860）于康州严川寺受具，后至通晓梵日门下，成为入室弟子。梵日入寂后，开清为之修宝塔与丰碑，常守松门，后得到当地地方势力的扶持，住普贤山寺，接引来者，被视为"人中师子""天上麒麟"。景哀王（924—926）闻其"德高天下，名重海东"，欲"请扶王道之危，仍表国师之礼"。同光八年（实为长兴元年，即930年）秋九月二十四日，开清示灭于普贤山寺法堂。其上足弟子有神镜、聪静、越晶、免言、惠如、明然、弘林等。后太祖王建追谥"朗圆大师"，塔名悟真之塔。

梵日、行寂、开清师徒所传禅系世称阇崛山派，为禅门九山之一。

（8）利严与须弥山派

有关利严（870—936）的史料，今存高丽崔彦扬所撰《有唐高丽国海州（即黄海道海州郡）须弥山广照寺故教谥真澈大师宝月乘空之塔碑铭序》。据载，利严"俗姓金氏，其先鸡林人也。考其国史，实星汉之苗。远祖，世道凌夷，斯卢多难，流落熊川。父章，深爱云泉，因寓富城之野，故大师生于苏泰"。这就是说，利严本是新罗王族出身，但其先代已开始没落，流落到忠南熊川之地。到其父金章时，家族益发衰落，不得不迁到瑞山一带。碑文记利严于"清泰三年（936）八月十七日中夜，顺化于当寺（指广照寺）法堂，俗年六十有七"。按此推算，他当生于唐懿宗咸通十一年（870）。其年十二至迦耶岬寺出家，投德良法师，由此"半年之内，三藏兼备"，被称赞为"儒室之颜生，释门之欢喜"。利严受具足戒于本寺道坚律师。"其后情深问道，志在观风，挈瓶下山，飞锡沿海"，产生了游学中国的念头。乾宁三年（896），二十七岁的利严恰遇入浙使崔艺熙大夫的船只西行，遂托迹而西，数日后于鄞江口登岸，时"闻云居道膺大师，禅门之法胤也，不远千里，直诣门下"。见面后，道膺问："一别匪遥，再逢何早？"严对曰："未曾亲侍，宁道复来！"道膺对利严的回答"默而许之"。自此，利严"潜惬玄契，所以服勤六载，寒暑弥坚"。对于利严所学，道膺表示十分佩服，称赞说："道不远人，人能弘道。东山之旨，不在他人。法之中兴，惟我与汝。吾道东矣，念兹在兹。"天祐八年（911），利严结束了十五年的游学生涯，回到了已经风雨飘摇的新罗。利严灵活地利用佛教为高丽王朝争取统一。长兴三年（932），王建"下教于开京西北海州之阳，遴择灵峰（即须弥山），为构精舍，寺名广照，请以居之"；又赐官庄三座，充为寺产，四时供养丰盈。利严广开法门，诲人不倦。"其众如麻，其门如市"，感得当郡和邻州咸发深心，并修净行。清泰三年（936），利严自觉"法缘当尽，必往他方"，于是对弟子们说："吾与大王曩有因缘，今当际会，须

为面诀，以副心期。"临别时，他还向王建进言道："仁王弘誓，护法为心，遥垂外护之恩，永蓄苍生之福。"这反映了利严为三韩人民希求统一的强烈愿望和对祈求造福苍生的菩萨心肠。

翌年，王建追道"真澈大师"称号，又赐"宝月乘空"塔名。其门下的著名弟子有处光、道忍、贞能、庆崇等，并升上足，皆保传心。后世称利严传承的曹洞宗法脉为须弥山派，为新罗、高丽之际的禅门九山之一。

(9) 兢让与曦阳山派

兢让是禅门九山中最后一派即曦阳山派的创始人。据高丽季梦游所撰《静真国师圆悟之塔碑铭并序》记载，兢让俗姓王，公州（忠清南道）人，其"祖淑长、父亮吉并戴仁履义……州里称长者之名，远近闻贤哉之誉。况自高曾之世，咸推郡邑之豪"。兢让出生于豪门，并因其母"敬恭僧佛"的缘故而自幼受到佛教的影响，以至"坐么跏趺，行须合掌。聚沙面墁，模像塔以依稀；采叶摘花，拟供具而陈列"。碑文说兢让寂于显德三年（956），"享龄七十九，历夏六十"，由此推算，他当生于新罗宪康王四年（878）。关于其出家的具体时间，碑文没有明载，大致是在二十岁之前。光化三年（900），兢让感到"急景如驹，流年似箭，若局牛涔之底，未浮鳌海之波，难诣宝洲，焉穷彼岸"，于是西泛入华。其先达于江淮之境，干道上遇搬米禅徒，同路而行。搬米僧中有一人指枯椿曰："枯木独占定，春来不复荣。"兢让接曰："迥然尘境外，长年乐道情。"众皆欢喜，争相传吟。兢让后至台岭，遍谒禅居，"或杖虎锡于雪峤云岭，或洗龙钵于飞溪悬涧"。最后，其至谷山谒"石霜之嫡嗣"道缘和尚，问曰："石霜宗旨，的意如何？"对云："代代不曾承。"兢让言下大悟，遂得默达玄机，密传秘印。接着，兢让辞别道缘，开始游方生活。同光二年（924），兢让回国，此时正值新罗末乱世，于是隐居山中。后唐明宗天志二年（927），应众人之请，兢让移住康州（庆尚南道晋州）伯严寺，并在此开设道场，接引禅徒，"访道者云蒸雾涌，请益者接踵联肩"，其声势引起了新罗王室的注意。景哀王遣使致书，称他的西学东归是"探颔下之明珠，继燃慧炬之光，广导迷津之路。禅河以之汩汩，法山于是峨峨"，并上"奉宗大师"法号。清泰二年

（935），兢让意识到若要"弘道，必在择山"，即建立属于自己的传法基地。经过一番选择，兢让最终迁移到曦阳山（庆尚北道闻庆郡）麓凤岩寺营构禅室，继续接引禅徒，恢弘祖道。"致使商人遽息于化城，穷子威归于宝肆。"作为禅者，兢让"虽静默于山中"，却能"示威猛于城内。潜振降魔之术，显扬助顺之功。遂使蚁聚凶徒、蛇弃逆党，遵改愚迷之性，勿矜强暴之心，渐罢争田，各其安堵"。这似乎说明，兢让传教的对象多半是战乱中的流民，并且用传教方式为高丽王朝做安抚工作。所以，他的所作所为被看作是有利于执政者的。统一天下后的王建对兢让礼敬有加。兢让主动到京城同太祖王建相见，并肯定"有为功德"为"无上菩萨"之路，将"佛恩"和"王化"并重，禅法为统治者服务的实用主义精神。

太祖王建去世后，兢让又受到惠宗、定宗、光宗的敬仰。定宗即位（946）时，兢让为其说法，王赠磨衲袈裟一领，并新写《华严经》八帙。光宗时，兢让被迎入王京，安置于护国帝释院，后又迁住舍那院。当时，"诸寺僧徒，满朝臣宰，冒红尘而导从，步紫陌以陪随"。光宗还"高辟天闱，别张净室，亲迎云軿，特设斋筵，伸赞仰之素诚，用谘诹于政道"。兢让被待以"师资之礼"，于是"言妄言之言，说无说之说"，将"资乎道昧"和"导乎政风"巧妙而又成功地结合起来，收到了"雅弘开济之功"。高丽王室将兢让视作"化身菩萨"，光宗特加尊号为"证实大师"。

广顺三年（953），兢让还归故山。显德三年（956），兢让圆寂于住所，光宗赐谥号曰"静真大师"。其门下弟子有迥超等，所传法门为禅门九山之一，世称"曦阳山派"。关于该派法系，历来就有几种不同的说法。任继愈在《中国佛教史》一书中认为：曦阳山派创始人是智诜（824—882），俗姓金，原学华严宗，后师事传北宗禅的慧隐。按禅宗传法世系，此派是道信（东山法门）—法朗—神行—慧隐—智诜。智诜后应请到曦阳山建凤岩寺传禅，弟子有杨孚、性蠲等人。《静真国师碑》记载道："曹溪传南岳让，让传江西一，一传沧州鉴，鉴犹东顾，传于海东。谁其继者？即南岳（指智异山）双溪慧昭禅师焉。昭复传贤溪王师道宪，宪传康州伯严杨孚禅师，孚即我大师严师也。"照此，曦阳山

法脉乃直承南宗。然而，按照《道宪碑》所记，其法脉则由北宗的志空下传神行，行传遵范，范传慧隐，隐传道宪，宪传杨孚。兢让入华前虽有师承关系，但对其思想的形成尚未起决定作用，因而真正的法系应当像《静真国师碑》后来所说的"仰石霜绪，承谷山缘"，而他自己就是曦阳山派的开创者。

新罗与高丽之际的海东禅宗之所以分成九个门派，一方面是因为受到中国禅宗派系的影响，另一方面也是新罗末期的分裂局面造成的。禅门九山的政治倾向也是相当复杂的，后随着王建在兼并战争中的节节胜利，禅宗各派纷纷投向新兴的高丽政权。他们不仅积极地用禅学思想为国家统一服务，同时不断深入民众中去，同民众的交流也比较活跃。禅门九山在 821 年道义禅师回国后才步入正轨。道义虽仅是南宗禅的领导者，但在其影响下，其他诸禅也获得了接受和发展。

因此，高丽初期有一大批入华僧侣活跃在当时。

### 5. 顺之与沩仰宗禅法

瑞云寺和尚顺之的事迹和所传禅法在《祖堂集》中有比较详细的记载。顺之俗姓朴，坝江（今朝鲜大同江）人。其祖、父辈家业雄豪，以边将忠勤的美誉闻名乡里。顺之十岁时便有凌云之志，弱冠之年出家，投五冠山剃染，后在俗离山受具足戒。大中十二年（858），其私发誓愿，拟游上国，随入朝使利涉云溟，乘一只之船，过万里之浪，曾无惧念，不动安禅，径到仰山慧寂和尚处，虔诚礼足，愿为弟子。和尚宽尔笑曰："来何迟，缘何晚？既有所志，任汝住留。"自此，顺之不离左右，随侍参学。《祖堂集》未载其归国时间，但从他的活动来看，大约是在景文王（861—874）时期。乾符初年（874），顺之住松岳郡五冠山龙严寺。该寺为女檀越元昌王后及其子威武大王所施，后改为瑞云寺。顺之终于此，寂年六十五岁，故又名"瑞云和尚"，谥号"了悟禅师"。其门下弟子不详，唯知其于沩仰家风多有阐扬。

沩仰宗的开创者乃沩山灵祐和仰山慧寂。灵祐师承百丈怀海，为道一的再传弟子；慧寂则嗣灵祐，为其入室弟子。他们师徒二人一以潭州（今湖南长沙）沩山、一以袁州（今江西宜春）仰山作为传法基地，其法系于是被称作沩仰宗，为禅宗五家之一。从《祖堂集》的记述来看，顺之确实很好地接收了沩仰宗的家风，如他对"表相现法"的总结和对"三遍成佛"的论述等。沩仰宗的基本理论来源于华严宗的理事无碍。为表达这种理论，灵祐、慧寂等还创立了一种特殊的表达形式，即在接引学徒时采用"图相"（如画圆相）作为对机开悟的手段。

除了顺之，在海东弘扬沩仰禅风的还有大通禅师。据《月光寺圆朗禅师大宝禅光塔碑》所述，大通俗姓朴，通化府仲停里人；大中十年（856）入唐，遍历禅林，后至仰山师事澄虚大师，受其印可；咸通七年（866）回国，与广宗大师相交甚笃；继又受慈忍禅师之邀住月光寺。景文王曾两次遣使慰问大通，月光寺由此声誉日高。大通卒后，门下弟子于大顺元年（890）为其竖塔立碑。

韩国禅宗的禅、教融合潮流，早在新罗末期顺之的禅思想中即可窥一端倪。顺之阐述了"三遍成佛"论，主张通过顿悟和渐修从而成佛，由于他认为其境界都是一样的，因此表现出禅教融合的思想倾向。同时，他还主张在"顿证实际"中追求"内证外化"，融合华严思想，并主张在"回见证实际"中实现"会三归一"融入法华思想，在"渐证实际"中提出"教禅一致"的理论根据。[①]

### 6. 密宗的发展

#### （1）明朗

在新罗，密教作为一派，最早始于新罗文武王十九年（679），明朗是最早在新罗弘扬密宗的僧人。有关他的事迹在《三国遗事》卷五的"明朗神印"条以及卷二的"文虎王法敏"条中有记载：

> 师讳明朗，字国育，新罗沙干才良之子。母曰南涧夫人，或云法乘娘苏判茂林之子金氏，则慈藏之妹也。三息。长曰国教大德，次曰义安大德，师其季也。初母梦吞青色珠而有娠……善德王元年入唐，贞观九年（635）乙未来归。总章元年（668）戊辰，唐将李勣统大兵，合新罗灭高丽。后余军留百济，将袭灭新罗。罗人觉之，发兵拒之。

① 金斗珍：《了悟禅师顺之的禅思想——以其三遍成佛论为中心》，载《历史学报》65期，历史学会，1945。

高宗闻之赫怒，命薛邦兴师将讨之。文武王闻之惧，请师开秘法禳之。

从以上记载来看，明朗出身于贵族家庭，兄弟三人都出家修行。他的母亲为慈藏的妹妹，故他是慈藏的外甥。明朗入唐时间为善德王元年（632），亦即唐太宗贞观六年；归国的时间为贞观九年（635），在唐大约三四年时间。关于入唐所学，根据《金光寺本记》记载：

师挺生新罗，入唐学道。将还，因海龙之请，入龙宫传秘法。施黄金千两（一云千斤），潜行地下，涌出本宅井底。乃舍为寺，以龙王所施黄金饰塔像，光曜殊特，因名金光焉。

这段说明朗所学的是秘法，回国后舍宅建为金光寺。

密教是"秘密佛教"的简称，是印度晚期佛教的一个派别，是大乘佛教充分发展的结果。称"秘密佛教"是相对于"显教"而言的。关于密教的起源，有吠陀说、土著说、道教说、混合说、大乘说等等。一般认为，密教是从印度传出，传播到东亚。其早期主要作用是通过咒术方式，来实现驱邪治病的目的，被称"杂密"。7世纪中叶，《大日经》和《金刚正经》出现后，密教将中观和唯识合二为一，使之具象为曼陀罗图像，并通过念诵陀罗尼咒，发展成为有系统的咒术仪轨。这样一来，密教发展到了成佛与拯救众生的层面而被佛教徒吸收应用。

明朗赴唐留学，学到密宗中的心印秘法文豆娄。这一秘法肇始于四天王寺的创建和心印宗之开宗。其做法是在危厄之日，取上五方神王名字及其眷属的名字，写在圆木之上（行法），名为文头娄法。这在《三国遗事》中有记载："（朗）以彩帛营寺，草构五方神像，以明僧十二员，明朗为上首，作文豆娄秘密之法。"

明朗在罗、唐交战之际，使用秘法禳解，取信于朝廷，从而取得创立宗派的机会。而明朗本身是新罗贵族，当时面临保家卫国的紧要关头，抵御唐军，因此备受新罗佛教界的瞩目。

明朗的心印宗，其性质在护国镇守疆域方面的特质十分明显。其后所修建的四天王寺、远愿寺、金刚寺、心印寺等心印宗寺刹，都供奉同护国有着密切关系的方位守护神，如四方佛、十二支神等。心印宗在明朗之后，安慧与朗融又创建了远愿寺，再后来是广学和大缘在高丽建国过程中曾立下功勋。

新罗从 7 世纪开始，密教活跃在国家的佛教活动中。密教所念诵的秘本《灌顶经》是在中土编造的，其中一部分内容取自印度和西域，另一部分内容即为中国传统之法。东晋南北朝时此类密法盛行于世，隋唐以后未见有明显的传承者，但在民间秘密流传。明朗虽得此密法却没有师承，因此称由龙宫受此秘法，以便在十分强调师徒相承的密教中站住脚，这种做法是可以理解的。后来明朗又根据《灌顶经》和《金光明经》运用"印度娄秘法"，在密教的发展中加入了唯识思想。

（2）惠通

惠通和明朗一样，都是新罗专门从事密教活动的僧人，都曾入唐。《三国遗事》卷五记载他的事迹：

> 释惠通，氏族未详。白衣之时，家在南山西麓银川洞之口（今南涧寺东里）。一日，游舍东溪上，捕一獭，屠之，弃骨园中。诘旦亡其骨，迹血寻之，骨还旧穴，抱五儿而蹲。郎望见惊异久之，感叹蹰躇，便弃俗出家，易名惠通……（惠通）往唐谒无畏三藏请业。藏曰："嵎夷之人，岂堪法器。"遂不开授。通不堪轻，谢去。服勤三载，犹不许。通乃愤悱立于庭，头戴火盆，须臾顶裂，声如雷。藏闻，来视之。撤火盆，以指按裂处，诵神咒，疮合如平日。有瑕如王字文，因号王和尚。深器之，传印诀。时唐室有公主疾病，高宗请救于三藏。举通自代。通受教别处，以白豆一斗咒银器中，变白甲神兵，逐祟不克。又以黑豆一斗咒金器中，变黑甲神兵，令二色合逐之。忽有蛟龙走出，疾遂疗。龙怨通之逐己也，来本国文仍林，害命尤毒。是时，郑恭奉使于唐，见通而谓曰："师所逐毒龙归本国害甚，速去除之。"乃与恭以麟德二年（665）乙丑，还国而黜之……龙又怨恭，乃托之柳，生郑氏门外。恭不之觉，但赏其葱密，酷爱之。及神文王崩，孝昭即位，修山陵，除葬路。郑氏之柳当道，有司欲伐之。恭恚曰："宁斩我头，莫伐此树。"有司奏闻。王大怒，命司寇曰："郑恭恃王和尚神术，将

谋不逊，侮逆王命，言斩我头，宜从所好。乃诛之，坑其家。"朝议：王和尚与恭甚厚，应有忌嫌，宜先图之。乃征甲寻捕。通在王望寺见甲徒至，登屋，携砂瓶研朱笔而呼曰："见我所为。"乃于瓶项抹一画曰："尔辈宜各见项。"视之，皆朱画，相视愕然。又呼曰："若断瓶项，应断尔项，如何？"其徒奔走，以朱项赴王。王曰："和尚神通，岂人力所能图！"乃舍之。王女忽有疾，诏通治之。疾愈，王大悦。通因言："恭被毒龙之污，滥膺国刑。"王闻之心悔，乃免恭妻孥。拜通为国师。龙既报冤于恭，往机张山为熊神，惨毒滋甚，民多梗之。通到山中，谕龙授不杀戒，神害乃息。

《三国遗事》中对惠通的生平事迹记述得十分生动详细，引人入胜。但关于惠通拜谒善无畏的事不准确。从上文得知，惠通为唐公主治病后，麟德二年（665）回国逐龙。但据《玄宗朝翻经三藏善无畏赠鸿胪卿行状》《善无畏三藏和尚碑铭并序》《开元释教录》等各史料的记载，善无畏来华的时间是唐玄宗开元四年（716），说惠通与善无畏有师徒之事不大可能。但是惠通为了治病所用的伏龙法，以及回国后所行的断瓶法，属杂密时期持明密教的密法，基本上和他所处的时代及记载是吻合的。

惠通还曾用咒术为神文王治愈了背部的毒疮（疽），并解释发病的原因是前世做判官时因误判信忠为隶，信忠有怨恨，造成今天恶疽。神文王听了惠通的话，便修建了信忠奉圣寺。惠通回国后住王望寺，这些寺院都是他弘法的基地。《三国遗事》最后说"密教之风，于是乎大振"，还说"天磨之总持岩，母岳之咒锡院等皆其流裔也"。

（3）慧超

慧超（一作惠超）是唐朝时新罗国僧人。他在新罗密教领域留下了深深烙印。他也因写了一部西行求法的游记《往五天竺国传》，而成为一位不得不提的人物。

慧超的事迹至伯希和从敦煌清理出《往五天竺国传》的残页之前，鲜为人知。《宋高僧传》和《海东高僧传》等史料都未提及此人，只有唐慧琳的《一切经音义》和《代宗朝赠司空大辩正广智三藏和尚表制》

中有一星半点的记录。综合各种资料，大致可知，慧超出生于 704 年，早岁出家，弱冠之年入唐求法；后因看到很多僧人去印度求法，于是在唐玄宗开元七年（719）来到广州，与当时大多数由海路入天竺的僧人一样，经由水路来到东天竺，开启朝圣之旅。据推测，一心向佛的慧超于 723 年开始了历尽艰难险阻的天竺之行。他遍历中天竺、南天竺、西天竺、北天竺，最后取道陆路，经中亚，越葱岭，跨天山南路之北道，还归中夏。开元十五年（727）十一月上旬，他抵达安西都护府治所龟兹（今新疆库车境内）返回中国。慧超似乎对西域佛教非常感兴趣，之后又巡礼另一西域古国焉耆。龟兹、焉耆等地虽是西陲，但此时已属唐朝。翌年春夏时候，慧超回到大唐帝国首都长安。之后，他把在异域的所见所闻记录下来，撰写成《往五天竺国传》。

据慧琳的《一切经音义》记载，该书有上、中、下三卷，但后都散佚。直到 20 世纪初，在敦煌遗书中发现。经学者辨认，在伯希和运往法国的敦煌残卷中，有一件首尾残缺的抄本与慧琳所介绍的《往五天竺国传》吻合，从而确定为慧超著作的残卷。根据这一残卷，我们发现 723 年，慧超离开广州，此后行走于印度与中亚各国，并在 727 年经由丝绸之路回到了天山北路库车。流传至今的慧超游记也并非原本，而是由三本原著简化而来的精简本。幸运的是，精简本只遗失了前后部分，而核心内容却保留完好。由此我们可以推测出主要的游记内容。虽然残存的记载对慧超游历每个国家时记录的内容和分量略有差异，但是该书对慧超的出发地和目的地方向以及所需的时间还有位置和规模都有记载，就连各国的政治情况以及佛教的各种僧人数量、修行程度和饮食、服装、风俗、产物、气候等都做了详细的记述。《往五天竺国传》是我们目前了解 8 世纪印度风貌唯一——本遗留下来的历史文字记录。事实上，根据《往五天竺国传》一书所记载，慧超自东天竺登陆之后，拜访了释迦牟尼涅槃处和鹿野苑等四大圣塔。他还在中天竺参观了四大灵塔，之后，他用了三个月的时间走到南天竺，又用了三个月的时间经由西天竺来到北天竺的首都贾郎达尔。他在当时的西域要地吐火罗停留了一段时间后，又开始了对他来说非常陌生的通往伊斯兰世界之旅。四十天后，他抵达了大食的尼沙布尔，为他的历险游记增加了新的内容。慧超还在他

的旅途中运用五言诗描写了神奇的异国风情。在 8 世纪,《往五天竺国传》仅用六千字就简练记述了四十多个国家的风土人情,因此,不能不说这是一部惊世奇作。

据《千钵曼殊经序》载,回到长安后,慧超来到长安荐福寺道场内,跟随金刚智学习佛法。荐福寺曾是隋炀帝等人的旧宅,高宗时献为寺院。为了存放义净大师从天竺带回的经卷,寺中起塔院一座,即今闻名于世的小雁塔,"关中八景"之一的"雁塔晨钟"所指的便是这里。金刚智当时就驻锡于荐福寺,开元二十一年(733)正月一日,金刚智三藏于荐福寺道场内向慧超传授大乘瑜伽法教。慧超自此受持法已,仍随师左右达八年之久。开元二十八年(740)四月十五日,金刚智三藏上奏唐玄宗皇帝,请求翻译瑜伽密典,从五月五日开始,奉诏译经。金刚智三藏翻译《大乘瑜伽千臂千钵曼殊室利经》,慧超笔录。慧超留下了此经的译文手稿。当时,荐福寺中还设有翻经院,曾为义净大师所住持,它与玄奘住持的大慈恩寺译场、不空住持的大兴善寺译场并称为"长安三大译场"。

后来,义净大师在此圆寂,金刚智来这里继续译经事业。慧超在向金刚智学习之余,也作为助手参与译经,曾在译场中担任笔受一职。741年,金刚智圆寂,译事也因而中辍。大历九年(774)十月,慧超又在大兴善寺从不空三藏重谘此法,并成为不空的上首弟子。慧超比不空年长一岁,但拜不空为师。金刚智生前,欲译《大乘瑜伽金刚性海曼殊室利千臂千钵大教王经》,慧超担任笔受,结果经未译完,金刚智就舍报西归。之后,慧超又在不空的教导下,继续研究此经的后半部,终于将此经译出,了结一心愿。同年,慧超奉旨到周至县玉女潭祈雨,结果求得大雨,得到代宗赞赏。不空奏请选慧超等为大兴善寺译经院灌顶道场持诵僧,其名仅次于慧朗。不空在表中称慧朗、慧超等二十一人,并久探密藏,深达真乘,戒行圆明,是法门的标准。这一切都说明慧超在中国的影响和地位。

慧超西行时,印度佛教已经显现出衰落的趋势。印度教的兴起,大食帝国的东侵,世界佛教中心已悄然转向东方。慧超是新罗学僧中第一个修学金刚界教法并卓有成就的人,尽管寂灭于中国,但他对海东密教的发展有不可抹杀的贡献。这位在密法上造诣颇深的新罗僧人没有回国，建中元年（780）终老于唐。

不空一生中，虽门人众多，但得真传者，仅慧超等六人而已，世称不空门下"六哲"。其他五人分别是金阁含光、青龙惠果、崇福慧朗、保寿元皎、觉超。青龙惠果门下弟子中，有新罗僧人惠日、悟真二人，他们将密宗带回新罗。

（4）惠日、悟真

善无畏和金刚智所传的胎藏界、金刚界两部大法三传至青龙寺惠果时开始合而为一。惠果从玄超那里接受了胎藏界密法，又从不空受金刚界密法，将二者融会一起建立"金胎不二"思想。新罗僧人惠日、悟真是惠果门下的弟子，他们的行迹在《大唐青龙寺三朝供奉大德行状》中有记载：

> 建中二年（781），新罗国僧惠日将本国信物奉上和尚，求授胎藏、金刚界、苏悉地等，并诸尊瑜伽三十本。已来投讫，精通后时，却归本国，广弘大教，精诚绝粒持念，悉地现前。遂白日冲天竺国王宫中瞻礼，求乞其法。空中口言西大唐国，有秘密法，法有青龙寺。同年，新罗国僧悟真，授胎藏毗卢遮那及诸尊持念教法等。至贞元五年（789），往于中天竺国，大毗卢遮那经梵夹余经，吐蕃国身殁。

唐德宗建中二年（781），惠日、悟真来唐，从惠果受胎藏界、金刚界、苏悉地等密法。后惠日回国传教，悟真去印度继续求法而不幸殒殁在吐蕃。此外，《两部大法相承师资付法记》上、下两卷也都明确肯定惠果曾传法给惠日、悟真，但对惠日回新罗后的情况都不太明确。惠日之后，还有均亮、弘印等新罗僧人到唐学习密教的记录，这都是密教在新罗传播的余绪了。

### 7. 新罗、高丽时期其他入华禅师

（1）庆甫

庆甫事迹见《白鸡山玉龙寺洞真大师碑》。庆甫俗姓金，字光宗，灵岩（全罗南道）鸡林人，唐懿宗咸通十年（869）生。其自幼出家，于

夫仁山寺落发；继诣白鸡山，谒道乘和尚，请为弟子，修菩萨道，以为"非智无以护其法，非戒无以防其违"；年十八，受戒于月游山华严寺，此后"游有泛览，学无常师。历谒圣住无染大师、崛山梵日大师"。景福元年（892）春，庆甫搭商船入华，诣抚州疏山投匡仁和尚门下学法，深受器重，被誉为"鲸海龙子"，"东人可与语者，惟子"。匡仁是洞山良价的法嗣，其"执手传灯，因心授印"，自当是曹洞宗的家风。由是游方，往谒江西老善和尚。老善云："白云锁断行人路。"庆甫云："自有青山路，白云那得留。"老善对庆甫的"捷对不羁"和"飓言无碍"十分赞赏，送之曰："利有修往，时然后行。"五代杨吴顺义元年（921）归国，达全州临陂郡，时值三国纷争，在庆甫看来，正是"道虚行之际，时不利之初"，老善所说的"时然后行"，或许就是针对这种形势而言。当时甄萱为后百济主，对庆甫十分仰慕，感叹"遇吾师而虽晚，为弟子以何迟"，为此请住本州南福禅院。不久，庆甫移住白鸡山玉龙寺，他认为此地是"乐道之清斋""安禅之胜践"。此举的动因，照他自己的话说，是"鸟能择木，吾岂匏瓜"，言外之意似乎带有某种政治情绪。高丽王室对庆甫十分礼敬，后晋天福元年（936）太祖钦其清高，敕赴阙，相见甚悦；惠宗"奉以遗风，继之先志"；定宗践祚，亦召入京。庆甫于后汉乾祐元年（948）圆寂，寿八十，定宗追谥号"洞真大师"称号。

（2）丽严

丽严的事迹在崔彦挠所撰《高丽国弥智山菩提寺故教谥大镜大师玄机之碑铭并序》中。丽严俗姓金，其先鸡林人，远祖出于华胄。年仅九岁，丽严志切离家，投无量寿寺师事住宗法师，初习杂华，半年内诵百千偈，一日敌三十夫；广明元年（880）"始具大戒"，其后"渐认教宗，觉非真实"，于是振锡往依广宗大师，许为入室弟子。光启三年（887）冬，广宗入寂，丽严南行，至灵党山投深光和尚（广宗的师兄）。丽严在此"服膺数岁"，之后入华请益，礼见云居道膺大师。时当唐昭宗景福元年（892）前后，严问义不休，道心坚决，终得法印。后梁开平三年（909）七月，丽严回国，东行至月岳，在动乱的时局里深感"难谋宴坐"，"不奈多虞"，于是复投小伯山。时基州诸军事上国康萱仰慕归依，倾盖以迎。王建"闻大师道冠中华，名高两地，遽飞凤笔，征赴龙墀"。

其间，丽严暂时还山，后因太祖之邀再度入京，并盛赞太祖的业绩说：“国富民安，不让于肯庭之境；尧仁舜德，唯侔于华夏之朝。”后王建“舍菩提寺，请之住持”，丽严亦“志有终焉”。长兴元年（930），丽严圆寂于舍菩提寺法堂。太祖闻讯恸痛，指令吊赠，后追谥“大镜大师”称号。丽严门下弟子五百余人，知名者有融阐、昕政等。

（3）玄晖

玄晖的资料现存有《净土寺法镜大师慈灯塔碑》。玄晖俗姓李，其先出自周朝，唐朝因远征辽左而定居鸡林，籍属全州南原。其父德顺，明《老子》《周易》，雅好琴诗，素无宦情。乾符六年（879），玄晖生，其自幼出家，投灵觉山寺，谒深光大师，习东山之法。深光为无染法嗣，故玄晖“亦为麻谷之孙”。乾宁五年（898），玄晖受具于伽耶山寺，后得知南方武州“群黎翕集，所在康宁”，是“实堪驻足”的地方，所以与同侣十一人往焉。然而“居无何，忽遇绿林潜侵”，又以“风度怡怡，语声切切”而感化绿林“魁首”。天祐三年（906）玄晖以“终居此地，必滞前程”为理由，独行沿海，寻遇乘槎者而俱西，终于自浙江登岸，后“路出东阳，经过彭泽，遂至九峰山下，虔谒道乾大师”。道乾问：“阇梨头白？”玄晖对曰：“玄晖目不知。”道乾曰：“阇梨自己为什么不知？”对曰：“自己头不白。”玄晖入室参禅，才留一旬，密付心要，此后“境之幽兮往游，山之秀兮留驻”，开始游方生活，天台、岭处、幽燕、邛蜀、四明等地皆留下足迹。同光二年（924），玄晖归国。太祖特遣使奉迎于郊外，待以国师之礼，又请其住中州净土寺，时常亲近问道。自此，玄晖引导学流，敷陈宗旨，理妙词简，机深义精。四方来者，如稻如麻。玄晖曾云：“观法无本，观心不生，惟最上乘，止于中道。”这反映了他的禅法的特点。碑文记载：

　　或问：“万行皆空，云何故行？”

　　对曰：“本无苦乐，妄习为因，众生妄除，我苦随尽，更于何处，犹觅菩提？……”

　　又问：“修行功用，远近当殊？”

　　答曰：“滴水下岩，即知朝海。”

又问："了言相信，先会暗同，争奈童蒙，如何观发？"

曰："儿喉既闭，乳母奚为！夫金韫于山则山称宝岳，珠藏于水则水号珍川。其道念兹，亦同于此。此情何已，俱在前言。"

玄晖寂于天福六年（941），寿六十三，谥"法镜大师"，门下弟子三百余人，以阔行等为上首。

（4）智宗

智宗事迹见《原州居顿寺圆空国师胜妙塔碑》。智宗字神则，俗姓李，全州人，后唐长兴元年（930）生。智宗八岁出家，时印度僧弘梵三藏来丽，遂随之住舍那寺；弘梵回国后，转奉广化寺景哲和尚。开运三年（946），智宗禀具于灵通寺之官坛。广顺三年（953）造曦阳山投迥超禅师（兢让的法嗣），时值一僧洒水扫地，因水洒得不均匀而受到迥超禅师的呵责："有个处水不着，你作么生？"该僧不能应对，智宗在一旁代答道："更不要洒，一任扫地。"迥超禅师认为智宗的回答"深识道存"，因此器重有加。显德六年（959），智宗入华，由海路达吴越，从永明延寿禅师学习。相见时，延寿问："为法来耶？为事来耶？"对曰："为法来。"问："法无有二而遍沙界，何劳过海到这里？"对曰："既遍沙界，何妨过来。"智宗的回答博得了延寿的赏识，于是"豁开青眼，优待黄头，便解髻珠，即传心印"。两年后，智宗至天台山国清寺从第十五祖净光大师义寂受《大定慧论》等天台教旨。开宝元年（968），应赞宁等人的邀请，智宗于传教院讲《大定慧论》和《法华经》，深受好评；开宝三年（970）回国，受到光宗的欢迎，被视为"罗什如秦，摩腾入汉"，并奉敕住金光禅院，先后受赐"大师""重大师"等称号。成宗时，智宗移住积石寺；穆宗加尊号"光天遍照至觉智满圆默禅师"，请住持佛恩寺和外帝释院；显宗时授"大禅师"号，住广明寺；大中祥符六年（1013）受拜"王师"，后加"普化"称号；天禧二年（1018）移至原州贤溪山居顿寺，不久寂于该寺，寿八十九，谥号"圆空"。智宗所传宗旨涉及法眼宗禅法、天台教义等。

（5）迥微

迥微俗姓崔，其祖先是中国人，因奉使鸡林，遂留海东，隶武州籍。其事迹见《高丽先觉大师碑》。迥微生于咸通五年（864）四月十日，志学之年出家，投宝林寺体澄禅师，随侍左右；中和二年（882）受具足戒于华严寺官坛；大顺二年（891）随入朝使入华，至云居山道膺禅师门下，探玄睹奥；天祐二年（905）归国，应知州王公之请，住平津岬寺达八年之久。天祐末年，迥微曾应王命随驾于军旅，后获准归山，之后又再度受召入宫讲法。贞明三年（917），迥微圆寂，寿五十四，高丽定宗（945—949）时，赐谥号"先觉大师"。

（6）庆猷

庆猷，俗姓张，其先为中国冠族，远祖流落至海东。其事迹见《高丽踊岩山五龙寺法镜大师碑》。庆猷生于咸通十二年（871）四月十一日，十五岁出家，光启四年（888）于近度寺从灵宗律师受具足戒，后从海路入华，投云居山道膺大师门下学习。道膺传其法要，并将弘法的希望寄托在他的身上。庆猷归国后，受到新罗王室的礼遇，高丽太祖王建亦礼其为王师。贞明七年（921）三月，庆猷寂于日月寺法堂，寿五十一，谥号"法镜大师"。

（7）忠湛

忠湛俗姓金，鸡林人，唐懿宗咸通十年（869）生；幼丧父母，出家后先投长纯禅师（亡父之友），寻得升堂入室。其事迹见《高丽国原州灵凤山兴法寺忠湛大师塔铭》。唐昭宗龙纪元年（889），忠湛于武州（全罗南道）灵神寺受具足戒，并习相部律。不久，他入唐游学，登云盖山投志元圆净（石霜庆诸法嗣）法师受印，复至河东参紫岳禅门。天祐十年（913），忠湛归国，太祖王建待以王师之礼，优遇尤至，先后两次延引入京，问道不暇。忠湛演化兴法约三十年，影响甚巨。后晋天福五年（940）七月十八日，忠湛圆寂，寿七十二，门下弟子有五百余人。

（8）地藏

地藏是中国佛教众所周知的地藏菩萨。据《宋高僧传》等文献记载，地藏菩萨降诞为新罗国王族，姓金名乔觉。他心地慈善，且颖悟异常，二十四岁时落发出家，于唐玄宗开元年间渡海来到中国的九华山。地藏见峰若莲开，一山九峰，层峦耸翠，九峰如莲（故称"九华"），心甚乐之，于是，入山栖居修行，渴饮涧水，饥食白土，抄写四大部经，

禅净双持，端行无念。

后有地方绅士立愿发心为地藏建造寺宇。当时九华山的土地为闵让和所有，所以需要闵公同意方可。闵公是个虔诚的佛教徒，听说要为地藏建寺，欢喜应允，对地藏："九子山头的土地，尽为我有，任意所需。"地藏答："一袈裟的地方就足够了。"说完将袈裟一展，尽覆全山。闵公一见，既欢且喜，慨然施地。建中初年，郡守张严仰藏师高风，厚加施舍，又奏请朝廷敕赐新额"化成寺"。此后，富商大族倾财以献之，牧贤豪右合礼而敬之。新罗僧俗也追风渡海投其门下，化成寺一时僧徒济济，俨然一大名刹。

寺院建成后，参学者慕名而来。因一时僧众咸集，山中粮食不足，地藏于山中掘石得土，细如白面，供众食用，人称之为"观音土"；又有山神涌泉，以供饮用。后来，闵公的儿子也随地藏出家，法名"道明"。再之后，闵公本人亦舍俗离尘，礼道明为师。如今佛教寺院的地藏菩萨像边，还常常塑有道明、闵公像。地藏于九华山弘法七十五年，收徒纳众，广施教化。随行僧众清净苦修，均形容枯槁，得"枯槁众"之称，名声重于海内。

九华山地藏菩萨铜像

至地藏九十九岁时，他自知时至，召集徒众，谆谆开示后安详圆寂。相传地藏坐化时，"山鸣石陨，扣钟嘶嘎"，"群鸟哀啼，地出火光"。其肉身置函中经三年，仍"颜色如生，兜罗手软，罗节有声，如撼金锁"，成就金身。众佛徒根据《大乘大集地藏十轮经》语，菩萨"安忍如大地，静虑可秘藏"，认定他即地藏菩萨示现，九华山由此被尊为地藏菩萨之道场。

地藏菩萨的信仰因僧人们的弘扬，更加深入人心，地藏法门广传后世，至今犹兴。九华山也得以与观音菩萨之普陀山、文殊菩萨之五台山、普贤菩萨之峨眉山被一起尊为中国汉地佛教四大名山。在汉地，地藏菩萨与观音菩萨、文殊菩萨、普贤菩萨被称为四大菩萨。观音菩萨表大悲，文殊菩萨表大智，地藏菩萨表大愿，普贤菩萨表大行。这"悲、智、愿、行"便是四大菩萨度生的方便妙门。实际上，这也是诸佛菩萨度生的利器，是提升与超越生命的次第之道。至于我们众生，在修持上，也一样，要有大慈悲，会宽恕与包容；要有大智慧，息无明、息烦恼；要有大誓愿，心有大格局，胸有大理想；要有大践行，知行合一，理论联系实际，深于大实践，深于大力行。这些是成就的根本，也是基础。用通俗的话说，就是你要有慈悲、愿力，还要有实际行动和智慧。

地藏在九华山的垂迹，是高丽僧人在中国这一东土佛国留下的辉煌足迹，可以说是海上丝绸之路与中朝佛教交流的最好见证。昔日佛生天竺，法流东土，如今菩萨垂圣迹，震旦成佛国。千余载以来，九华山等中国佛教名山，远近信徒朝山进香，岁无虚日，向来不乏海外之僧俗。

新罗僧侣到中国，不仅传播了中国佛教，其中很多人还直接参与了中国的佛教建设，翻译佛经、撰写教义、弘扬佛法。据考证，唐代翻译佛经总数为 2159 卷，其中新罗佛僧翻译的佛经占译经总量的 60％，为 1273 卷。[1] 由此可见，新罗僧为唐朝佛教发展作出了很大贡献。

（9）慧轮

据《大唐西域求法高僧传》载，唐初有"慧轮师者，新罗人也，梵

——————————
[1] 刘素琴、刘胜芳：《新罗僧侣对唐代佛教文化贡献考实》，《青海师范大学学报（哲学社会科学版）》1995 年第 4 期。

名般若跋摩。自本国出家，翘心圣迹。泛舶而陵闽越，涉步而届长安。奉敕随玄照法师西行，以充侍者。既之西国，遍礼圣踪。居庵摩罗跋国，在信者寺，住经十载"①。慧轮由海路到中国，经闽浙而届长安，唐麟德二年（665）随玄照又到印度进行"二次求法"。

（10）元表

据《宋高僧传》载：

> 三韩人（实新罗人）元表，唐天宝中来游华土，仍往西域，瞻礼圣迹，遇心王菩萨指示支提山灵府，遂负《华严经》八十卷。寻访霍童，礼天冠菩萨。至支提石室而宅焉。先是此山不容人居，居之必多霆震猛兽毒虫，不然鬼魅惑乱于人……表赍经栖泊，洞引木食，后不知出处之踪矣。于时属会昌搜毁，表将经以花榈木函盛，深藏石室中。殆宣宗大中元年（847）丙寅，保福慧评禅师素闻往事，躬率信士迎出甘露都尉院，其纸墨如新缮写，今贮在福州僧寺焉。②

元表从西域归来后，携带《华严经》到支提山居住。据《宁德支提寺图志》载："地名'震旦'，山曰'支提'。即华藏世界之内，视洞天福地而独尊；乃天冠说法之区，望文殊、普贤而列刹。其间幽岩邃壑，时有高流，是以先哲后哲，共传胜迹，因成寺志，以纪山灵。"③元表历尽艰辛，到福建宁德支提山，用花榈木函盛《华严经》深埋于石室中。到唐大中元年（847），保福慧评禅师迎出甘露制院，其纸张笔墨如新，保存完好，为保护佛教经典《华严经》作出了贡献。

（11）灵照

杭州龙华寺的灵照禅师是高丽人，早年来华，在雪峰义存门下传承

---

① 义净：《大唐西域求法高僧传校注》卷上《新罗慧轮法师》，王邦维校注，中华书局，2004，第101页。

② 赞宁：《宋高僧传》卷三十《唐高丽国元表传》，范祥雍点校，中华书局，1987，第742页。

③ 崔巍：《宁德支提寺图志》卷一，李怀先、季左明、颜素开点校，福建省地图出版社，1988，第1页。

密旨。《宋高僧传》有载：

次杭州龙华寺释灵照，本高丽国人也。重译而来，学其祖法，入乎闽越，得心于雪峰。苦志参陪，以节俭勤于众务，号照布衲焉。千众畏服，而言语似涉岛夷。性介特，以恬淡自持。初住齐云山，次居越州鉴清院。尝祇对副使皮光业，语不相投，被举摈徙龙兴焉。及湖州太守钱公造报慈院请住，禅徒翕然。吴会间僧舍三衣披五纳者，不可胜计。忠献王钱氏造龙华寺，迎取金华梁傅翕大士灵骨道具，置于此寺。树塔命照住持焉。终于此寺，迁塔大慈山之峰。①

《五灯会元》和《景德传灯录》均载：

杭州龙华寺灵照真觉禅师，高丽人也。萍游闽越，升雪峰之堂，冥符玄旨。居唯一衲，服勤众务，闽中谓之照布衲。②

《祖堂集》也有相关记载：

齐云和尚嗣雪峰，师讳灵照，东国人也。自传雪峰密旨，便往浙江。钱王钦重，敬赐紫衣，号真觉大师。初居齐云，后往镜清、报慈、龙华。四海玄徒，长臻法席矣。③

《祖堂集》还记载了灵照在各家寺院上堂时的机缘对话。可见，高丽灵照禅师在福建雪峰参义存禅师并得法。此后，其先到婺州的齐云

---

① 赞宁：《宋高僧传》卷十三《晋永兴永安院善静传附灵照》，范祥雍点校，中华书局，1987，第313页。

② 普济：《五灯会元》卷七《龙华灵照禅师》，苏渊雷点校，中华书局，1992，第411页；道元：《景德传灯录》卷十八《杭州龙华寺灵照》，朱俊红点校，海南出版社，2011，第584页。

③ 静、筠禅僧：《祖堂集》卷十一《齐云和尚》，张华点校，中州古籍出版社，2001，第384页。

山，次居越州的鉴清院，再受延请于报慈院开法，最后受忠献王钱氏敬重，延请至龙华寺住持，终老于该寺。可以说，灵照禅师在中国佛教发展史上作出了一定的贡献。

(12) 玄讷

泉州福清寺的玄讷禅师是高丽人。其"初住福清道场，传象骨之灯（意为传雪峰义存祖师之灯），学者归慕"，"住福清三十年，大阐玄风，终于本山"①。

> 泉州王太尉仰师道德，请转法论，敬奏紫衣。问："如何是人王？"师云："一手指天，一手指地。""如何是法王？"师云："手无指天，手无指地。"学曰："人王与法王，相去几何？"师云："妆来断看。"进云："学人断不得，却请和尚断。"师云："来年更有新条在，恼乱春光卒未休。"②

玄讷也是传承雪峰义存之法。义存是唐末五代中国禅宗巨擘。南禅五宗（曹洞、沩仰、临济、云门、法眼）中云门、法眼二家均出自义存门下。古代福建闽侯大湖有山因象骨堆积，故名象骨山，又因山顶终年积雪，后改称雪峰。义存在此开山弘法。因"师以山而道侔，山以师而名出"，义存被尊称"雪峰和尚"或"雪峰"。

福清寺是五代泉州刺史王延彬在南安为高丽僧玄讷建。玄讷在该寺住三十年，"大阐玄风"，为传象骨之法付出了巨大的努力和心血，最后终老该寺。五代时，福清寺著名禅师有师巍通玄禅师、行钦广法禅师等。福清寺保留至今，是中朝人民友好往来的历史见证。雪峰义存门下的高丽弟子除灵照和玄讷外，还有新罗大无为其人，此僧事迹及机缘语句缺载。

(13) 龟山和尚

义存弟子慧稜法嗣中有新罗龟山和尚、澄观禅师、重峰禅师。根据《海东入华求法高僧传·释龟山和尚传》记载：

---

① 道元：《景德传灯录》卷十九《泉州福清玄讷禅师》，第 604 页。
② 静、筠禅僧：《祖堂集》卷十一《福清和尚》，第 391 页。

释龟山和尚，新罗国籍，曾入华求法，师事福州长庆慧稜禅师。慧稜承雪峰义存法印，为青原下六世法制。唐天祐三年（906）受泉州刺史王延彬请，住招庆开堂演法。后复应闽帅之请移住长乐府西院，即后之长庆院，受封号曰"超觉大师"。两处开法，徒众千五百人，行化闽越二十七载，后唐长兴三年（932）五月十七日归寂于所住寺。①

龟山和尚入华求法时间为五代前期，还国与否不可考。此外，据《禅门宝藏记》载，长庆门下高丽弟子还有澄观和重峰二人，但对二人的记载不明，只知其名。

《五灯会元》《景德传灯录》在长庆慧稜法嗣均载：

新罗国龟山和尚，有人举裴相国启建法会，问僧："看什么经？"曰："无言童子经。"公曰："有几卷？"曰："两卷。"公曰："既是无言，为什么却有两卷？"僧无对。师代曰："若论无言，非唯两卷。"②

福州长庆慧稜禅师，雪峰义存禅师之法嗣，俗姓孙，杭州盐官人。慧稜禅师禀性淳淡，十三岁于苏州通玄寺出家受戒，随后游历诸方，历参灵云志勤、雪峰义存、玄沙师备等师，最后依止雪峰义存，成为其法嗣。其三十年间坐破七个蒲团不明此事，一日，卷帘忽然大悟。慧稜禅师出世住山之前，一直待在雪峰禅师身边，足不出山。天祐三年（906），慧稜禅师应泉州刺史王延彬之邀请，住招庆寺接众，后又应闽帅之请，住长乐府之西院长庆寺（福州），故又称"长庆慧稜"。慧稜禅师入寂之前，一直在闽粤两地，往来传法二十七载，常随徒众有一千五百多人。慧稜禅师于后唐长兴三年（932）五月归寂，世寿七十九，赐号"超觉大师"。

（14）慧昭

从宣德王至宪德王时期，入唐学禅的新罗学僧除前面所提到的外，

① 黄有福、陈景富：《海东入华求法高僧传》，中国社会科学出版社，1994，第157页。
② 普济：《五灯会元》卷八《新罗龟山和尚》，苏渊雷点校，中华书局，1984，第467页。

还有慧昭（774—850）。有关慧昭事迹的资料，有崔致远所撰的《有唐新罗国故康州智异山双溪寺教谥真鉴国师碑铭并序》《祖堂集》和《景德传灯录》等。

据资料记载，慧昭祖先是汉族人，俗姓崔，原籍中国山东，隋末随军征辽而没于獩貊，后流落至新罗，到唐时定居在全州金马。他的父亲金昌元虽在家却有出家的做法。慧昭受其父影响，自幼就有出世之志。其孩提时嬉戏，必焚叶为香，采花为供；抑或西向危坐移器，未尝动容。因此，世人视其于"百千劫前"就已植种"善本"。父母去世后，慧昭决意入唐求法。大约在贞元元年（785），"诣岁贡使，示为榜人，寓足西泛。多能鄙事，视险如夷；挥楫慈般，超载苦海。及达彼岸，告国使曰：人各有志，请从此辞"。慧昭通过做船夫、干粗活到达中国。入唐后，他到沧州，拜谒神鉴大师。慧昭出身低微，貌不惊人，但神鉴禅师一见他便"顿受印契"。元和五年（810），慧昭至嵩山少林寺，于琉璃坛侧受具足戒。受戒后，他又返回沧州，继续跟随神鉴习禅。由于他根基深厚，故而能"闻一知十，茜绛蓝青"，后来居上。随后，他又与"访道于华夏"的本国禅师道义相遇，遂结伴云游，到达西南开始了行脚禅的生活。二人"四远参访，证佛知见"。道义回国后，慧昭又"入终南山，登万仞之峰，饵松实而止观寂寂者三年。后出紫阁，当四达之道，织芒屝而广施，惮惮者又三年"。慧昭生活简朴，自我要求严格，几近苦行。这种作风在华时如此，自后亦然。唐文宗大和四年（830），慧昭回国，受到兴德王欢迎。其先憩锡于尚州（庆尚北道）雪岳山长柏寺。由于前来求学的人太多，该寺无法容纳，后又至康州（全罗南道）智异山。几年后，请益者又"稻麻成列"，智异山又"殆无锥地"。于是，慧昭便历访奇胜之地，在南岭（今全南河东郡）之麓"经始禅庐"。慧昭架竹引流，环阶四注，极尽自然之趣。此禅刹初名玉泉寺，后改名为双溪寺。后来，因继位的愍哀王极力拉拢慧昭，使其禅法得以流传。

文圣王十二年（850）正月九日，慧昭去世，享年七十七岁。去世前，他告诉门人说："万法皆空，吾将行矣。一心为本，汝等勉之。无以塔藏形，无以铭记迹。"门下弟子法谅等遵其遗命，至宪康王在位时，"门人以陵谷为虑"，希望"扣不朽之缘于慕法弟子"，并因"内供奉一吉干扬晋方、宗门台郎郑询一断金为心，勒石是请"，才追谥"真鉴禅师"，赐塔号"大空灵"，于是留下了崔致远所撰之《有唐新罗国故康州智异山双溪寺教谥真鉴国师碑铭并序》。

（15）洪庆

《海东入华求法高僧传》载有《释洪庆传》：

> 释洪庆，新罗国籍，曾入唐求法，行止、师事不明。敬顺王二年，即后唐天成三年（928），庆师自闽府归国，携回大藏经部。至礼成江，敬顺王御驾亲迎，安置于帝释院，后世不详。[1]

对洪庆的记载中外资料都不详细，只知其入唐求法后带回新罗大量佛教经典，受到新罗王亲迎，安置在帝释院传法。

此外，还有弘法禅师传：

> 释弘法，失讳，弘法乃道号，十岁出家入道。新罗敬顺王四年，即后唐长兴元年（930），至北山摩诃岬坛受具足戒，不久即雄飞学薮，独步黉门。后随入朝使侍郎玄信船渡海入华求法，游学于闽浙一带。后还开弘禅法。高丽成宗文懿大王加封为大禅师，穆宗宣让大王亦礼重有加，封为国师，并劝住奉恩寺。后离京移住天山净土寺。寂后葬于所住寺坎方怪石峰前。孙梦周奉旨于太平兴国二年（977）为其撰塔碑铭。[2]

### 8. 赤山新罗法华院

赤山新罗法华院位于今山东省荣成市石岛镇北部的赤山南麓，是唐代新罗人张保皋所建。张保皋于790年出生在今韩国莞岛郡，当时新罗王朝政治黑暗，徭役赋税严重，加上自然灾害频繁发生，民不聊生，于是很多新罗人通过海路迁移到唐。唐朝登州等海外贸易港口都建有新罗馆。唐宪宗元和二年（807），十七岁的张保皋和好友郑年结伴渡海来到

---

① 黄有福、陈景富：《海东入华求法高僧传》，第 11 页。
② 同上书，第 158 页。

赤山浦（现荣成石岛），后到扬州，恰逢唐军扩募镇压叛乱，张保皋应征入伍，先后参加平定镇江李琦、淮西镇吴元济和淄青镇李师道的叛乱，因军功被擢升为武宁军小将。当时石岛湾一带有很多新罗人居住，他们信仰佛教。为了让家乡的人能有个精神寄托，张保皋征得唐政府的同意，在赤山浦建立禅院。因此山石都是红色，建院时曾请来首批诵经僧人读诵《法华经》，故此院取名为"赤山法华院"。院里建有大殿及配楼、钟楼、讲经堂等，寺院长年讲经。唐时，院内常住僧可达三四十人，有明信、慧觉、修惠、金政、真空等人，都是新罗国籍。法会人数有时超过二百五十人。每年农历八月十五日，周边的新罗人都聚到这里载歌载舞欢度节日。

赤山法华院不仅为身在他乡的新罗人提供了一处寄托乡情以及精神交流的场所，而且还成为新罗人在唐活动的大本营。根据入唐日本僧人圆仁的《入唐求法巡礼行记》可得知，赤山法华院不光为来自新罗的留学僧给予了帮助，而且还给来唐的日本僧人提供许多便利。圆仁入唐求法期间，在危难中，曾先后三次客居赤山法华院达两年零九个月，之后游历名山大部时，也得到了许多在唐新罗人的帮助。赤山法华院既保持了本国佛教的特色，又有唐朝佛教的风格，可以说是一处情系中、韩、日三国人民友谊的佛教寺院。

赤山法华院

唐朝时期不仅是新罗留学僧人数最多时期，而且还是他们入唐以后，赴西域求法的高峰时期。阿离耶跋摩、慧业、慧轮、玄恪、玄泰、慧超、无漏、元表、悟真等人信念坚定，为了求法历经千辛万苦，这点足以证明他们都是虔诚的佛教徒。其中，慧超所撰的《往五天竺国传》，与玄奘所撰的《大唐西域记》一样，记述了当时印度的风俗、地理、宗教等情况，为后人研究古代东亚佛教留下了宝贵资料。同入唐留学僧一样，赴西域求法的新罗僧，也为唐朝佛教发展作出了卓越的贡献。他们中有很多人终老于中国，为中国佛教发展，乃至中华文化发展作出了很大贡献。大量新罗僧渡海入唐求法，回归故国后，开宗立派，推动了新罗佛教发展，同时促进了唐与新罗两国佛教文化交流。

# 第二节　中国佛教传日本

中日一衣带水，有着悠久的友好交往历史。日本佛教由中国直接或间接通过朝鲜传到日本。中日两国的佛教文化交流在 6 世纪左右就展开了，到隋唐时期达到高峰。中国佛教在日本的传播主要体现在中国佛教宗派在日本的安家落户。从时间上看，中国隋唐时期（581—907）相当于日本的飞鸟、奈良和平安前期。

汉魏以来，中日经济、文化交流频繁，日本不断有官方使节赴中国"朝贡"。《汉书》和《魏志》等史书关于日本的记载多依日本使团的介绍或民间赴日人员的描述。日本"自魏至于齐、梁，代与中国相通"[1]。南朝时期，日本应神、仁德、反正、允恭、安康五大天皇（即《宋书》所载的赞、珍、济、兴、武等五王）先后十三次遣使朝贡。隋朝统一中国后，日本大和朝廷先后三次派出遣隋使与中国修好。600 年（隋开皇二十年，日推古天皇八年），日本天皇"遣使诣阙"。607 年（隋大业三年），日本大使小野妹子（也称苏因高）和通事鞍作福利赴长安，"秋七

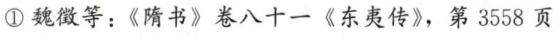

① 魏徵等：《隋书》卷八十一《东夷传》，第 3558 页。

月戊申朔庚戌，大礼小野臣妹子遣于大唐，以鞍作福利为通事"①，并带来天皇"国书"。《隋书》载曰："其国书曰：'日出处天子致书日没处天子，无恙。'"② 隋以前几代中国统治者封倭王最高衔是"王"。而到了7世纪，日本早已统一了列岛并耀威于外，自然不满中国所"赐"封号如将军、大将军和侯王等。此国书"日出处"三字之意，即日本之义，等于提醒中国统治者不要继续用贬义的"倭"字，体现了日本国力发展到了足以与"日没处"中国相提并论的程度。

隋炀帝对日本使团来访非常重视。派外交使团去"日出处"国家实地考察。608年，炀帝遣文林郎、鸿胪寺掌客裴世清使于日本。裴世清一行十三人随日使小野妹子等渡海先到百济，又渡海到济州岛，经都斯国（对马）等"十余国"（皆属倭），在筑紫见到日本朝廷的接待官员吉师雄成。当时日本国内文化经济改革需借鉴隋朝经验教训，对外欲向朝鲜半岛扩张需要明确隋朝的态度，所以很重视隋使团的到来。《隋书·东夷传》载："倭王遣小德阿辈台率数百人，设仪仗，鸣鼓角来迎。后十日，又遣大礼哥多毗，从二百余骑郊劳。八月十二日，倭王圣德太子和诸王公大臣戴金髻华、披锦着凌，接见了裴世清等。"裴世清在日京逗留一个月，了解日本国情民风。临行，倭王设宴饯别，派小野妹子为大使，吉师雄成为小使，鞍作福利为通事，随裴世清再访隋朝。裴世清一行在日本列岛总共停留了约五个月。随后，小野妹子使团与留学生和僧人来大陆学习取经。裴世清访日是中日关系史上第一个"有来有往"的高潮。作为首次正式的访日使臣，裴世清对中日友好关系的发展以及中国真正地了解日本作出了贡献。

## 一、圣德太子兴隆佛法

6—7世纪，日本社会矛盾日益激化，不仅有中央朝廷内部大氏姓贵族间的矛盾，也有地方豪族与中央朝廷的矛盾；同时，一直存在的贵族

---

① 舍人亲王：《日本书纪》卷二十二，四川人民出版社，2019，第306页。

② 魏徵等：《隋书》卷八十一《东夷传》，第3561页。

与广大部民的矛盾也日益深化。在这种情况下，掌握朝廷实权的大臣苏我氏和大连物部氏的斗争也进入白热化。苏我氏反对守旧的物部氏，主张奉佛并积极引进大陆先进文化。587年，苏我马子联合皇室成员一举攻灭物部氏后，刺杀了崇峻天皇，并立他外甥女额田部为帝，即推古天皇。593年，推古天皇即位后，任命圣德太子为皇太子，总摄万机，行天皇事。从此，日本历史进入一个新的时期，为以后推行"大化革新"奠定了政治基础。

苏我氏的胜利使圣德太子登上摄政地位。圣德太子"习内教于高丽僧惠慈，学外典于博士觉哿，并悉达矣"①。接受佛学于来日高丽僧惠慈，学习儒、道之学于百济博士觉哿。任摄政翌年，请天皇发出"兴隆三宝"的诏书。604年，太子制定《宪法十七条》："一曰：以和为贵，无忤为宗。人皆有党，亦少达者。是以或不顺君父，乍违于邻里。然上和下睦，谐于论事，则事理自通，何事不成？二曰：笃敬三宝。三宝者，佛、法、僧也。则四生之终归，万国之极宗。何世何人，非贵是法？人鲜尤恶，能教从之。其不归三宝，何以直枉？三曰：承诏必谨。君则天之，臣则地之，天覆地载。四时顺行，万气得通。……四曰：群卿百僚，以礼为本。其治民之本，要在乎礼。……九曰：信是义本，每事有信。其善恶成败，要在于信……十曰：绝忿弃瞋，不怒人违。人皆有心，心各有执。彼是则我非，我是则彼非……十一曰：明察功过，赏罚必当……"② 其余各条也包含大量的佛教原理及浓厚的儒家思想。以道德训条的形式，号召官民"笃敬三宝"，这一形式对佛教在日本的广泛传播起到了极大的推动作用。606年，"秋七月，天皇请皇太子，令讲胜鬘经。三日，说竟之。是岁，皇太子亦讲法华经于冈本宫。"③ 此后又多次讲佛经，听众上自天皇、诸王、王女，下至平民百姓。据说圣德太

---

① 舍人亲王：《日本书纪》卷二十二，第299页。
② 同上书，第303—304页。
③ 同上书，第305页。

第三章 隋唐时期佛教东传

113

子亲自撰写出《三经义疏》①，并提倡"会三归一"，为其后日本佛教的兴隆和发展作出重大贡献。因此，圣德太子被视为日本佛教之祖。

推古天皇十五年（607），圣德太子派小野妹子出使隋朝，"唐国号妹子臣曰苏因高"②，即唐称小野妹子为苏因高。小野妹子曾向隋炀帝说："闻海西菩萨天子重兴佛法，故遣朝拜，兼沙门数十人来学佛法。"③ 派遣使节前往隋朝，使节之中，有不少是僧人，前往隋朝学习佛法，其中，僧人医惠日还担任过入隋副使。僧人入隋，学习佛法，携带佛经回到日本，为佛教的进一步传播与发展准备好了条件。

圣德太子欢迎外籍高僧大德前往日本弘法，教化国民。圣德太子建了不少佛寺，营造了众多佛像。正是在他的带动下，佛教在日本的传播逐步顺利展开。

圣德太子逝世之后不久，日本就经历了大化革新。大化期间，日本朝政颁布了兴隆佛法的诏书，设立"十师"担任僧众的教导，在各寺设寺主、寺司，使日本佛教走向了规范化。这一时期，中国的佛教发展为日本佛教提供了佛法内容和形式上的发展蓝本，经由大批日本僧人来华学习求法的努力和日本政府的保护与带动，中国佛教在日本得到顺利传播。

## 二、大化革新

圣德太子死后，日本朝政被大臣苏我氏把持。皇室与苏我氏，贵族与贵族之间的矛盾加剧。皇极天皇四年（645），中大兄皇子联合中臣镰足等人杀死垄断朝政大权的苏我入鹿，迫使其父苏我蝦夷随后自杀，政变取得胜利。拥立中大兄皇子的舅父轻皇子即位，称"孝德天皇"。接

---

① 《三经义疏》指《维摩经义疏》《法华经义疏》《胜鬘经义疏》。有关《三经义疏》的作者，学术界历来由于太子亲撰、中国僧撰、朝鲜僧撰、渡来僧撰等各种观点。目前较广为认同的是以圣德太子为首的集体合撰说。

② 舍人亲王：《日本书纪》卷二十二，第306页。

③ 魏微等：《隋书》卷八十一《东夷传》第四十六之《倭国》，第3561页。

着，在日本第一次设置年号，称"大化"，任命中臣镰足（后改称"藤原镰足"）为内大臣，任命阿倍内麻吕、苏我石川麻吕为左大臣、右大臣，任命留学唐三十二年的僧人高向玄理和在唐留学二十五年的学问僧僧旻为"国博士"，共同策划政治革新（日文称"改新"）事宜。革新过程很长，经过了孝德、齐明、天智（中大兄皇子即位）、天武、持统、文武诸朝，大约从7世纪中叶至8世纪初，才逐渐建立了以天皇为首的中央集权官僚体制和封建的社会制度。在隋唐长期留学的日本留学僧在大化革新过程中发挥了重要作用，其中较著名的有高向玄理、南渊清安和僧旻等人。

大化元年（645）八月天皇下诏：

> 朕更复思崇正教，光启大猷，故以沙门狛大法师、福亮、惠云、常安、灵云、惠至、寺主僧旻、道登、惠邻、惠妙而为十师，别以惠妙法师为百济寺寺主。此十师等，宜能教导众僧，修行释教，要使如法。凡自天皇至于伴造、所造之寺，不能营者，朕皆助作。今拜寺司等与寺主。巡行诸寺，验僧尼、奴婢、田亩之实，而尽显奏。①

在十师中僧旻、惠云、常安、灵云等都曾到中国留学。僧旻在圣德太子摄政时期随小野妹子第二次入隋留学，居住中国二十五年；唐初回国，在大化革新中与高向玄理同被任为"国博士"，共同参与制定八省百官之制，为建立新的政教体制起到重要作用。按照孝德天皇的诏令，要"十师"担当兴隆佛教的领导之任，并把教导和培养日本僧人作为重要责任。

在大化革新开始实施以后，日本造寺、造像很多。日本早期佛教，信奉者主要是皇室和贵族。他们对佛教义理了解得还不够深入，把佛、菩萨看作是异域之神，认为信奉佛教可以招福祛灾。因此，在人们早期兴办的佛教事业中，特别重视兴建寺院、营造佛像和诵经、讲经。天智天皇建崇福寺，天武天皇建药师寺，苏我兴志造山田寺，藤原镰足造山

① 舍人亲王：《日本书纪》卷二十五，第348页。

阶寺（后为兴福寺），以及其他的川原寺（弘福寺）、近江国益须寺等。推古天皇（624）派人校检佛寺和僧尼。据记载，当时日本全国有寺 46 所，僧尼共 1385 人。到持统天皇六年（692），寺增至 545 所。虽不知此时日本的僧尼人数，但在持统天皇四年（690），仅京师 7 寺的僧人数已达 3363 人，大安寺有僧 887 人，法隆寺有僧 263 人。据此可以推测日本全国僧尼的数字已相当庞大。同时，日本全国所造的佛像和菩萨像也相当多，如孝德天皇造丈六佛绣像、胁侍菩萨像以及天龙八部像等 46 尊。在所造像中，常见的有释迦牟尼佛像、弥勒像、药师像、观音像、阿弥陀佛像等。当时造寺、造像的动机，多为祈祷天皇、皇室及贵族病愈，为死者追荐冥福等等。当时也盛行讲经，常讲的经有《金光明经》《仁王般若经》《维摩经》《无量寿经》等。

## 三、奈良六宗

"奈良六宗"为奈良时代中日佛教交流的见证与结晶。它们中，有的宗派是中国僧人到日本建立的，如律宗，由鉴真东渡日本创立；有的是由中国僧人的外籍弟子建立的，如三论宗、法相宗、华严宗等。

### （一）三论宗和成实宗

#### 1. 三论宗

三论宗依据鸠摩罗什所译龙树之《中观论》《十二门论》，以及提婆的《百论》而立宗得名。后秦鸠摩罗什（344—413）译出三论后，师徒相继研究，著名弟子有僧睿、僧肇及僧导等人。中经南朝宋、梁的僧朗、僧诠，至陈代的法朗，三论学说有很大发展。法朗的弟子吉藏（549—623）生活于隋及唐初，正式创立三论宗。吉藏曾住会稽（今浙江绍兴）嘉祥寺，因称"嘉祥大师"。在隋文帝末年应诏住扬州慧日寺、长安日严寺，唐武德（618—626）初应诏为十大德之一，参与"纲维法务"。吉藏著有《中观论疏》《十二门论疏》《百论疏》《三论玄义》《大乘玄论》及《二谛义》等，其基本理论是真俗二谛论和"八不"中道论。该理论认为世界万有皆由因缘和合而生，空幻不实，但在世俗人的眼中它们是真实存在的，称此为"俗谛"或"世俗谛"，意为世间一般所见之真理；在得道的"贤圣"看来，一切皆空无实体，是"毕竟空"，此即为真谛或第一义谛。正如"色即是空，空即是色"那样，真、俗二谛也是"相即""不二"的，世界的真实面貌是非有非无，"虽空而宛然假，虽假而宛然空"，此即为"中道"。万物生非真生，灭非真灭，而是不生不灭，不常不断，不一不异，不来不出，此即"八不"。用此"八不"来说明"中道"，名"八不中道"。三论宗以"破邪显正"为宗旨，弘扬佛教的"般若"思想，以"二谛"为纲要，阐述大乘佛教的哲学理论和佛陀弘法的意义所在。

早在飞鸟时代，中国三论宗已开始传入日本，百济僧人观勒于602年将三论学带到日本，但没有弘传开。他曾向日本朝廷献上历本及天文地理方术之书。圣德太子的老师高丽僧惠慈，是位三论学者。但日本学术界一般认为，三论宗正式传入日本是625年，即推古三十三年，由高丽僧慧灌传入。按照日本镰仓时代学者凝然《三国佛法传通缘起》的说法，此后经过慧灌、智藏和道慈三传，三论宗才在日本流传开来。

慧灌，又称惠观、惠灌，生卒年不详。据《三国佛法传通缘起》记载，他曾在隋代时来到中国，随从嘉祥寺吉藏学习过三论宗。他于唐武德八年（625）奉高句丽王之命到日本，入住奈良元兴寺，然而一开始并未宣讲三论之学。直到645年孝德天皇即位之后，他才应请在元兴寺讲三论，后受任僧正，此为日本三论宗的第一传。慧灌是日本三论宗初祖。

慧灌向福亮讲授三论宗教义，福亮又传授给智藏。据镰仓时期虎关师炼《元亨释书》卷十六记载，福亮原籍中国江南吴地，他也曾跟随吉藏学过三论宗。智藏是福亮在家时的儿子。智藏后来入唐重学三论学，回日本后居法隆寺，"盛唱空宗"，是日本三论宗的第二传，在天武天皇元年（673）任僧正。智藏弟子中以道慈、智光和礼光最有名。

道慈（？—744），日本三论宗第三祖，俗姓额田。他曾跟随智藏学三论，文武天皇大宝元年（701）入唐求法，被安置在长安西明寺。道慈在中国学习长达十八年，"经律论多涉猎，益究三论之旨"，经武周、唐中宗、睿宗和玄宗四朝。道慈在唐期间，中国盛行法相宗、华严宗和密

教。吉藏早已去世，三论宗趋于衰微。印度密教高僧善无畏在开元四年（716）到长安，先后被安置在兴福寺、西明寺，译出《虚空藏求闻持法》。据《三国佛法传通缘起》记载，道慈在唐以学三论为主，同时曾从义渊学习法相宗，并曾随善无畏学习真言宗（密教），从受《虚空藏求闻持法》。

道慈于日本元正天皇养老二年（718）归国，盛传三论教义。天平九年（737），圣武天皇在宫中举办"最胜王经会"，敕道慈为讲师，再把大安寺移建到奈良时，道慈受诏任造寺监护。道慈把在唐时所绘制的长安西明寺图拿出来作为改建的样图。大安寺建成后，道慈因功受赐封五十户和侍童。在《三国佛法传通缘起》卷中说，道慈所传"三论为本，兼弘法相、真言等宗"。天平九年（737）四月八日，道慈在大安寺转读《大般若经》，以护寺镇国，后为恒例。道慈的弟子中较著名有善议，善议传法于安澄、勤操。安澄有弟子实敏，居西大寺盛传三论，从而使西大寺也成为三论宗传法中心之一。勤操有弟子空海，后入唐求法，回国创立日本真言宗。

智光、礼光从智藏受传三论宗，皆在元兴寺居住传法。除了弘传三论宗，他们还虔奉阿弥陀佛西方净土信仰。智光是奈良时代著名般若三论学者之一，著有《般若心经述义》《净名玄论略述》《中论疏记》《初学三论标字义》《大般若经疏》《无量寿经论释》《观无量寿经疏》等。其弟子灵睿对后世三论宗影响较大。

### 2. 成实宗

成实宗以依据和研习诃梨跋摩《成实论》而得名。《成实论》在论证"苦、集、灭、道"四谛的框架内提出自己观点，认为要灭苦因的本源"无明"，"无明"就是对"假名"的执着，而人是色受想行识五阴和合而成，是假名而非实有。即使是五阴诸法也是"空无所有"，主张人、法两空。吉藏创三论宗，判《成实论》为小乘，后即衰微。

在日本，成实宗依附于三论宗传入，从未成为独立的佛教宗派。早期的三论学者，如高丽惠慈、慧观，百济慧聪、观勒等人，都是兼通《成实论》。中国南朝梁代"成实师"光宅寺法云（467—529）结合《成实论》的内容来讲解《法华经》，所著《法华义记》载有这种思想。此书经高句丽传入日本，圣德太子所著的"三经义疏"之一的《法华义疏》，吸收了此书的思想。《三国佛法传通缘起》卷中说："圣德太子作三经疏，以《成实论》为法相门，依光宅义以立义门。光宅法师是成实师，正弘大乘，而以《成实论》判法性相。"又说："太子以惠慈、慧聪、观勒为师习学佛法，即是三论、成实宗义而已。"天武天皇时，百济僧人道藏被邀请去日本讲习《成实论》，并写成《成实论疏》。这是后来讲习《成实论》的人常用的书。奈良时代，有一些传授三论宗的寺院，如元兴寺、大安寺、西大寺、法隆寺等，也都兼习《成实论》。

### （二）法相宗和俱舍宗

法相宗是中国佛教宗派之一，由唐玄奘（602—664）及其弟子窥基（632—682）创立。法相宗所依经典据称有"六经十一论"，实际上其中有些经典并未传译到中国，最重要的有《解深密经》《瑜伽师地论》《摄大乘论》，以及玄奘糅合印度瑜伽行派"十大论师"（以护法论师为主）对世亲《唯识三十论》注释所编译的《成唯识论》，窥基的《成唯识论述记》《成唯识论掌中枢要》等。其教义否认世界万有的实在性，认为一切为心识所变，所谓"三界唯心，万法唯识"，并把人的认识能力或精神作用分为"八识"：眼识、耳识、鼻识、舌识、身识、意识、末那识、阿赖耶识。其中，阿赖耶识是主宰前七识的"根本识"，说其内藏精神性"种子"是构成万物的本源。因为玄奘受到唐太宗、高宗和朝廷达官贵人的尊崇，法相宗在唐初以长安为中心曾盛极一时。玄奘的弟子达几千人，较著名的有窥基、圆测、普光、法宝、神昉等，其中有日僧道昭等。

法相宗最初由道昭（629—700）传入日本。道昭，俗姓船，出家后住元兴寺。653年，年仅二十四岁的道昭奉敕随从遣唐使小山长丹入唐，同行者有道严等僧俗十三人。这也是日本"大化革新"后向中国派遣的首批使者。道昭到达长安时，正值玄奘与其弟子窥基开创的法相宗在中国最为显赫的时期。道昭投玄奘门下学习法相唯识教义，常常得以亲近玄奘。玄奘也将其所学向道昭倾囊以授。到了道昭归国时，玄奘又将自己从印度带回的佛舍利、经论及法相宗章疏等赠予道昭。661年，道

昭返归日本，肩负起向东瀛传法的重责。道昭以元兴寺为中心，传教四十年，传播弘扬佛教要义，弘布法相宗义，史称"日本法相宗一传祖师"。

道昭在传法布道的同时也大力倡导佛教公益事业，被后世认为是日本菩萨僧的先驱。因此，他不仅在学者僧侣中名气远播，在日本民间也享有着极高的声誉。700年，道昭圆寂。弟子遵从道昭生前嘱咐，将其火葬，此举也成为日本火葬普及的开始。

道昭的弟子行基继承道昭的衣钵，建立"布施屋"救济饥困百姓，后得到官府的关注，主持东大寺大佛的劝进，成为东大寺"四圣"之一，被尊为"行基菩萨"。745年，行基被授予"日本第一个大僧正"称号，位列僧纲之上，成为当时的僧界领袖。自此，玄奘所开创的法相宗，在日本的繁荣一直持续到了平安时代。奈良时代的日本佛教，在道昭等一大批行走于中日间的学问僧的努力下，也成为中国文化输入日本海上丝绸之路的桥梁。行基曾经弘法的药师寺，至今还供奉着玄奘的部分头骨舍利，象征着玄奘精神在中日两国佛教徒间的世代弘扬。

齐明天皇四年（658），智通、智达乘新罗船入唐，也从玄奘学法相宗，回国后在元兴寺传法相宗，为日本法相宗的第二传。此第一、第二传，都是直接受传于玄奘，以元兴寺为传法中心，在日本佛教史上称为"元兴寺传"，又称"南寺传"。因寺院在飞鸟（在今奈良），也称"飞鸟传"。

703年，在日本的新罗僧智凤、智鸾、智雄奉敕入唐，从"濮阳大师"智周学法相宗，归国后传承此宗，为日本法相宗第三传。智周曾师事慧沼，而慧沼之师是窥基。智凤曾应藤原不比等（历任大纳官、右大臣）之请担任"维摩会"的讲师，讲《维摩经》。智凤的弟子义渊比较有名。

日本法相宗第四代传人玄昉，随遣唐使多治比县守于716年（或717年）入唐。玄昉（？—746），俗姓阿刀，大和国人，出家跟义渊学唯识学，灵龟二年（716）随遣唐使入唐，从玄奘的三传弟子智周学习法相宗。据传，唐玄宗曾赐玄昉紫袈裟。玄昉在唐留学18年，于圣武天皇天平七年（735）与遣唐使多治比广成、留学生吉备真备回到日本，带回经论章疏5000余卷及佛像等。唐开元十八年（730），智升撰《开元释教录》，所载"入藏录"编入佛教经论集传共 1076 部 5048 卷。可见，玄昉带回日本的佛典实是一部手写的《大藏经》。这些经典被安置在兴福寺。圣武天皇笃信佛教，对玄昉很敬重。在玄昉回国的第二年，天皇赐封其 100 户、田 10 时（百亩）及侍童 8 人；天平九年（737），任命玄昉为僧正，安置他居于内道场（宫内佛堂）。圣武天皇之母藤原宫子（皇太夫人）久病，经玄昉探视后很快痊愈。此后，玄昉更受宠信，与一起归国的留学生吉备真备联合，取代藤原氏在朝廷掌权的橘诸兄（684—757），积极参与朝政，权力很大。藤原氏等旧贵族对此强烈不满。藤原广嗣是已故藤原宇合之子，原在式部省任少辅（从五位官），在橘诸兄掌权后被贬到北九州任太宰少贰之官。天平十二年（740），为推翻橘诸兄、玄昉等人的专权，藤原广嗣在北九州起兵，并利用当时饥馑、疫病等形势鼓动农民和豪族支持。朝廷受到极大冲击，甚至迁都恭仁京（在今京都相乐郡）。藤原广嗣不久兵败被杀。玄昉在此后国分寺和东大寺的建造中虽起过重要作用，但由于积极参政而受到社会上层越来越多的批评，逐渐失势。天平十七年（745），玄昉被贬到筑紫（今福冈）监修观世音寺，第二年死在那里。在奈良时代，日本佛教与政治虽曾保持非常密切的关系，但毕竟没能建立佛教政教合一的政治体制。

### （三）华严宗

华严宗传入日本，与唐代僧人道璇有很大关系。道璇（702—760），俗姓卫，唐许州（今河南许昌）人，出家从定宾学戒律，从北宗禅神秀的弟子普寂（651—739）学禅法，同时学华严宗教义。去日本之前，道璇住在洛阳大福先寺。应日僧普照、荣睿之邀，道璇在天平八年（736）赴日传律，随身携带华严宗章疏。但道璇并没有弘传华严宗。

圣武天皇天平十二年（740），日僧良辨奏请天皇以敕召请新罗僧审祥到金钟寺道场（后之东大寺法华堂）讲《华严经》。后世以此作为日本华严宗的正式创立。审祥此前曾入唐从法藏学华严宗，天平初年赴日，住大安寺。他所讲的《华严经》为东晋佛陀跋陀罗的译本，称旧译，有六十卷。他讲此经时以法藏《华严经探玄记》为依据。他自为"讲师"，另有慈训、镜忍、圆证三僧担任"复师"（复述、发挥讲师所讲

的义理者），请十六僧为听众。他每年讲经二十卷，连讲三年。审祥死后，由"复师"继为"讲师"续讲《华严经》。后来，唐武周时期实叉难陀所译《华严经》（称新译，共八十卷）传入日本，讲此经时以法藏弟子慧苑的《华严经刊定记》为依据，而在澄观《华严经疏》传入后，又改用此疏为依据。

日本华严宗虽以唐僧道璇为最早传入者，但以最早讲《华严经》的新罗僧审祥为初祖，以劝请审祥讲经的良辨为二祖。良辨（689—773），初从义渊学习法相宗，后从慈训受华严宗教义（慈训曾跟审祥学过华严宗教义）。良辨在东大寺建造中出力很大，后被任为东大寺初代别当（原为除本职外另任别职之意，此为僧官名，相当于一寺之主），后升任大僧都、僧正。其弟子实忠以兴办供养十一面观音像的"修二月会"（每年二月初一至十四日）著称；此外，有安宽镜忍、标琼、良兴、良慧、永兴、忠慧等人。另有弟子寿灵著《华严五教章指事记》，是对法藏《华严五教章》的注释书，在华严学术史上占有一席之地。

## （四）律宗与鉴真

律宗是中国佛教宗派之一，以弘传戒律得名，主要弘传《四分律》，故也称为"四分律宗"。把中国律宗正式传入日本的是唐代大和尚鉴真。他被奉为日本律宗的祖师，尊称"唐大和尚"，死后谥号"过海大师"。

鉴真（687—763）俗姓淳于，广陵江阳（今江苏扬州）人；十四岁出家，礼智满禅师为师，后游历两京，遍访名师。唐中宗神龙元年（705），鉴真在道岸律师门下受菩萨戒；景龙元年（707）到长安，次年在长安实际寺从恒

鉴真坐像

景律师受具足戒。道岸、恒景都是一代名师。鉴真受他们教诲，数年之间，通达三藏教法，后又从融济、义威和智全等学法。开元二十一年（733），鉴真学成回扬州，成了江淮一带著名的律学大师，"言旋淮海，以戒律化诱，郁为一方宗首"①。唐天宝元年（742），日本留学僧荣睿、普照恳请鉴真东渡日本，为日本佛教徒传授戒法。此时的鉴真已经年过半百。东海路遥，风骤浪高，海难频发，弟子们担心鉴真此行多有危险，纷纷进行劝阻。鉴真微笑道："听说贵国的长屋王子有首偈子——山川异域，风月同天。寄诸佛子，共结来缘。那么，我就来结这个缘吧！"就这样，鉴真开始了他六渡扶桑的传奇故事。

鉴真第一次东渡是在唐天宝二年（743），因人为阻拦没有成行。第二次东渡是同年九月，第三次东渡在同年底或天宝三年（744）初，均由于风大浪急而未能成行。第四次东渡虽做准备，但由于官府干涉未成行。天宝七年（748）六月二十七日，年届六十的鉴真决心第五次东渡。这次鉴真依然是从扬州出发，没想到这次行程的凶险更胜以往。鉴真的船刚行驶到常州便遭遇风浪，被迫休顿数月。待到十月间，观测风向后，鉴真的船重新启程前往东海。不料，海上突然刮起强劲的东北风，船只失去方向，向南漂流半个月后在海南岛登陆。回扬州途中，日僧荣睿和鉴真高足祥彦先后去世，鉴真哀痛悲切。由于天气炎热，加之内心悲伤，鉴真患上眼疾，导致双目失明。鉴真在海南停留了一年之久，又经今广西、广东、江西、江苏等地，大约在天宝十年（751）才辗转回到扬州。第五次东渡又以失败告终，但鉴真不改初衷。

天宝十二年（753），日本大使藤原清河、吉备真备完成出使任务后，向唐玄宗申请，请求派鉴真师徒赴日传戒，结果被崇信道教的玄宗皇帝所拒绝。于是，藤原清河等人只好当面邀请鉴真，问其是否愿意东渡。此时的鉴真已经六十六岁高龄，五次渡海而未果，且双目已盲。之前随他东渡的僧俗死去者已有三十六人之多。但鉴真一听到藤原清河的提议后，当即应允，于天宝十二年（753）十一月十五日第六次乘遣唐使返日船东渡日本，出航的日本使船共有四艘。在江边，鉴真为赶来的二十四

① 赞宁：《宋高僧传》卷十四，范祥雍点校，中华书局，1987，第349页。

第三章 隋唐时期佛教东传

位沙弥授具足戒后，便乘上船准备出发。与鉴真同行的弟子有扬州白塔寺僧法进、窦州开元寺僧法成、台州开元寺僧思托、衢州灵耀寺僧法载、扬州云兴寺僧文静、泉州超功寺僧昙静等十四人，还有藤州通善寺尼智首等三人；此外，另有居士扬州人潘仙童、胡人安如宝、昆仑国（或为今印度尼西亚，或缅甸南部及南洋诸岛之地）人军法力、瞻波国（占婆，在今越南中南部）人善听等共二十四人。鉴真与遣唐副使大伴古麻吕同乘一船。这次的出行依然凶险万分，出海不久就遭遇了强风暴，致使两艘船失去了联系。之后，又有一艘船触礁沉没。在行驶了三十多天后，鉴真的船终于在日本萨摩登岸。此时，距鉴真第一次东渡已有十一年之久。鉴真一行于当年十二月二十日到达日本萨摩国阿多郡秋妻屋浦（今九州鹿儿岛边郡坊津町秋目），后被迎送至位于九州北部的太宰府（在今福冈）。是日为日本孝谦天皇天平胜宝五年十二月二十六日，相当于 754 年 1 月 23 日。日本大伴副使把鉴真到达的消息上奏朝廷。在朝廷的安排下，鉴真一行在向奈良行进途中受到各地官员、僧众的欢迎和照料。2 月 4 日，鉴真一行抵达奈良，安宿王奉敕在罗城门迎接，命东大寺别当、少僧都良辨把鉴真等人接到东大寺安置住下，律师唐僧道璇、僧正印度僧婆罗门菩提及内道场僧五十人前来拜谒、慰问。日本朝廷中，以右大臣藤原丰成、大纳言藤原仲麻吕、式部卿藤原永手为首的百余名官员也来礼拜。接着，敕授鉴真"传灯大法师"封位，其他各僧也受名位。"传灯大法师"为日本最高僧位，东大寺是日本最高级别的官方大寺，以天皇为首的日本朝廷对鉴真的重视程度由此便可见一斑。

鉴真带去日本的物品主要有六种。一是佛和菩萨的雕像、绣像及佛舍利。二是佛经，有唐实叉难陀译《华严经》八十卷等。三是戒律《四分律》及其单行僧尼戒本、律论《律二十二明了论》。四是律宗三家的律学注疏，其中最多的是道宣南山宗的著作，有《四分律比丘含注戒本》《戒本疏》《羯磨疏》《行事钞》《关中创开戒坛图经》；法砺相部宗的著作有《四分律疏》《饰宗义记》《补释饰宗义记》《戒疏》《义记》；怀素东塔宗的著作有《戒本疏》；还有北魏慧光《四分律疏》、唐智周《菩萨戒疏》、灵溪释子《菩萨戒疏》、大觉律师《批记》、法铣《尼戒本》和《尼戒本疏》等。五是天台宗的著作，有《摩诃止观》《法华玄义》《法华文句》《四教义》《释禅波罗蜜次第法门》《行法华忏法》《小止观》《六妙门》，还有梁宝唱《比丘尼传》、唐玄奘《大唐西域记》等。六是珍贵文物和工艺品，其中有东晋王羲之的真迹行书一帖，王献之真迹行书三帖及水晶、金银等制的佛具。①

　　754年4月初，在东大寺卢舍那佛殿前建立戒坛，鉴真为圣武太上天皇授菩萨戒，光明皇太后、孝谦天皇、皇太子当先登坛受戒，接着又为澄修等四百四十余位沙弥授具足戒。在鉴真来日本前已受戒为僧，并在佛学上已有造诣的八十多名僧人，自认所受的戒不如法，出于对鉴真的敬仰，都舍弃旧戒，以鉴真为受戒和尚受具足戒。755年，鉴真再于奈良建戒坛院和唐禅院，前者为全国中心戒坛，后者为讲解戒律之所。756年5月，鉴真与良辨一同被敕为"大僧都"，统领日本所有僧尼，在日本建立了正规的戒律制度。鉴真弟子法进被任命为律师。天皇为供给四方入京从鉴真学律的僧人食宿，施给备前国（在今冈山县）水田百町，又赐予鉴真故一品新田部亲王（天武天皇之子）的旧宅作为修建伽蓝之所。鉴真根据中国唐代寺院建筑的样式，为日本精心设计了唐招提寺的方案。经过两年，唐招提寺建成，成为日本著名的佛教建筑。鉴真与弟子法载、义静、如宝等人在唐招提寺研究和传授戒律。758年，淳仁天皇诏赐鉴真"和上"之号，又说："政事躁烦，不敢劳老，宜停僧纲之任。集诸寺僧尼，欲学戒律者，皆属令习。"② 鉴真此后集中精力在唐招提寺传授律学，培养人才，而把原在东大寺唐禅院和戒坛院的事务转交弟子法进接任。

　　鉴真作为律宗高僧，肩负规范日本僧众的责任。在鉴真师徒按律法传授戒律的过程中，有不少日本僧人或因守旧，或因既得利益受到影响，或因原有教派信仰，不愿意重新受戒，且反对鉴真的戒律，尤其是兴化寺的贤璟等人。鉴真与其在兴福寺公开辩论。在辩论中，大家互相做出让步，但作为正式认可的具足戒，必须要有"三师七证"，结果贤

①杨曾文：《唐鉴真大和尚东渡和日本律宗》，《扬州大学学报（人文社会科学版）》　2011年第2期，第88页。

②《续日本纪》卷二十一。

璨等人皆被折服，舍弃旧戒。从总的情况来看，鉴真不仅受到以天皇为首的朝廷的信任，也受到广大僧尼的信任。其所传授的律学和授戒仪规，受到佛教界的承认和接受。天平宝字五年（761），即鉴真去世前两年，经鉴真奏请，在下野的药师寺和筑紫的观世音寺也建起戒坛，与东大寺戒坛合称"天下三戒坛"。在当时，日本出家人都要先随鉴真及其弟子受戒学律后，再回自己的寺院学习各自宗派的教法。

763年5月6日，鉴真圆寂于唐招提寺。他留居日本十年，传播众多唐代优秀文化，对中日各方面的交流作出了贡献。在传授律法、勘校佛典、造寺斋僧外，鉴真还把中国先进的建筑技术、制药方法等传到日本，对促进日本美学、医学的发展也有诸多贡献。鉴真东渡具有极大的历史意义，既促进了中日文化的交流与发展，还促进佛教更为广泛地传播到东亚地区。同时，对日本的宗教和文化事业发展产生了积极深远的影响，增进了中日两国人民的友谊。鉴真圆寂后，日本真人元开根据鉴真弟子思托的《大唐传戒师僧名记大和上鉴真传》写成了《唐大和上东征传》。

鉴真的弟子很多，比较著名的有法进、仁韩、法颗、昙静、思托、法载、义静、法成、智威、灵曜、怀谦、惠云、如宝、慧良、慧达、慧常、慧喜等。现仅介绍其中四人。

法进（709—778），俗姓王，究学三藏，尤精律学和天台宗教义，赴日前在扬州白塔寺出家。鉴真在东大寺唐禅院讲授戒律，在戒坛院主持授戒仪式，法进是鉴真的左膀右臂，也是临坛戒师之一，被日本律宗奉为仅次于鉴真的"第二和尚"。在鉴真受任大僧都之时，他任律师。鉴真移住唐招提寺后，他接任管理东大寺唐禅院和戒坛院。他经常向僧众讲大小乘戒律和诸家的律学注疏，有《梵网经疏》《戒本疏》《羯磨疏》《行事钞》《四分比丘尼钞》《四分律拾毗尼义钞》及唐智首《四分律疏》（广疏）、法砺《四分律疏》（中疏）、北魏《四分律疏》（略疏）等。光仁天皇宝龟五年（774），法进任大僧都。据师蛮（1626—1710）《本朝高僧传》卷五十七记载，法进向僧众讲天台宗三大部（智颉《摩诃止观》《法华玄义》《法文句》）四遍，深受欢迎。他还著有《东大寺授戒方规》《沙弥十戒威仪经疏》《梵网经注》等。其弟子有圣一、慧山等。

思托，俗姓王，赴日前在台州开元寺出家。鉴真前后六次东渡，他都跟在身边。思托在律学和天台宗教义等领域都有很深造诣。赴日后，他是鉴真的另一位得力助手，与普照等人积极协助鉴真营造唐招提寺。思托在大安寺唐院为道璇的弟子忍基、常魏等讲《四分律疏》及《饰宗义记》(《镇国记》)等，除了向僧众讲授律学，也讲授天台宗教义。日本真言宗创始人空海就是跟从他受的菩萨戒。在鉴真移住唐招提寺之际曾遭到谤谗，思托根据自己的见闻和经历写出《大唐传戒师僧名记大和上鉴真传》，并请日本信徒淡海三船（即"真人元开"）撰《唐大和上东征传》。后者是在充分利用前者的基础上写就的。思托在延历七年（788）撰《延历僧录》五卷①。这是日本历史上最早的僧传，原书虽佚，但在《东大寺要录》《东大寺杂录》及《日本高僧传要文抄》等书中仍有很多佚文，是研究奈良佛教史的宝贵资料。

如宝（约 725—814），随鉴真赴日时还是个沙弥，有的学者认为他就是《唐大和上东征传》中的胡国人安如宝。他到日本后受具足戒，曾在药师寺负责主持该戒坛，后受鉴真之命主持唐招提寺。鉴真灭寂前将唐招提寺托付给法载、义静和如宝三人。如宝后来扩建唐招提寺，在进入平安时代之后，曾为桓武天皇及后妃、皇太子授戒，自此名声更大，曾任少僧都。日本律宗把他奉为继鉴真、法进之后的"第三和尚"。其弟子有昌禅、丰安、寿延等人。丰安撰有《戒律传来记》三卷（现仅存上卷）。日本律宗将唐南山律创始人道宣奉为高祖，奉鉴真为一祖，东大寺法进为二祖，药师寺如宝为三祖，元兴寺昌禅为四祖，唐招提寺丰安为五祖。鉴真之后，唐招提寺传承世系是法载、真璟、戒胜、寿高、增思等。

昙静的事迹在新编《南安县志》中有记载。昙静是福建南安人，生卒年及生平无法考证，仅知是唐泉州超功寺僧。唐泉州超功寺的具体情

① 日本元禄时代（1688—1703），唐招提寺义澄撰《招提千岁传记》卷中之一《明律篇》有《思托律师传》，谓"其延历七年，撰述《延历僧录》一卷云"。汪向荣据日本福山敏男《唐招提寺建立年代之研究》，认为原书有五卷，并勾画出其结构内容。

第三章　隋唐时期佛教东传

况也无法考证。昙静在鉴真第一次东渡日本时就随行前往，其后几次东渡中不见有昙静的名字。鉴真第六次成功东渡日本时，昙静追随他到达日本，而且他是在唐受过具足戒的。据日本史料记载，鉴真在日本开坛传戒，昙静担任戒师；鉴真在日本兴造寺院，昙静设计放生池。① 据考证，昙静和思托共同编著了唐招提寺缘起书籍《缘起拔书略集》。昙静在日本传戒、编撰佛典及参与佛教建筑的设计，对佛教在日本的传播和发展起到一定的作用。

综上所述，奈良时期唐与日本在佛教交流方面更多是在官方直接控制下进行。日本派往中国的留学僧和求法僧都是奉敕入唐，往返搭乘遣唐使的船；在各宗最早的传入者和学僧中，朝鲜人和中国人占有很大比例；各宗派都是师承中国佛典教法；宗派传承者之间没有严格界限，一寺一人兼习数宗的现象比较普遍，如三论宗的道慈兼传密宗，鉴真师徒"皆兼台宗"（天台宗），直接影响到平安时代创立真言宗和天台宗。

## 四、天台宗和真言宗的盛行

平安时代佛教界最重要的事件是最澄、空海二人分别从中国传入天台宗和真言宗，并且得到迅速传播。唐朝自从爆发"安史之乱"后，国势日弱，中央朝廷由宦官专权，各地出现不同程度的藩镇割据。9世纪末，王仙芝、黄巢起义爆发，唐朝濒临灭亡。从日本国内的情况来看，进入9世纪后朝廷财政日益困难，难以继续支撑派遣唐使的费用。在这种情况下，宇多天皇在宽平六年（894）采纳菅野道真的建议，决定停止派遣唐使。但日本与中国之间的佛教交流并没有自此完全中断，两国僧人仍可以搭乘中国商人的船往返于两国之间。到了平安后期，中国经历了"会昌法难"，虽然还有不少日僧前来求法，但由于中国佛教本身的原因，对日本佛教的影响已大不如前。

纵观这一时期，日本佛教宗派的创立大都是对中国佛教宗派的照搬和模仿，而创新和改造很少。中日佛教交流对此时日本佛教发展具有直

---

① 王荣国：《福建佛教史》，厦门大学出版社，1997，第134页。

接的贡献。

## （一）日本天台宗

### 1. 天台宗初传

天台宗，因其创立者智颛常住浙江天台山而得名，又因此派以《妙法莲华经》为主要教义根据，故又称"法华宗"。该宗以印度龙树为初祖，以北齐禅僧慧文为二祖，慧思是三祖。其教义的要领可归为教相门和止观门两部分。所谓教相门，就是把释迦一代的说教予以分类，判断、论决哪些是释迦的真实说教。而止观门是将教相门中所研究的结果应用到实践躬行中，从而去修成佛陀。天台宗以"五时八教"的范畴来判释教相。"五时"指华严时、鹿苑时、般若时、方等时、法华涅槃时；"八教"指"化仪四教""化法四教"，两者合称为八教。"化仪四教"就是进行说教感化所需要的仪式方术，即顿教、渐教、秘密教、不定教四种；"化法四教"就是运用化仪四教去阐扬真理的分类，即藏教、通教、别教、圆教四种。

四祖智颛在定慧双修的基础上，创立了自己的止观学说。他所著《法华玄义》《摩诃止观》《法华文句》被奉为"天台三大部"。在教义上，主张一切现象都是"法性真如"的显现，并用"一念三千""三谛圆融"加以说明发挥。在禅观修习上，他相应地提倡"一心三观"。

最早将天台宗带到日本的是鉴真师徒。据《大唐和上东征传》记载，鉴真东渡带有天台宗的章疏：《天台止观法门》《法华玄义》《法华文句》《四教义》《次谛禅门》《行法华忏法》《小止观》《六妙门》等①。鉴真弟子法进、思托向日本僧众宣讲天台宗教义。

### 2. 最澄与天台宗

日本最早虔诚信奉并致力研究、弘扬天台宗的是最澄。他在研读天台宗的主要章疏后，开始向别人宣讲，经奏请朝廷同意得以入唐求法，专学天台宗，然后归国创立日本天台宗。

最澄，俗姓三津首，他的祖先传说是汉献帝的后裔。十二岁时，最

---

① 真人元开：《唐大和上东征传》，汪向荣校注，中华书局，2000，第87页。

第三章　隋唐时期佛教东传

129

澄就到当时日本佛教的中心奈良，随近江国国师、大安寺行表法师出家，兼修诸学，喜读《法华经》等大乘经典。后来，最澄不满奈良佛教的腐朽，到比睿山结庐而居，发下宏愿，未有所证，决不入世。就这样，最澄在比睿山一修就是十二年之久。居山期间，他遍阅大藏，修止禅观，对天台宗教义兴趣更加浓厚，认为天台教义在各学说中最为殊胜。他还特意托同修借得智者大师著作，抄写学习，苦读精研，决意以弘扬天台为己任。后来，在善修的支持下，最澄在比睿山建起了一乘止观院，还亲手雕刻了药师佛像供于本堂。

最澄的名声越来越大，其间更得到鉴真大师高足东国道忠法师的支持。后来，甚至连天皇都听说他的事迹。797 年，年仅三十岁的最澄在桓武天皇的支持下，开始在比睿山宣讲《法华经》及"天台三大部"，听讲的僧人纷纷赞叹。再之后，连奈良南都六宗的高僧也前来旁听，也不禁赞叹最澄的学识。

伴随名声越高，地位越尊，最澄越感自己责任重大。最澄虽然多年来宣讲天台教义，但自知没有师承，难为正弘。于是，他决心入唐求法，一则寻访典籍，补充日本不足；二则寻访名师，获得传法印证。803 年，最澄请命渡海入唐土，被批准以还学生的身份入唐。还学生即短期留学生，故最澄的入唐之行也是来去匆匆。

804 年，最澄随第十二批遣唐使入华求法，谴唐使的船队在行驶了五十余天后，于宁波登岸。旋即，最澄辞别前往长安的使团，与担任翻译的弟子义真一道，直奔中国天台宗中心道场——浙江天台山。此时，正是被后世尊为天台宗第十祖的道邃大师执掌天台座席。

最澄到台州时，恰逢道邃应邀在台州龙兴寺宣讲《摩诃止观》。最澄在台州刺史的引荐下拜会了道邃并列席听讲，受益良多。接着，他把握住这次参学的机会，先行巡礼天台山胜境。在山上，他遇到道邃的师兄弟行满。最澄与行满极为投缘，一见如故。行满亲赠最澄天台典籍八十余卷，详密讲解天台圆教之旨，后更亲自陪同最澄下山再赴龙兴寺访道邃大师。这一次，最澄在道邃大师座下受法三月有余，最终蒙得道邃大师印可，赠予付法印信，使最澄成为受承智者大师直系法脉的第一个日本人。

除受承天台宗圆教外，最澄在中国短短八个多月时间里，还依台州道邃大师受大乘菩萨戒，又在天台山禅林寺学习牛头禅，再于越州龙兴寺受善无畏再传弟子顺晓传密教胎藏、金刚界两部大法，随惟象、江秘、大素等受杂曼荼罗。时间虽促，然最澄之勇猛精进，更可窥一斑。到回国时，最澄已身负台、禅、密、律四宗传承。

805 年，最澄抵达日本故土，同年秋在高雄山寺为八位高僧灌顶，该仪式成为日本佛教史上最早的灌顶仪式。次年，最澄奏请立天台法华宗，获得天皇许可，日本天台宗得以正式创立。在最澄归国前，行满曾以诗相赠，希望他"行当到本国，继踵大师风"。最澄果然实现了将天台教义传播至日本的重任。比睿山作为日本天台宗的大本山，也常被称为天台山。

在天台宗的传播过程中，强调护国是最澄传教时的一个重要特点。他将护持佛法和利于国家二者相结合，以《金光明经》《仁王般若经》《法华经》等为"护国经"，以《大毗卢遮那经》《孔雀王经》等为"护国真言"，命弟子每日读诵，以祈福佛法世久，国家永固。对天台宗弟子的培养，最澄也根据德行机根分别培养为国之宝、国之师、国之用，以弘布台教，求国泰民安。

在传播天台宗的同时，最澄也将先进的唐文化带回日本。最澄将从天台山带回的茶种，种植在比睿山，成为日本最早的茶园。支持最澄与天台宗的嵯峨天皇是一位对唐文化非常崇尚的统治者，茶饮遂成为日本雅文化的一部分，并在后来的岁月中成为日本民众生活中最重要的习俗。

822 年，最澄入寂。在他之后，天台宗不断发展，比睿山最终成为日本佛教义学的中心，培养了大量的僧才。在最澄圆寂后，朝廷赐予最澄为"传教大师"的谥号，这是日本第一次赠出家人以大师之名。最澄一生为传播天台教义而矢志不渝的精神，也成为后世佛教徒学习的榜样。最澄生前留有遗愿，希望日本天台宗与中国天台宗保持长久的友好交流。

最澄有弟子义真、圆澄、光定、圆仁等。圆仁和义真的弟子圆珍都曾入唐求法，对发展日本天台宗中的密教部分有很大影响。圆仁继义真、圆澄、光定之后任第四代座主。圆珍继安慧之后为第六代座主。

### 3. 日本天台宗大成就者圆仁

圆仁（794—864），俗姓壬生，下野（今栃木县）人。圆仁九岁出

家，师事广智；十五岁入比睿山师事最澄，学天台教义；二十一岁在东大寺戒坛受具足戒；二十四岁受圆顿大戒。最澄圆寂后，未满三十岁的圆仁开坛弘法，在四十岁时建立"根本如法堂"，833 年写成《根本如法经》。唐开成三年（838），在义真的推荐下，圆仁以"请益僧"身份随遣唐使到中国求法。入唐后，他住扬州海陵，后转经登州、青州、贝州、赵州、镇州，于开成五年（840）四月二十八日抵达五台山。他在五台山，从大华严寺志远获天台宗教迹、文书等三十四部，三十七卷，巡礼五个台顶，观瞻了竹林寺、法华寺、金阁寺、灵境寺、菩萨寺等处；与文鉴等人习学《摩诃止观》《法华玄义》等，并书写天台宗著述二十七卷；于开成五年（840）七月七日下山，经并州、汾州、晋州、蒲州、同州，抵达长安；又从大兴善寺的元政受金刚界灌顶，图写金刚界曼荼罗等。圆仁在青龙寺从义真受密教胎藏界灌顶，又学《大日经》中的"真言印契并真言教中秘密法要"等。此外，圆仁还从印度僧宝月学习悉昙（梵文），从左街醴泉寺宗颖学习天台止观等。

圆仁于 847 年回国，当时正赶上唐武宗灭佛事件。他带经论章疏、传记等 584 部 802 卷，胎藏金刚界 2 部，图像、舍利等 59 种，由登州回国。圆仁回国后，经奏请朝廷，仍上比睿山传台、密二教，为日本天台宗第三代座主。他在比睿山建总持院，置灌顶坛，设置僧 14 人，专修密教，又培养习学密教经典的弟子。他还设常行三昧堂，在仁寿元年（851）把五台山"念佛三昧之法"（五台山竹林寺法照的念佛法门）传授给弟子，此为后来比睿山净土法门的重要源流。圆仁把日本天台宗进一步与密教结合。他不仅从唐带回数量可观的密教经典，自己也从事密教典籍的注释。他所著的《金刚顶经疏》《苏悉地经疏》已突破最澄的"显密一致"的观点，认为天台宗的教理虽与密教一致，但天台宗所主要依据的《法华经》内没有真言密咒和修密法的印契，而密教经典却有，故称"理同事胜"，即在事相（仪轨）方面，密教超越天台宗。

圆仁入唐求法，历经今江苏、安徽、山东、河北、山西、陕西、河南等省广大范围。他在唐时所写的《入唐求法巡礼记》翔实地记载了求法巡礼的见闻、经历，不仅是中日佛教交流的珍贵史料，也是当时唐代佛教状况、社会风土人情、典章制度以及某些历史事件的重要记录，可与玄奘的《大唐西域记》、法显的《佛国记》、马可·波罗的《马可·波罗游记》并列，是古代东方游记中一颗璀璨的明珠。

### 4. 圆珍

圆珍（814—891），俗姓和气，赞岐国那珂郡人，空海大师的侄孙。十五岁时，圆珍前往日本天台宗根本道场比睿山，投在义真门下。义真是最澄的入室弟子。当初最澄、空海入唐学法时，义真担任最澄的翻译陪同其一起入唐。最澄临终时，指定义真带领日本天台宗僧团，后来被日本天皇任命为第一代天台座主。

在义真的教导下，圆珍精研《法华经》《金光明经》《大毗卢遮那经》等经典以及天台章疏。二十岁时，圆珍正式出家，得度受戒，之后凭借过人的智慧和精进的修行，朝廷先后授予传灯满位、传灯法师位，荣任内供奉十禅师之一。

847年，圆仁入唐学成回到日本，包括圆珍大师在内的比睿山僧众瞻礼圆仁带回的曼陀罗和密教经籍，均赞叹不已。之后，圆珍在圆仁的指点下学习大悲胎藏大法。第二年，年仅三十七岁的圆珍晋升传灯大法师位，这在当时日本佛教界可以说是极为难得的。

日本仁寿元年（851）五月，圆珍奏请天皇，前往九州太宰府（今福冈县），准备搭商船入唐。日本仁寿三年（853）八月九日，圆珍、丰智、闲静及行者丁雄万等人搭乘唐朝商舶，自日本肥前国值嘉岛启程前往中国，在海上航行六天，因海上遇大风浪，八月十五日船漂至福州连江县登岸。经报当地官衙，被安排在福州开元寺等待地方当局的公验。经福州刺史及其他属官的允许，圆珍等人"八月十六日上州便宿海口镇，十七日达州下郭门外巡……十九日上州……二十一日安堵于开元寺"[①]。圆珍入唐时，正值会昌法难结束不久。福州开元寺作为福州在会昌法难中唯一得以保全的寺院，高僧云集，规模在福州首屈一指，亦是当时全国十大寺之一。在福州开元寺期间，圆珍与寺中精通义学的僧人多有切磋，从寺僧存式大德学习《妙法莲华经》《华严经》《俱舍论》等，并求

① 善清行：《天台宗延历寺座主圆珍传》，《大日本佛教全书》卷七十二，财团法人铃木学术财团，昭和四十七年（1972），第146页。

得天台宗重要经疏《天台法华文句》十卷。当时，印度密教高僧般若怛罗也在福州开元寺研修。圆珍师从般若怛罗，受传梵学和密教，且得到诸部经疏三百余卷①。其中包括《中天竺大那兰陀寺贝多叶梵字真言》《梵字无碍大悲心陀罗尼》各一夹，珍贵法器若干，后由圆珍带回日本。开元寺律师存式赠送给他怀素所著《四分律开宗记》《四分律家拾遗钞》及嘉祥吉藏、慈恩窥基对《法华经》《华严经》《涅槃经》及《俱舍论》所作的注疏，共约三百卷。② 另外，"处士林儒自舍钱帛与写本国所缺法文，远宛流行"。圆珍于"九月二十日，辞使向北"③。所以，圆珍一行在福州待了一个月零五天。

福州开元寺

---

① 村上专精：《日本佛教史纲》，杨曾文译，商务印书馆，1999，第83页。
② 杨曾文：《中华佛教史·中国佛教东传日本史卷》，山西教育出版社，2013，第149页。
③ 善清行：《天台宗延历寺座主圆珍传》，第146页。

本宫泰彦在著作中认为，圆珍及随从入唐后，在福州开元寺，从般若怛罗学习了悉昙①。悉昙又作悉旦、悉谈、肆昙、悉檀、七旦、七昙，是一种梵文字母，乃记录梵语所用书体之一。7世纪以前，悉昙业已盛行于印度。南北朝时，悉昙经由译经者传入我国，并受国人接纳学习；唐代有义净之《梵语千字文》、智广之《悉昙字记》、一行之《字母表》各一卷等著作。悉昙约于奈良朝以前传至日本。在我国，梵文之书体及字母称作悉昙，而称梵语文法、语句解释等为梵音或梵语，以此加以区别。但在日本，除称梵文之书体为悉昙外，更广泛地包含梵语书法、读法、文法等。

唐大中八年（854），圆珍前往浙江天台山国清寺，从天台宗十二祖物外和尚学习天台教义。物外和尚即当初教授最澄的道邃大师法孙。此后，圆珍又往越州开元寺从良谞受教，"时旧疑，兼抄法文"。大中九年（855），圆珍在长安从青龙寺法全、大兴寺智慧轮受密教灌顶和教义②，接着到洛阳祭拜金刚智的墓，在苏州完成《大日经义释》的点校。最后，他又回到天台山，在国清寺建起日本国大德僧院，以便于后世日本僧人来华交流。

唐大中十二年（858）即日本天安二年，圆珍搭乘唐商李延孝的船返回日本，随身携带回佛教经典441部1000卷，法物等16种。第二年，圆珍在近江开创园城寺。园城寺的藏经院因保存大量圆珍从唐朝带回的经籍法宝，所以也被称为"唐院"。圆珍还专门编撰目录，成为后世研究的珍贵史料。日本贞观十年（868），圆珍被全山大众推举为日本第五代天台座主。此后，日本数任天台座主皆出于圆珍门下。圆珍往生后，醍醐天皇赐给谥号"智证大师"。③

最澄所开创的天台宗，经过圆仁、圆珍等高僧从中国留学传回的密教思想与修证方法的补充，最终发展为天台与密教融合的成熟"台密"，宗风随之大振，至10世纪时成为日本佛教的代表性宗派。日本天台宗也

① 木宫泰彦：《日中文化交流史》，胡锡年译，商务印书馆，1980，第108—111页。
② 杨曾文：《关于中日天台宗的几个问题》，《东南文化》1994年第2期，第85页。
③ 木宫泰彦：《日中文化交流史》，第146页。

分为最澄开创的根本大师流、圆仁开创的慈觉大师流、圆珍开创的智证大师流。

天台宗自最澄起就成为中日两国间佛教及文化交流的重要纽带。自唐以来，日本佛教徒来华修学或参礼朝拜间不绝如缕。1987年，为纪念日本天台宗比睿山开山1200周年，多达170人的日本天台宗佛教青年联盟访华团来华参拜祖庭。福州开元寺如今建有弘法（空海）大师和智证（圆珍）大师法身塔各一座，以纪念唐代时入华弘法的诸多日本高僧。

### （二）空海和日本真言宗

空海（774—835），号遍照金刚，俗姓佐伯直，生于日本赞岐国（今香川县），父叫佐伯直田公，母姓阿刀，是当地豪族。

其弟子真济的《空海僧都传》称：

> 和上，故大僧都，讳空海，灌顶之号曰"遍照金刚"，俗名佐伯直……其源自天尊，次祖昔从日本武尊，征毛人有功，因给土地，乃家于兹，国史谱牒明著也。相续为县令。和上生而聪明，颇识人事。五六岁后，邻里间号"神童"。

空海自幼接受中国儒家文化熏陶，十五岁开始跟随担任伊豫亲王侍讲的外舅阿刀大足学习《论语》《孝经》等经典和史书，十八岁时进入由朝廷设立的大学寮，学"明经道"、《毛诗》《尚书》《左氏春秋》等，对中国经史乃至诗文书画皆有较深的造诣。同时，他对佛教也很感兴趣，经常阅读佛经。在奈良，他从一僧人（或谓三论宗名僧勤操）处得到善无畏翻译的密教经典《虚空藏求闻持法》，相信经中所说"诵此真言一百万遍，即得一切教法文义暗记"，产生出家的念头。延历十二年（793），二十岁的空海到大和（今奈良县）石渊寺投勤操和尚三论宗学僧道慈的再传弟子出家，受沙弥戒，受法名曰"教海"，后自称"如空"。两年后，他在奈良东大寺戒坛院受具足戒，得法名"空海"。此后，空海到处寻找佛经阅读，其间在大和高市郡久米道场，访求到从唐朝传入由一行翻译的密教经典《大日经》，对其中的很多梵字真言、印契等密教特有的表述方法和教理不能理解，于是便有入唐求法的愿望。

唐贞元二十年（804）即日本延历二十三年，日本派以藤原葛野麻吕为大使的第十七次遣唐使来华，学问僧空海、最澄等随同来中国求法。来华途中，藤原葛野麻吕与空海乘坐的第一艘船在海中被风暴吹离航道，漂流了三十四天，于唐贞元二十年（804）八月十日漂至长溪县，即今福建霞浦赤岸一带靠岸。停留四十一天后，空海一行离开长溪赤岸前往福州。① 这是大多数学者认同的观点。有学者认为，空海一行入境地是"赤岸镇以南的海口"，即今福清的海口镇。②

福建观察使兼福州刺史阎济美奏明长安后，得准许二十二人入京。由于空海资历浅，被排除在二十二人之外。于是，空海怀着急切的心情写了一封入京启直呈阎济美。其文如下：

> 日本国留学沙门空海启：空海才能不闻，言行无取。但知雪中枕肱，云峰吃菜。逢时乏人，筮留学末。限以廿年，寻以一乘。任重人弱，夙夜惜阴。今承不许随使入京，理须左右，更无所求。虽然居诸不驻，岁不我与，何得厚荷国家之凭，空掷如矢之序。是故叹斯留滞，贪早达京。伏惟中丞阁下，德简天心，仁普近远。老弱联袂，颂德溢路；男女携手，咏功盈耳。外示俗风，内淳真道。伏愿顾彼弘道，令得入京。然则早寻名德，速逐所志。今不任陋愿之至，敢尘视听。伏深战越。谨奉启以闻。谨启。③

此入京启打动了阎济美，并得以破格批准，最后"且奏，且放二十三人进京"。"入京启"为空海在福州的活动行踪和入居求法身份、期限、目标、目的地以及矢志不移的"入京"决心，都留下了有力的佐证，是

① 陈国强主编《空海研究》，华夏出版社，1990，第2页。
② 林伟功：《空海入唐求法福州行止处所新探》，《海交史研究》1994年第1期，第53页。
③《日本古典文学大系》卷七十一，《三教指归·性灵集》，岩波书店，1965，第271页。

第三章　隋唐时期佛教东传

研究空海生平、业绩、思想诸方面问题不可多得的史料。①

空海一行人等在年底到达长安，被安置到西明寺，不久投到青龙寺惠果和尚的门下。惠果和尚拥有尊贵的国师地位，名望很高。当时惠果已患重病，然而对渡海前来求法的空海很欢迎。唐贞元二十一年（805）六月至八月之间，惠果先后给空海举行隆重的授予胎藏界、金刚界两部曼荼罗大法的灌顶仪式，并传授其他密教教法和修行仪规，最后还举行授予空海"传法阿阇梨位"的灌顶。此后，惠果特请丹青高手绘制密教胎藏界和金刚界两部大曼荼罗图像十幅，安排经生（抄经者）抄写《金刚顶经》等大量密教经典，请工匠制作供养和修法的法器等，皆赠予空海。惠果殷切希望空海能将密教大法带回日本广为传播，为国家、民众的平安福祉祈祷，营造"四海泰，万人乐"的盛世，以报佛恩和师德，为国尽忠。

三个多月之后，惠果圆寂，空海又跟从罽宾沙门般若、天竺沙门牟尼室利受佛经与秘法。唐宪宗元和元年（806），空海与橘逸势同时搭乘遣唐使判官高阶远成的船回国。②

据《御请来目录》记载，空海从唐朝带回新译佛经 142 部 247 卷（大部分是不空翻译的密教经典），《梵字真言赞》等 42 部 44 卷，论疏 32 部 170 卷，佛菩萨图像曼荼罗和密教祖师画像有 10 幅，法器 9 种，从金刚智、不空传承下来的佛舍利、佛像等"付嘱物"，以及一批诗文字帖等。空海归国后暂住筑紫的观世音寺，托高阶远成进京把所带回的经论章疏及法器目录和奏表献给平城天皇。次年，空海奉敕进京，把经论法器等献上，天皇准予传布密教。空海后来从事传教活动，在京都久米寺讲授《大日经》，这标志着日本真言宗的成立。

空海回国后三年，嵯峨天皇接替平城天皇即位，朝中发生密谋迎接平城天皇复位的事件。在朝廷平定这一事件之后，空海奏请在京城北部的高雄山寺按照密教的仪规修法诵经，为国祈祷摧灭灾难，调和国时。

---

① 蓝致和、苏孝敏：《〈与福州观察使入京启〉浅析》，《空海研究》第二集，福建美术出版社，1997，第 54 页。

② 刘昫：《旧唐书》卷一百九十九，汉语大词典出版社，2004，第 4595 页。

空海的这一做法引起嵯峨天皇对他的赏识，任命他为奈良东大寺的别当。自此，空海以此寺为中心，很快将真言宗传到奈良，并对其他各宗产生巨大影响和渗透作用。嵯峨天皇对空海在日本创立和传播真言宗给予很大的支持。在他的关照下，空海先后以纪伊的高野山（在今和歌山县，建有金刚峰寺）、京都的东寺作为传法基地与中心。因为空海的真言宗以京都东寺为中心，所以他的这一支密教也称"东密"。日本天台宗所兼传的密教称为"台密"。

空海善诗文、书画，经常应邀入宫与嵯峨天皇谈论，很受天皇的赏识。他参照中国六朝、隋唐的诗论著作，撰写《文镜秘府论》，论述诗文的声韵格律。他著有《文镜秘府论》《篆隶万象名义》等书，保存了不少中国文学和语言学资料。空海尤善草书，人称"草圣"，与嵯峨天皇、橘逸势被称为"日本三笔"。

空海在唐朝求法期间看到各个县乡、村落都办有学校，重视培养人才，很受感动。回国后，空海在传法的同时，效仿唐朝设立面向民众的学校，名为"综艺种智院"。他请僧俗学者前来讲授佛教和儒、道二教，普及教育。这是日本民间办学之始，对后世日本平民教育的发展影响很大。

空海圆寂于仁明天皇承和二年（835）三月二十一日，享年六十二岁，后醍醐天皇延喜二十一年（921）追赐"弘法大师"谥号。

## 五、临济宗僧人慧锷

慧锷，籍贯、世寿不详，日本临济宗僧，中国普陀洛伽山寺开山祖师。唐懿宗咸通四年（即 863 年；一说五代后梁贞明二年，即 916 年），慧锷奉橘太后之命来唐，由雁门登五台山巡拜圣迹，后参谒杭州灵池寺齐安国师，转达太后之旨，延请义空禅师赴日弘扬禅法，自此日本始传临济宗。齐衡元年（854），慧锷再度来唐，登五台山，于岭顶得观音圣像。唐大中十二年（858），他奉归日本途中，当船行至普陀山以东的海面时，突然海面上出现数百朵铁莲花。这些铁莲花千姿百态，上下翻动，顶起船头。就在此时，慧锷心领神会，认为是观音不肯去日本。于

是，他祈祷说："使我国众生无缘见佛，当以所向建立精舍。"祈祷毕，铁莲花隐隐退去，洋面复归平静。慧锷履行诺言，在普陀山潮音洞下，建"不肯去观音院"。后慧锷取道明州（今宁波）东渡回国。从此，普陀山成了供奉观音的胜地。这便是普陀山佛教开山之始。普陀山至今已有千年以上历史，是我国佛教四大名山之一。唐宋以来，普陀山经历代朝廷不断拨款修建，佛教徒陆续捐资，逐步形成三大寺，八十八所庵院，一百二十八处茅蓬；清末民初时达于极盛，当时岛上除少数为佛教服务的商店外，"有宅皆寺，有人皆僧"。

不肯去观音院

禅宗兴起后，日本僧人亦有来华习禅者。如《三山志》记载，唐光化初年，师备禅师住福州安国寺"馆徒常有千……高丽、日本之僧亦有至者"①。当时日本僧人参谒玄沙师备的同时，也极有可能参谒雪峰义存。

———————————

① 梁克家：《三山志》卷三十八，福建地方志编纂委员会，海风出版社，2000，第617页。

唐末，闽籍进士林宽写过《送人归日东》一诗："沧溟西畔望，一望一心摧。地即同正朔，天教阻往来。波翻夜作电，鲸吼昼为雷，门外人参径，到时花几开。"① 这首诗表现了日本僧人历经无数艰难险阻渡海求法的大无畏精神。

①《全唐诗》卷六百零六，中华书局，1960，第 7001 页。

第三章　隋唐时期佛教东传

# 第四章
# 宋元时期佛教对东亚的影响

　　宋元时期，随着政治、经济、文化环境的变化，佛教教义和派别也有了很多发展和变化。印度佛教传入后，与中国原生文化经过近千年的磨合，彻底成为中国化佛教，成为中国文化不可或缺的组成部分。

　　宋朝建立之后，首先解除后周世宗的禁佛法令，并派遣 157 位僧人西行求法，把佛教作为对外联系的重要纽带。景祐二年（1035），西去取经回来者 138 人，从印度来汴京贡奉梵经的天竺僧侣有 80 人。其次建立由官方直接控制的译经院，培养译经所需的润文、证义等译经僧才，基本上恢复了从唐代元和六年（811）以来中断的佛经翻译活动。同时，因为印刷技术的发展，大规模雕刻和印刷《大藏经》，使佛教典籍的流传更为便利和快捷，并影响到少数民族地区及周边国家。宋代由政府主持的《大藏经》雕刻始于宋太祖时期，其印刷由印经院负责。到北宋末年，民间刻印取代了官方刻印。由朝廷资助并派人主持刻印的藏经习称"官版"，由地方官吏、富豪或寺院住持刻印的藏经习称"私版"。宋代 300 余年间，官私刻印的《大藏经》有五种版本。

　　两宋社会相对稳定，王朝的宗教政策比较宽松，佛教寺院经济平稳发展。禅宗领袖人物走出农耕山林，进住通都大邑或名山胜地的大寺院，这就为他们放下锄头、拿起笔杆提供了可能。山林旷野的质朴禅风由此在禅宗主流阶层身上逐渐消退，都市书斋的浮华禅风却日益浓重。禅宗新禅学的发展过程，也正是禅师们在研究旧经典的基础上创造新经典的过程。宋代是产生禅宗典籍的黄金时期，其数量之庞大、种类之齐全，不仅超过唐五代，而且也为后代所不及。而禅宗所推崇的经典、灯录、语录的风骨，对文人也有很强的吸引力。朱熹喜读大慧宗杲的语录，从中受到启发。他甚至说："今之不为禅者，只是未曾到那深处，才到深处，定走入禅去也。"[①] 士大夫在与禅僧的日常交往中，也喜欢运用《传灯录》和《景德传灯录》中的那种机语问答和诗颂酬唱形式。他们相见时斗机锋、逞辩才，被称为"禅悦之乐"。士大夫阶层是推动佛教发生巨变的重要社会力量。这不仅表现在禅学上升为佛学主流，也表现在净土信仰从一种学说、行仪发展到创教立宗，还表现在因为士大夫普遍"厌闻名相之谈"而使教门诸派的所谓"中兴"没有兴旺气象。造成这种现象的原因虽然是多方面的，但是士大夫对新南渡以后，高宗对佛教取折中态度，既不毁其教灭其徒，也不崇其教信其徒，而是"不使其大盛耳"。宋代佛教引进"天下国家"和"忠君忧时"，开辟了古代佛教爱国主义和民族主义一途。

元朝贵族进入汉地之初，根据国内的政治形势和藏传佛教的具体情况，元朝廷确定了依靠萨迦派、崇奉喇嘛教（藏传佛教）的宗教政策，直到元末没有根本改变。当时除佛教、道教、儒教、伊斯兰教以外，也里可温（天主教）、术忽（犹太教）也占有一席之地。由于信奉佛教的汉族等级低下，汉地佛教相应地在元代佛教体系中的地位受到前所未有的冲击。特别是由于南人处于最低等级，主要在南方流传的禅宗受到影响。在元统治者的倡导下，汉地佛教界出现了"禅学浸微，教乘益盛，性、相二宗皆以大乘并驱海内"。事实上，受到尊教抑禅打击最重的是北方禅宗，此后基本上销声匿迹了。南方禅宗则采取消极对抗态度，但其作为佛教在南方的主体地位，并没有因为政府的政策而有剧烈变化。所以，在相当长时间里，南方的多数禅师与朝廷保持距离。忽必烈死后，元统治集团对南方禅宗逐步减少了压力，加强怀柔的成分，虽有助于缓解对抗，但收效并不显著。在新的社会环境中，佛教在寺院组织、派系结构、教理信仰和修行实践等许多方面发生了巨大变化，直接影响着中国佛教以后的发展方向。

---

① 黎靖德：《朱子语类》卷十八，中华书局，1985，第 415 页。

# 第一节　宋代佛教对朝鲜半岛的影响

宋元时期大致相当于高丽王朝统一朝鲜半岛时期。高丽王朝的开创者是高句丽的部将王建，918 年取代后高句丽王弓裔，建立起高丽王朝，定都开京（今开城）。935 年，新罗敬顺王举国归服王建。936 年，高丽又灭掉后百济。这样，高丽王朝统一了朝鲜半岛，直到 1392 年被朝鲜王朝所代替。

高丽时代，佛教受到王权的特别保护，佛教界实行像科举制度那样的僧科制度，僧官的登用分教宗和禅宗两科进行考试，合格者可以获得"大选"的法阶，然后依次晋升为大德、大师、重大师、三重大师，与官阶类似。禅宗可成为禅师、大禅师，教宗可成为首座和僧统。僧侣的最高名誉是王师、国师，相当于高丽国主的顾问。佛教在高丽的发展大致可分为两个时期：前期是从太祖到肃宗朝结束（918—1105），其特点是中国佛教持续传入，并在社会上各阶层逐步普及、加深时期；中后期为睿宗即位到高丽灭亡（1106—1392），可以说是高丽开始形成其佛教宗派的时期。

## 一、诸王崇佛

太祖王建建国初期，采取敬佛崇儒并重的政策。在其建国过程中，充分利用佛教力量，这一方面是出于个人信仰，另一方面则是出于政治上的需要。据《东国通鉴》等史料记载，王建即位元年（918）冬，便设八关会，又叫八关斋会，在主会场设置一座大轮灯，四周排列起香灯，另外又搭两座大彩棚，各高五丈多，呈现百戏歌舞。百官穿官袍持笏参加，观看者满都。从此之后，八关会成为每年必有的例行佛事，再后来成为朝鲜半岛上的民俗节庆，成为国王接受百姓和官员朝贺，国王祭拜各路神明、祈求国泰民安的国家性庆典。

王建利用佛教为其政治服务的目的是很明确的。他早年曾以庆猷和中湛等为王师，又以玄晖为国师，对利严、允多、庆甫、希朗等名僧都给予很高的地位和优渥的待遇。此后的历代国王都崇信佛教，如定宗即位后，在开国寺安置佛舍利，并给全国大的寺院施谷约七万石。显宗时雕印《大藏经》，重新修缮开国寺塔，安置佛舍利，设戒坛授戒三千二百名僧人。靖宗时下令，家有四个儿子者，许其中一子出家为僧；又在四寺设立戒坛，以经律论的考核方式度僧，并施一万僧的饭斋；每年举办"经行"法会。文宗时，佛教达到极盛，下令家中有三个儿子，其中满十五岁的一子可以出家，文宗让自己的第四个儿子义天出家。文宗用十二年的时间修建兴王寺，选一千名僧人入住修法。显宗以来持续了七十年之久的《大藏经》五千零四十八卷刻版工作，也是在文宗年间完成。

高丽大觉国师义天（1055—1101），名煦，字义天，因避宋哲宗皇帝讳，以字行。其母亲是仁睿顺德王后李氏。义天"少超悟，读书属辞，精敏若宿习，兄弟皆有贤行，而师杰然出锋颖"①。十一岁出家，文宗诏王师烂圆为义天剃发，登坛受具足戒。义天出家后，一直跟随烂圆，学习华严学。"尝梦人传澄观法师书，自是慧解日进。至年甫壮，益自勤苦，早夜矻矻，务博览强记，而无常师。道之所存，则从而学之。自贤首教观，及顿、渐、大小乘经、律、论、章疏，无不探索。又余力外学，见闻渊博。自仲尼、老聃之书，子、史、集、录百家之说，亦尝玩其菁华，而寻其根柢。故议论纵横驰骋，衮衮无津涯。虽老师宿德，皆自以为不及，声名流闻，时谓法门有宗匠矣。"② 即义天成人之后，学习益自勤苦，博览强记，没有固定的老师，道之所存，则从而学之。从贤首教观，及顿渐大小经律论章疏，无不探索。有余力学习其他世间学问，见闻渊博，自仲尼、老聃的书，经史子集百家之说，也将精华指出学习，而寻其根底。故谈论纵横驰骋，衮衮无际涯，老师宿德都不能

① 金富轼：《灵通寺大觉国师碑》，《大觉国师外集》卷第十二，《高丽大觉国师文集》，黄纯艳点校，甘肃人民出版社，2007，第166页。
② 同上书，第167页。

及，时谓法门有宗匠矣。事实上，正是由于义天坚持诸宗兼研、全面继承以及既释既儒既道的学习实践，从而为其独具特色的佛学思想之形成奠定了坚实的基础。这说明义天在入宋求法之前，即已广览佛典，精心探究，而且对儒家、道家之书，中国经史子集、百家之说，都有深入了解。

1083 年，义天向父王奏请入宋求法，但没有得到回应。文宗去世后，宣宗即位，义天再次上表请求入宋求法，但得不到群臣支持作罢。宣宗二年（1085），义天趁宣宗外出，于四月八日佛诞日，偷偷搭乘宋商林宁的船入宋；五月二日，到宋密州板桥镇（今山东半岛之胶州）登陆；二十一日，获准入朝见皇帝。六月七日，义天到达海州（今江苏连云港），中途因病滞留海州，得赐御斋和茶药。七月六日，到达宋都开封，住启圣寺。宋哲宗诏见义天，礼遇备至，遍参名德，让华严法师有诚与之研修佛法。义天以弟子之礼谒有诚法师。后来，义天又参谒禅宗青原系圆照禅师宗本，圆照为其升堂说法，并为之做偈云："谁人万里洪波上，为法忘躯效善财。想得国浮应罕有，优昙花向火中开。"[①] 义天又到兴国寺，谒见西天三藏天吉祥，详问西天之事。八月十四日，义天获准南下。八月底、九月初，义天离京辞行之日，皇帝复又赐斋、设饯筵。在有诚法师的推荐下，义天与主客员外郎杨杰一起，沿汴河、历淮泗、渡扬子津，达于润州金山，浸寻而至苏州，大约于九月下旬到达余杭，即投大中祥符寺，随净源法师研习华严学。净源法师在中国华严宗思想方面的探微发隐，及华严章疏的收集和整理方面贡献很大。当时净源法师因知州蒲公宗孟之请，入住南山慧因寺，开讲《华严经》，义天也移住此寺，并施银购置经藏七千五百余卷。与此同时，他在杭州天竺寺请从谏讲天台一宗经论。从谏为义天讲说天台教法，并以手炉、如意等物相赠，又制诗一首以送别。这表明义天除华严外，还接受天台教义。义天重过泗州普光王寺时，正逢本国宣宗生辰，义天特为设生辰斋，并撰《疏》祝福。至金山寺，义天参谒名宿佛印了元禅师，赠予焚

---

① 李存：《仙凤寺大觉国师碑》，《大觉国师外集》卷第十三，《高丽大觉国师文集》，黄纯艳点校，甘肃人民出版社，2007，第 176 页。

炉、袈裟、经帙。了元禅师特制诗六首答谢。在苏州，义天参访圆通寺华严僧善聪法师。自此，二人交谊延续了很长时间，多有书信往来、偈颂相赠。

宋元祐元年（1086），高丽宣宗上表宋廷，因母思念为由，请遣义天回国。宋哲宗答应宣宗之请，诏义天抵京。义天离杭北上时，特请净源同舟赴京，一路上讲学不辍。二月十三日，义天达京师，哲宗特赐永宁禅院劳迎，在同文馆安歇。闰二月十九日，义天辞行，皇帝、皇太后赐予他银器、彩帛，并设筵送别。三月二日，义天准备离京南下乘船归国，仍诏差朝散尚书主客员外郎杨杰、僧可久为送伴。三月七日，宋哲宗又以高丽文宗王真影一轴，并金香炉、香盒等赐予义天。南下途中，至秀州（今浙江嘉兴市）真如寺，义天见楞严疏主（即长水子璿）塔亭倾覆坍塌，慨然叹之，施以白金，嘱咐寺僧修葺。夏四月，义天等再回杭州慧因院，净源法师继续讲华严大义。讲完之后，净源赠义天香炉、拂尘作为付法的信物，并嘱咐："愿僧统归，广作佛事，传一灯，使百千灯相继而无穷。"① 义天将离杭州赴天台山，城中禅讲诸师各率徒送别，并以诗、书赠之。义天到达天台山，登定光、佛陇，瞻仰祖师弘法遗迹，并亲笔书写发愿文，于智者大师肉身塔前宣誓："尝闻大师，以五时八教，判释东流。一代圣言，声无不尽。本国古有谛观者，传得教观，今承袭久绝。予发愤忘身，寻师问道，今已钱塘慈辩讲下，承禀教观。他日还乡，尽命传扬。"杨杰志之，沙门中立为之竖石。

宋元祐元年（1086）五月，义天归国，受到宣宗及大臣们的热烈欢迎。诏义天为兴王寺住持，弘演禅教显密诸法门。义天此次入宋共停留十四个月，游历研学经过山东、江苏、安徽、河南、浙江五省，时间虽短但成绩却十分显著。携佛典经书一千多卷归国，为华严宗的振兴带来了必要的历史文献；将中国华严宗的最新思想带往海东，使天台宗在海东重新兴盛起来；为佛教各宗的整合做了坚实的准备。

义天回国后，在兴王寺设置"教藏主监"，从中国和日本购入大量佛典，并收集朝鲜历代名僧元晓、义湘、大贤、圆测、谛观等人的著作

---

① 金富轼：《灵通寺大觉国师碑》，第 168 页。

共达 4740 多卷，逐一进行注释、校对、补遗和整理刊印，世称"义天《续藏经》"。元祐八年（1093），义天出游国内诸寺，进一步收集诸宗教藏，同时继续向宋朝、契丹和日本购求之。

肃宗二年（1096），国清寺建成，义天被任命为住持，并在此初讲天台教，从而开创了朝鲜佛教之天台宗。在弘法的同时，义天还关心国计民生大事，上《铸钱论》，极劝肃宗在全国颁行铸钱、用钱之法令，以利国利民。

1101 年，义天圆寂，俗寿四十七。肃宗赐谥"大觉"之号，册为国师。义天著书颇多，但只存《大觉国师文集》二十三卷、《大觉国师外集》十三卷、《圆宗文类》及《新编诸宗教藏总录》三卷等。

义天通过购求辽、宋佛籍，汇编、刊行《高丽续藏》，促进了中国与高丽之间的佛学交流，对中国与高丽两国的佛教发展、文化交流以及朝鲜语言、文化和印刷等事业的发展带来了深刻的影响。

## 二、《大藏经》的雕印

宋王朝总结历代经验和教训，对佛教采取了既不盲目崇奉，也不过分抑制的基本方针。因此，在宗教政策上没有出现大起大落情况，对佛教事务管理更加系统化和制度化。佛教各宗派团体，以振兴本宗为己任，致力于本宗散失典籍的收集、整理、研究和宣讲，争取多继承前代遗产，力求较全面地普及本派基础知识，同时以本宗的基本思想诠释别派比较流行的典籍，促进本派学说在整体佛学中的运行。随着文化发展的需要，印刷技术的提高，佛教典籍的印刷出版量增加。

宋朝政府于开宝三年（970）在四川成都用雕版印刷了《大藏经》（俗称"开宝藏"）六千余卷，于太平兴国八年（983）完工，共用十三年完成。这是《大藏经》首次采用雕版印刷，成为世界印刷史和佛教史上的一大盛举。此后，其他佛籍经疏著述也陆续刻印出版，以满足社会的需要，给佛学研究和佛教普及带来便利。因此，"好佛法"的高丽人在雕版印本完工不久，就闻讯遣使臣入宋，求宋廷赐予《大藏经》。当时，高丽王王治"遣僧如可赍表来觐，请《大藏经》"。至端拱二年

（989），高丽又"遣使来贡"，于是宋廷赐予《大藏经》，"仍赐如可紫衣，令同归本国"①。此为雕版印本《大藏经》首次传入高丽。此后，高丽又多次向宋廷求购《大藏经》，宋廷基本上都满足其请求。淳化二年（991），高丽使臣韩彦恭来贡，并"表述（王）治意，求印佛经，诏以《大藏经》并御制（宋太宗亲撰）《秘藏铨》《逍遥咏》《莲华心轮》赐之"②。

天禧三年（1019），高丽进奉使崔元信来贡，"又进中布二千端，求佛经一藏，诏赐经还布"③。乾兴元年（1022），高丽贡使韩祚还，宋廷"赐《圣惠方》、阴阳二宅书、《干兴历》、释典一藏"④。

在宋神宗时，由福州东禅寺僧人用雕版印刷《大藏经》（俗称"东禅寺版"），以收录宋初以来所撰的佛籍。后来，高丽又使人三次向宋廷购求《大藏经》。元丰六年（1083），高丽王"命太子迎宋朝《大藏经》，置于开国寺，仍设道场"⑤。元丰八年（1085），"高丽国进奉使入乞收买《大藏经》一藏、《华严经》一部从之"⑥。宋哲宗元符二年（1099），赐高丽《大藏经》，收藏于高丽都城兴王寺内。⑦

当宋版《大藏经》运到高丽时，高丽人举行盛大、隆重的仪式以迎接之。如淳化三年（992），韩彦恭携《大藏经》还高丽，"王迎入内殿，邀僧开读，下教赦"境内，并"遣翰林学士白思柔如宋，谢赐经"⑧。

宋版《大藏经》传入高丽，促进了高丽佛教文化的发展。在高丽显王时，开始用雕版印刷《高丽大藏经》，至天圣七年（1029）完成，其内容主要根据宋"开宝藏"复刻。《高丽大藏经》的雕版印刷，标志着高丽佛教发展到一个新的阶段。

---

① 脱脱等：《宋史》卷四百八十七《高丽传》，清乾隆四年刻本，第 22685 页。

② 同上书，第 22687 页。

③ 同上书，第 22694 页。

④ 郑麟趾：《高丽史》卷四，朝鲜活字本，第 405 页。

⑤ 郑麟趾：《高丽史》卷九，第 774 页。

⑥ 李焘：《续资治通鉴长编》卷三百六十二，清光绪七年刻本，第 13310 页。

⑦ 徐兢：《宣和奉使高丽图经》卷十七。

⑧ 郑麟趾：《高丽史》卷三，第 298 页。

除佛籍外，不少佛画、法器等也相继传入高丽，丰富了高丽的佛教文化。如熙宁丙辰（即熙宁九年，1076）冬，高丽"遣使崔思训入贡，因将带画工数人，奏请摹写"宋都开封府大相国寺"壁画归国，诏许之。于是尽模之持归"，并将这些佛画在高丽京城兴王寺内的大殿两壁，甚为"宝惜"爱护。至宋徽宗时，宋使至兴王寺犹见之。元丰年间，宋神宗还赐高丽"夹纻佛像"，也宝藏在兴王寺内。

宋开宝年间，杭州永明寺智觉禅师延寿所撰《宗镜录》百卷传至高丽，光宗王读后，心窦顿开，于是遣使致书叙弟子礼。《宗镜录》撰成于乾德间，它博引天台、慈恩、贤首宗的教理而证心宗，其中又特别属意于贤首，关键则在于贤首宗极意谈"圆"，主弘"圆融无碍"学说，同禅宗的"佛语心为宗，无门为法门"颇有相通之处。此外，延寿曾师从于法眼宗祖师文益禅师，而重视华严义研究本身也正是文益所创法眼宗的特点。因此，《宗镜录》传入朝鲜，即意味着法眼一宗的大旨也传了过来。

宋端拱二年（989），高丽王成宗遣使如可（僧人）入宋朝觐，并请《大藏经》。宋太宗如其请，同时赐之以紫衣，并令其同入朝使还国。按宋太祖于开宝三年（970）敕益州雕大藏经版，至宋太宗太平兴国八年（983）完成。这是中国第一套《大藏经》雕版，俗称"开宝藏"，共十三万余版，如可获赐的也正是此第一套雕版印刷的《大藏经》，而且是初刻版，而非增刻版。宋淳化二年（991），高丽王成宗遣使韩彦恭入宋请《大藏经》。宋太宗又赐予"开宝藏"一部，并于次年携归。高丽王亲迎入内殿，请僧开读，并下令大赦。同年十月，高丽王复遣使白思柔入宋谢赐《大藏经》。据《宋史》载，宋太宗赐韩彦恭除经藏外，又有御制《秘藏铨》《逍遥咏》《莲华心轮》等；而白思柔入宋则在淳化四年（993）正月，而非淳化二年（991）十月。《佛祖统纪》载："高丽国王治遣使乞赐大藏经并御制佛乘文集，诏给之。"所指当韩彦恭事。宋乾兴元年（1022）二月，高丽王显宗所遣告奏使御史礼部侍郎韩祚等一百七十九人谢恩毕，辞归本国。宋真宗曾赐给阴阳地理书、《圣惠方》，以及释典《大藏经》一部。此前，北宋除推出"开宝藏"外，又于至道初在婺州开元寺雕印《大藏经》，即所谓"婺州藏"。出经次年，宋真宗登基理国，他所赐之经藏似应为此婺州开元寺印本。辽道宗清宁九年（1063）三月，契丹辽曾遣使送《大藏经》至高丽，高丽王文宗备法驾迎于西郊。按辽于兴宗世开始用雕版印《大藏经》，至道宗即位初完成，故此次所送高丽的《大藏经》为新雕"辽本"无疑。《辽史》"本纪"和"高丽传"中均未提到此事。辽道宗咸雍八年（1072）六月，高丽遣使入辽朝贡。十二月，道宗赐高丽佛经一藏。此事见于《辽史·二国外记》：

> 兴宗崩，道宗即位，清宁元年八月，遣使报国哀，以先帝遗留物赐之。十一月，使来会葬。二年、三年皆来贡。四年春，遣使报太皇太后哀。五月，使来会葬。咸雍七年、八年来贡。十二月，以佛经一藏赐徽。①

据此，则辽道宗这次赐经即为清宁八年（1062）。至冯家昇点校《辽史》，据"道宗纪"在上述引文的"七年"前加上"咸雍"二字，使"清宁七年、八年"变为"咸雍七年、八年"，"纪""传"所记赐经事始相一致。宋元祐元年（1086），高丽文宗王第四子煦（法号"义天"），自宋还国，携所求得经一千余卷归。或说于高丽宣宗七年（1090）还国，所求得的经书（诸宗章疏）三千余卷。

高丽又旁求日本、契丹等撰述，编撰成《新编诸宗教藏总录》总五千零四十八卷，刊行四千部，此即《高丽续藏经》。高丽宣宗四年（1087），宋泉州商人徐戩在杭州用雕版印制《新注华严经》，并于同年献于高丽。辽道宗寿昌五年（1099），辽遣使肖朗至高丽，赠《大藏经》一部。辽乾统七年（1107），天祚帝又遣使赠高丽《大藏经》一部。高丽睿宗世前半期，慧照国师奉诏西学，市辽本《大藏经》三部而回，一本存定惠寺，一本存海印寺，一本存参政宅。

大量佛典源源不断地流入朝鲜，首先是满足了朝鲜国内日益增多的佛教僧尼研习、读诵的需要，从而为朝鲜佛教的持续性发展奠定了基础；其次是在每次传入朝鲜的佛典中，往往都包括了最新译、撰经典章

① 脱脱：《辽史》卷一百十五，清乾隆四年刻本，第 2177 页。

第四章　宋元时期佛教对东亚的影响

疏，尤其是宋代以前是这样，其结果是及时地传递了中国佛教发展的最新信息，使朝鲜佛教与中国佛教在发展的道路上能够保持相对的衔接性；再次是无论手抄，还是雕版印刷的《大藏经》传入朝鲜后，也启迪了朝鲜民族的艺术天才，促进了他们的雕版、印刷技术的进步。"开宝藏"传入朝鲜后不久，高丽显宗王即于其即位次年（1011），仿其版式雕刻《大藏经》。宣宗世又据义天所编《新编诸宗教藏总录》刻四千部刊行于世。以上官版《大藏经》《续藏经》雕版被元兵焚毁后，高丽高宗又于其即位后二十三年（1236）依官版《大藏经》版式重刻。此《高丽大藏经》为全世界保存了丰富而珍贵的佛教文化，即使到今天也仍然是我们研究古代佛教不可多得的文献资料。更可喜的是，这些经版至今仍完好地保存在今韩国庆南陕川海印寺内，成为朝鲜民族的国宝。这从一个侧面反映了中国佛典及雕版、印刷技术对其产生的深刻影响，同时也是两国友好交流的见证。

## 三、北宋僧人与高丽僧人的交流

自熙宁年间以后，入宋求法的高丽僧人也较之前增多。这些僧人在宋朝境内大都受到优待，有的还被宋廷召见、赐号。熙宁九年（1076），当宋神宗得知有三名高丽僧寓杭州天竺寺问法受道时，特命召见高丽僧人，并令地方官府差吏一名，"乘驿引伴赴阙"。元丰三年（1080），这三名高丽僧人来到开封。宋神宗接见后，"诏高丽学法僧觉真赐号法照大师；昙真，法远大师；丽贤，明悟大师，仍赐紫方袍，听随贡使归国"[1]。当时入宋求法者众多，而以高丽僧统义天最为著名。义天入宋求法，使两国佛教文化交流达到一个新高潮。

### （一）入宋求法的高丽僧

早在五代十国时期，就有众多的高丽僧人来到中国学习禅宗。"据不完全统计，在禅宗发展各阶段入华学习的海东禅僧总数达七十多人，

---

① 李焘：《续资治通鉴长编》卷三百三，第 11335 页。

居佛教各宗学僧之首"①。这些僧人学成之后，大多归国传法，这其中有高丽雪岳令光禅师、高丽道峰山慧炬国师、高丽国僧人灵鉴、泉州福清院玄讷禅师、高丽铁山琼禅师、杭州龙华寺的灵照真觉等。慧炬、灵鉴等人学成归国后，"开法各化一方"②，在高丽传法眼宗。

这些高丽僧人归国后，致力于弘扬在中国所学的禅宗法义，为高丽禅宗的发展作出了积极贡献。其中，这些高丽僧人传入高丽的主要是禅宗的法眼宗和临济禅。

### 1. 智宗

智宗师承永明延寿，为青原下十一世法嗣，传法眼宗旨。由于永明延寿，法眼宗最初东传至高丽。学者陈景富认为，纵观智宗入华求法和归国弘法的整个历史，他应该就是将延寿的《宗镜录》传归海东的第一人。③ 由于永明延寿著《宗镜录》一百卷，诗偈赋咏凡千万言，播于海外，因此在智宗之后至杭州慧日永明寺师事延寿禅师的高丽僧人又有另外三十六人。延寿所著《宗镜录》一百卷传至高丽国后，国王览师言教，深得启发，极力推崇，并因此遣使携国书越海前往叙弟子礼，赠金线织成袈裟、紫水晶数珠及澡灌等物，同时派出三十六位僧人投师问法，亲承印记，先后归国，各化一方，法眼宗继智宗之后广传于海东。可惜三十六僧皆失名，事迹亦缺略无载。④

据杨渭生先生在《禅宗东传与智宗、坦然——宋与高丽佛教文化交流之一》中介绍，智宗曾先后两次来华求法⑤。第一次是在后周显德二年（955），拜师永明延寿禅师，学习法眼宗。第二次是在宋太祖建隆二年（961）入宋，拜师天台宗第十五祖羲寂法师，学习《大定慧论》，很有心得。他还于传教院宣讲《大定慧论》和《法华经》，听者甚众，盛况空前。智宗于宋太祖开宝三年（970）年归国。智宗归国后，受到高丽

① 杨渭生：《禅宗东传与智宗、坦然——宋与高丽佛教文化交流之一》，第235页。
② 道元：《景德传灯录》卷二十四，大正藏本，第596页。
③ 陈景富：《中韩佛教关系一千年》，第298页。
④ 黄有福、陈景富：《海东入华求法高僧传》，第161页。
⑤ 杨渭生：《禅宗东传与智宗、坦然——宋与高丽佛教文化交流之一》，第237页。

光宗的大加礼遇，先后赐予"大师""重大师"等尊号，在高丽境内弘扬永明延寿的法眼宗，是高丽前期禅宗的著名大师。

### 2. 谛观

谛观，高丽国人，生卒年不详。谛观来华的时间为建隆元年（960）。奉高丽王命，谛观携带宋初之时天台宗所缺失的典籍来到吴越，并留在北宋学法，约十年后圆寂。谛观入宋的原委，照《佛祖统纪》的记载：

> 初，吴越王因览《永嘉集》同除四住之语，以问韶国师。韶曰："此是教义，可问天台义寂。"即召问之。对曰："此智者妙玄位妙中文，唐末教籍流散海外，今不复存。"于是，吴越王遣使致书，以五十种宝往高丽求之。其国令谛观来奉教乘，而《智论疏》《仁王疏》《华严骨目》《五百门》等禁不令传。且戒观师于中国求师问难，若不能答，则夺教文以回。观师既至，闻螺溪善讲授，即往参谒，一见心服，遂礼为师。尝以所制《四教仪》藏于箧，人无知者。师留螺溪十年，一日坐亡，后人见故箧放光，开视之，唯此书而已。由是盛传诸方，大为初学发蒙之助云。①

另外，《吴越王传》也记载道："宋太祖建隆元年（960）十月，初天台教卷，经五代之乱，残毁不全。吴越王俶，遣使至日本、高丽以求之。至是，高丽遣沙门谛观，持论疏诸文，至螺溪谒寂法师，一批宗教文献复还国中。螺溪以授宝云，云以授法智，法智大肆讲说，遂专中兴教观之名。"他的到来，使中国天台宗逐步走上"中兴"之路。谛观所著的《天台四教仪》对天台宗的判教立义和南北古师的异议作了简明扼要的总结和剖析，因而被视为本教的"关钥"和"初学发蒙之助"。

谛观来到北宋后，积极学习天台教义，并取得了很大成绩。他对北宋天台复兴产生了积极作用，主要有两点：一是携天台论疏诸部来华。高丽国王虽然要为难吴越国人，要求谛观到中国后详加辨别，看这些经

---

① 志磐：《佛祖统纪》卷第十，广陵古籍刻印社，1992，第516页。

典是否值得托付。但当时义寂法师佛法高深，使谛观一见倾心，遂拜义寂法师为师，而留净光法师处学习，使得天台宗的《智论疏》等众多经典得以复还，这为天台宗的复兴奠定了坚实的基础，"悉付于师教门，中兴实基于此"①。二是著述了《天台四教仪》。谛观法师本身就精通天台教义，而后又留在义寂法师处学习了十年的时间，深研天台教义。他根据智者大师的《妙法莲华经玄义》而作《天台四教仪》，内容系删补"天台八教大意"而成，乃是研究天台教义的入门之书。此书在谛观圆寂之后盛传诸方，也为天台宗的发展作出了很大的贡献。

天台宗经过五代战乱的打击后发展一度遇到重大困难，但经过天台僧人义寂、义通等人的大力弘法，特别是谛观入宋带来大量天台经典后，得到广泛传扬，最终在北宋时期得以复兴。

### 3. 智异山

据《东国僧尼录》记载，当时新罗入唐求法僧人智异山是临济禅的开山祖师临济玄法师的法嗣。后智异山回到朝鲜半岛后，在朝鲜智异山开宗立派，宣扬临济禅，但临济禅在高丽却并未盛行。及至北宋末期，高丽国师坦然（？—1158）立志复兴高丽临济禅。坦然在高丽看到了临济宗著名高僧无示介湛的《语录》后，深受启发，后作《语要》《四威仪》。介湛给坦然回信中说道："佛祖出兴于世，无一法与人，实使其自信、自悟、自证、自到，具大知见。如所见而说，如所说而行，山河大地，草木丛林相与证明，其来久矣。"② 通过书信问答，使得介湛对坦然大为赞赏，寄给他衣钵并收他为弟子。坦然虽经过一系列努力想要中兴高丽临济禅，他的弟子门人也非常众多，但效果并不是十分显著。临济禅在高丽的兴盛要等到南宋时期大慧宗杲的临济禅思想传入高丽以后了。

### 4. 乐真

乐真（1050—1119），俗姓申，利川郡人。其事迹见《大华严业第四

① 智觉：《四教仪缘起》，《大正藏》卷四十六，白马精舍印经会刊印本，2009，第774 页。

② 普济：《五灯会元》卷第十八，中华书局，1997，第1225 页。

代王师元景大和尚碑》。乐真自幼出家，从景德王国师烂圆修学，后师事义天。义天入宋后，乐真亦奉王命入华，随义天巡访。回国后，又帮助义天编辑《诸宗教藏总录》和《圆宗文类》，并从事佛教教育事业。乐真于肃宗时期升为僧统，睿宗时期成为王师。他曾住持归法寺和法水寺，后于1119年去世，世寿七十，谥号"元景"。

### 5. 义通

宋太宗赐义通号为"宝云"，他是义寂法师的传人，义寂法师示寂后，成为天台宗的第十六祖。其著有《观经疏记》《光明玄赞释》《光明句备急疏》等天台经典。据《佛祖统纪》史料记载："义通俗姓尹，字惟远，后唐天成二年（927）生。幼拜龟山院释宗为师，受具之后习《华严》与《起信》。"天福（936—947）末年，义通来游中国，至天台云居德韶国师门下学习，"忽有契悟，及谒螺溪闻一心三观之旨。乃叹曰'圆顿之学毕兹辙矣'"①。于是，义通便决心留在中国潜心学习佛法，并拜入了义寂法师的门下，成为真传弟子。义通在中国游历学习了一段时间后，于乾德年间有归国之意。"假道四明将登海舶，郡守太师钱惟治（忠懿王俶之子）闻师之来，加礼延屈咨问心要……钱公固留之。"②郡守太师钱惟治请为菩萨戒，最终留下来，积极传道授业。开宝元年（968），漕使顾承徽舍宅为寺，取名传教院，请义通为开山。此后二十年间，义通在此阐扬教观，教化信众，至端拱元年（988）去世。作为高丽僧人，谛观和义通两人为中国天台宗的传承建立了不可忽视的功业，为天台宗培养了不可多得的人才。按照天台宗的家谱，义通被尊为第十六代祖，门下弟子中以知礼最为上首，继为十七代祖。宋代天台宗内部的山家、山外两派之间的论争，山家一方的主将就是四明知礼。由此可见，义通在宗史上实际起到了承前启后、挽于衰微的作用。

义通在中国传教近二十年，所著经典众多，影响甚大，而且培养出法智知礼、慈云遵式等优秀弟子，为北宋天台宗的复兴作出了重大贡献。他在宋期间，广收弟子，已与宋人无异，最后亦在宋朝圆寂。义通

① 志磐：《佛祖统纪》卷第八，第406页。
② 同上。

以一个高丽僧人的身份而成为天台宗的第十六祖，可见其佛法高深，也成为当时北宋与高丽佛教交流史上的一个佳话。关于义通对天台宗发展的贡献，南宋天台宗僧人宗晓曾写了一部《宝云振祖集》，共计二十四篇，收录在《四明尊者教行录》中①。

### 6. 玄光

朝鲜僧人来到中国学习天台宗佛法，并在回国后积极弘扬天台教观，其中以玄光为代表。《佛祖统纪》卷九中载：

> 禅师玄光，海东新罗人。远越沧溟求法中夏，首造南岳授法华安乐行门，禀受勤行，俄证法华三昧。南岳谓之曰："汝还乡国当以善权而行化度，若负螟蛉以成蜾蠃者也。"师即礼辞南岳返锡江南，值本国海舶遂获附载……师既归国，于熊州翁山结茅为居集众说法，久之遂成宝坊。受道之众咸蒙开悟，升堂受莂者一人，入火光三昧者一人，入水光三昧者二人，南岳影堂如图二十八人，师居一焉。②

玄光不远千里来到中国求法，他在南岳法师处刻苦学习天台教义，不久之后就学有所成。玄光在归国之际，其师劝勉他归国后要在朝鲜弘扬天台教观。玄光亦努力传道授业，在高丽熊州聚众讲法，并有所成就。

除玄光外，还有许多朝鲜僧人不断来华求拜天台名师，其中左溪玄朗的门下"禀法十二人，得嗣曰荆溪，新罗传道者，法融、理应、纯英"③。这些新罗僧人在学成后，积极回国弘扬天台宗，"八祖左溪禅师于东阳左溪为荆溪然禅师说止观，是年新罗法融等，传教归国"④。因为有众多朝鲜僧人归国传教，天台宗得以在朝鲜半岛发展起来。

———————————

① 杨渭生：《宋丽关系史研究》，杭州大学出版社，1997，第327页。

② 志磐：《佛祖统纪》卷第九，第402页。

③ 志磐：《佛祖统纪》卷第七，第385页。

④ 志磐：《佛祖统纪》卷第二十三，第823页。

### 7. 令光与玄沙师备

高丽僧令光曾入华求法，师事杭州天龙寺重机明真大师。明真是台州黄岩人，师事福州玄沙师备，并得法，为青原下七世法嗣，后应武肃王钱余之请，至杭州天龙寺说法住持。此间，令光前来参谒问道。令光后还国，至雪岳山寺接徒开法。有僧问："如何是和尚家风？"光答："分明记取。"僧又问："如何是诸法之根源？"光曰："谢指示。"① 令光其余事迹不详。

### （二）赴高丽的宋僧

北宋之时，宋朝一些僧人亦到高丽进行游历，例如惠珍、省聪等人。当时北宋僧人到高丽，主要是参拜圣迹。例如，惠珍就请求参拜普落山圣窟。高丽王对于北宋僧人一直非常优待，御宣政殿引见惠珍并赐食于翰林院。后来，惠珍、省聪等僧完成游历后，高丽肃宗又将他们礼送归国。

北宋天台宗与高丽佛教方面的交流可以追溯到五代的吴越王钱镠时期。五代十国时期，中国境内的一些天台宗僧人因感当时天台宗经典散失严重，决心去往海外求取教典，并通过游历增长见闻，为天台宗的复兴作出了积极的贡献。在这方面，子麟法师（生平不详）就是一个例子。《佛祖统纪》载："五代唐清泰二年（935），往高丽百济日本诸国援智者教，高丽遣使李仁日送师西还。"② 当时的吴越国王钱镠得知子麟归来后，特意为其营建寺院以作安置。

子麟从高丽等国带回来的天台宗经典，开启北宋与高丽佛教交流的先河。

继子麟后，五代末北宋初时，天台宗的义寂法师也积极向高丽求取天台经典。义寂是天台宗的第十五祖，尊称为净光尊者，字常照，永嘉胡氏③。义寂于后梁贞明五年（919）出生，太宗雍熙四年（987）示寂，

---

① 黄有福、陈景富：《海东入华求法高僧传》，第 134 页。

② 志磐：《佛祖统纪》卷第二十二，第 811 页。

③ 志磐：《佛祖统纪》卷第八，第 402 页。

寿六十九，法腊五十年。

当时的吴越国王虔信佛法，吴越也被称为东南佛国。义寂因是天台宗的第十五祖，把复兴天台宗视为己任。当时义寂所面临的最主要的困难是传教典籍的匮乏，"远自安史挺乱近从会昌焚毁，残编断简传者无凭，师每痛念力网罗之，先于金华古藏仅得净名一疏"①。于是，义寂便立志搜罗天台宗的散失典籍，重振天台宗。

宋太祖建隆元年（960），义寂为吴越王讲经，并趁机请求吴越王出面往海外求取教典。《佛祖统纪》云：

> 吴越忠懿王，因览永嘉集有"同除四住此处为齐，若伏无明三藏即劣"之语，以问韶国师……韶云："此是教义，可问天台寂师。"王即召师。出金门，建讲以问前义。师曰："此出智者妙玄。自唐末丧乱教籍散毁，故此诸文多在海外。"于是吴越王遣使十人，往日本国求取教典。②

其实，当时吴越王不仅遣使向高丽国求教典，还派人往日本求教典。据《佛祖统纪》载，案二师口义云："吴越王遣使，以五十种宝，往高丽求教文。其国令谛观来奉诸部，而《智论疏》《仁王疏》《华严骨目》《五百门》等不复至。据此则知，海外两国，皆曾遣使；若论教文复还中国之宝，则必以高丽谛观来奉教卷为正。"③

可知，当时日本和高丽都与中国有着积极的佛教交流。日本和高丽通过入华求法，带回来大量中国本土佛教典籍。因此，当时天台宗散失的典籍才能够复归。

通过义寂的努力，使得当时天台宗的部分典籍得以复归中国，吴越王特意为法师营建螺溪寺，并赐义寂号为"净光"。后来，义寂研习归还的天台经典，并重新勘定天台诸祖，北宋天台宗的复兴也由此开始。

---

① 志磐：《佛祖统纪》卷第八，第 402 页。
② 同上。
③ 同上。

从此，吴越与高丽佛教交流不断，也为北宋天台宗与高丽的佛教交流开创了有利的局面。

宋朝时期，儒、佛、道三教互相调和、融合的思想，即三教合一思想得到大力提倡，在百姓中得到普及和深入，因而在当时社会上出现了唤请僧人为自己祖先举行周年祭日法会的现象，甚至有在父母生日请僧尼诵经祈福者。这种风俗大概在北宋中期传入高丽。元符三年（1100），宋哲宗驾崩，高丽王为哲宗"荐福于大安寺"等。其他如高丽国王出行，令"奉《仁王般若经》前导，遵宋制也"；高丽民间于二月十五月圆之时，各个寺院的僧人便会点燃灯烛，国王、众官都去观望祈福，人们一路喧闹，如同中国的上元观灯。

同时，也有一些高丽法物传入中国。如高丽"僧衣磨衲者，为禅师、法师衲，甚精好"，为宋朝僧俗所珍重。如宋哲宗就曾赐法通大师善本"高丽磨衲衣"，以示宠渥、尊信。宋朝与高丽之间的佛教文化交流，因受政治、地理、文化等因素的影响而时有波折，但在两国僧俗的共同努力下，中国与朝鲜半岛之间的佛学交流，至宋朝发展到一个新的历史时期，使两国佛学交流不仅是单方面由中国传向高丽，而是双方互相交流，共同提高，促进了两国佛教文化的进一步发展。

# 第二节　宋代佛教在日本的传播与影响

宋代，中国佛教交流呈现出一派欣欣向荣的景象。特别是中国禅宗发展到了很高的水平，吸引了大批日本僧人入宋求法。与此同时，"一批德行高洁、学养丰厚的中国禅僧东渡日本，他们在弘扬禅风的同时，积极传播包括程朱理学在内的中国文化，直接参与镰仓文化的创建，其功不可没"①。这不仅促进了日本佛教的发展，而且使得禅宗作为一种新的意识形态为统治阶级所接纳，直至今日依旧熠熠生辉。

---

① 王勇：《日本文化》，高等教育出版社，2001，第312页。

平安后期和镰仓时期（1192—1333）新佛教教派出现，旧有的教派在教义方面也有了很多发展，使得日本的佛教进入新的形成和发展时期，有了本土特色。这一时期产生最澄的天台宗、空海的真言宗，引导出以后日本佛教的方向，其特色之一是与其他宗教混融而又自立宗派。空海融合儒教、道教和印度的大乘、小乘佛教等建立了日本的真言密宗。从这时开始，佛教逐渐走向了民众化，因而广泛流行于武士和中、下层民众中。至镰仓时代更加显著，发展十分迅速。

## 一、日本净土宗

日本净土宗是通过遣唐僧从中国带去对净土宗的信仰，并将中国的阿弥陀佛像和净土绘画传入日本。据史料记载，推古朝十五年（607），随日本使团返回日本的僧人惠隐，曾经带回大量的净土宗经典书籍。这位留学中国十多年的僧人，曾任职于宫中，主讲净土宗经典之一《无量寿经》，使弥陀信仰以日本皇室为中心，在日本的上层社会开始广泛流传。奈良时期最澄从大唐归国后，也带去了大量净土宗经典，还有智𫖃带回的《观无量寿经疏》《阿弥陀经疏》《净土十疑论》等。由此，净土宗的理论书籍大量传入日本。奈良中期，净土三经和相关注释陆续传入日本。遣唐留学僧带回来的净土宗经典和佛教文化用品，对日本佛教产生了一定的影响。其影响在当时主要表现为抄经书、造佛像、建寺院等。净土宗的艺术品"当麻曼陀罗"和"智光曼陀罗"，也是在这一时期逐渐流行。

最早将净土宗修习之法带到日本的是圆仁。圆仁来唐期间，亲临资圣寺，听镜霜大师讲授净土念佛。镜霜大师传授的阿弥陀净土念佛法，是法照嫡传的净土念佛法门。圆仁还将法照所写《净土五会念佛略法事仪赞》带回日本。因此，圆仁对净土宗传入日本及净土宗在日本的传播和流行，都起到重要作用。

净土宗初期的传播是以祈求现世福报为主的。奈良时期虽有净土信仰，但主要是来自中国的，而且其传播和流行主要局限在皇室和贵族阶层。从平安时期起，净土宗开始深入于民众中。当时，日本产生了"王

第四章　宋元时期佛教对东亚的影响

法佛法破灭"的说法，再加上律令制度的弊端，导致政治秩序游乱，使贵族阶层出现了远离秽土、来世净土的信仰萌芽。而称名念佛的出现，成为消除罪孽往生净土的方便法门，受到上层社会及广大民众的普遍欢迎。这一切都为净土宗的建立与发展创造了条件。最澄和空海远离南都六宗创建天台宗和真言宗，使净土思想在天台宗的倡导下得到了迅速的传播和发展，其主要特征就是广大民众掀起了在家念佛的热潮。平安后期，净土宗在日本民众中的流行已越来越广，主要信奉《无量寿经》和《阿弥陀经》的佛教思想，期待来世得到福报。

从镰仓时期开始，净土宗有了新的变化，其教义和实践越来越简易，也越来越受到底层民众的欢迎，开启了净土宗在日本的新纪元。以源空上人为代表的净土思想，适应时代特色而得以广泛传播，标志着佛教的传播进入新的时代。

作为日本净土宗"宗祖"的源空（1133—1212），其号法然，俗家姓漆间，小名叫势至丸，家住美作国（今冈山县）久米郡南条稻冈庄。父亲漆间时国是武士，任久米郡负任治安的押领使。他在源空九岁时，于稻冈庄的预所明石源内定期发起的袭击中受伤而死，死前嘱咐源空不要为他报仇，其遭遇是"先世宿业"所致，应早日出家为他祈福。源空此后依父遗言到当地的菩提寺出家。源空在十三岁时到达京都东北的比睿山，师事西塔北谷持宝坊源光，此后，又转到功德院皇圆的门下，学天台三大部。皇圆是著名史书《扶桑略记》的作者。久安三年（1147），源空十五岁，从皇圆受戒。三年后，源空改入西塔黑谷睿空之门。睿空曾经师事良忍，常向弟子讲授源信的《往生要集》，也提倡净土念佛。黑谷处地寂静，常有僧人在此地隐居修行，其中也有修念佛法门的，被人称为"念佛圣"。睿空对源空的刻苦修学和见解，十分赞赏，称许他"法然具足"，给他起号为"法然"，并用其先师"源光"之"源"与自己的"睿空"之"空"为他起名为"源空"。源空代表著作是《选择本愿念佛集》，此书的中心思想是提倡口称念佛。他认为"三经"是净土宗的基本经典，即《无量寿经》《阿弥陀经》《观无量寿经》。从这里可看出，源空虽然没有来华，但其净土宗基本教义来自传入汉语佛经译本内容作出新的解释而创立的。净土宗主要在社会中下层民众中传播，发展势力强大。

此后，日本净土宗的发展有青鸾和净土真宗、一遍和时宗、日立案和日莲宗，形成本土特色。中国的净土宗理论传到日本后，其传播发展的总体倾向是越加强调超越于个人修行的"他力"（弥陀及本愿）信仰，并结合时代的需要不断简化修行方法，以吸收社会各个阶层的人入教。一遍在开始创立自己的净土教说的时候，深受源空的影响，既提倡口称弥陀名号，又强调"一念起信"，而到熊野神社闭关修行之后，借神授谕示和偈颂的形式，改而主张任何人不管是信还是不信，有罪还是无罪，只要口中唱念"南无阿弥陀佛"佛号，都可以往生进而得到解脱。

## 二、临济宗在日本的初传

在镰仓新佛教宗派中，从中国新传入的曹洞宗和临济宗，可谓是禅宗中的两大支派。在此二宗早期传播阶段，临济宗因受到上层武士、一部分贵族和皇室的信奉，曾盛极一时，而曹洞宗则在相当长时期内隐没于民间，在地方上缓慢发展。中日两国禅僧在提倡临济禅法的同时，也把宋元文化介绍到日本。宋元文化的一个重要成分是鼓吹天理与心性相应的程朱理学。

在临济宗的早期传播中，荣西、辨圆圆尔、心地觉心等，由于受到时代和旧佛教宗派的制约，在传授禅法的同时，会掺杂传授天台宗和真言宗的教义。他们的禅法被日本学术界称为"兼修禅"。他们提倡神法，培养禅僧，为以后临济宗的传播打下了基础。来自中国的禅僧兰溪道隆、兀庵普宁、大休正念、无学祖元、一山一宁等专传临济禅法，被称为"纯禅""纯粹禅"。他们向日本人传授禅法，移植宋元的禅宗丛林制度，培养弟子。像其他中国佛教宗源一样，临济宗是在被日本人接受，并适应日本社会进行改造之后，才演变为日本的禅宗派别。

### （一）荣西

日本临济宗奉荣西为祖师，但实际上该宗从未建立一个统一的宗派。荣西所传为临济宗黄龙派禅法，是日本临济宗十四派中建仁寺派的

开山祖。

荣西（1141—1215），号叶上房，字明庵，俗家姓贺阳，是备中（今冈山县）吉备津宫人。荣西八岁跟随父亲读《俱舍颂》，聪颖过人；十一岁师事本郡安养寺僧静心；十四岁祝发，登比睿山受戒，后跟随千命禅师学习密教；十九岁到上都（今京都）跟从有辩禅师学习天台宗教义。应保二年（1162），全国瘟疫流行，荣西回乡探亲，又随从千命受密教灌顶，到伯耆山跟基好法师学台密；后又回到比睿山，从显意法师受密教灌顶。由此可见，荣西在去宋朝求法之前，事实上已经是通晓显、密二教的天台宗僧人了。

日本仁安三年（1168）四月，荣西搭乘商船到达明州，后又从明州欲往丹州（今陕西宜川），途遇入宋求法日僧重源，两人结伴登天台山，求得天台宗新章疏三十余部六十卷。九月，荣西与重源一起返回国，将所得天台宗新章疏呈交给天台座主明云。荣西回国后，在二十多年的时间内于比睿山钻研天台和密教的教义，对密教有自己独有的新见，由此开创了密教的一个新流派"叶上派"。

文治三年（1187）三月，荣西带着《祖宗血脉谱》《西域方志》乘船再次入宋；到临安府（今杭州）求见地方官员，欲往印度，朝巡释迦圣迹。由于当时西北战乱频发，故南宋政府以"关塞不通"予以劝阻。此后，荣西去天台山万年寺，从临济宗黄龙派第八代虚庵怀敞禅师问道参禅。南宋淳熙末年，怀敞住持天童寺，荣西随身服侍多年，除了学习禅法外，还学诵《四分律》《菩萨戒》等。南宋绍熙二年（1191），荣西想回国，怀敞授予荣西法衣、临济宗传法的世系图、拄杖、应器（钵）、宝瓶、座具等，并赠书送行。其书中说："释迦老人将欲圆寂时，以涅槃妙心、正法眼藏付嘱摩诃迦叶，乃至嫡嫡相承至于予。今以此法付嘱汝，汝当护持，佩其祖印，归国布化，末世开示众生，以继正法之命。"并说国内至六祖时，已止法衣不传，但因为荣西是异国之人，因此特授法衣以表法信。荣西在此年七月回国，从肥前国（今长崎）平户登录。

荣西在天童寺时，虚庵怀敞正准备重建千佛阁，但缺木材。荣西知道后，回国经过多方筹集，并派人从海上运来巨木。这在《天童寺志》卷二有记载："百围之木凡若干，挟大舶泛鲸波而至。"在荣西的帮助下，千佛阁建成。荣西海上运木建千佛阁之事，不仅表现了他对天童祖山真诚不渝，同时也是中日两国人民的友好交往的佳话。

其后，日僧希玄道元、辨圆圆尔等随荣西的脚步，入宋拜师学禅。南宋禅僧也纷纷赴日讲禅，禅悦之风空前高涨。禅宗不仅在日本上层社会广泛传播，而且被中下层武士普遍接受，成为武士阶层的精神支柱，为后来日本武士道的形成打下了基础。

### （二）辨圆圆尔

在临济宗中，黄龙派的禅法由荣西传到日本。此后中日禅僧传入日本的临济宗皆属杨岐派。杨岐派在宋初出了圆悟克勤（或作寰悟克勤）禅师。他在云门宗雪窦重显所编禅宗公案《百则颂古》的基础上，加上垂示、著语、评唱，编成《碧岩录》十卷。他上承五祖法演，下启大慧宗杲，终结"文字禅"，开启了"看话禅"的禅风。其弟子大慧宗杲著的《正法跟藏》《大慧书》及由弟子编录的《语录》《法语》《普说》《宗门武库》等，在临济宗内也十分流行。宗杲提倡"看话禅"，要人在参究公案中的一句话、某个字时达到有无双遣、取舍并亡的"无念"境地。宗杲的弟子有拙庵德光。日本大日能忍派二弟子入宋从他间接受法。克勤的另一弟子虎丘绍隆的法系在宋元时期与日本临济宗关系最为密切。绍隆传应庵昙华，昙华之后是密庵咸杰，下面有弟子松源崇岳、破庵祖先、曹源道生。松源有弟子无明慧性、运庵普岩、掩室善开。兰溪道隆是无明的弟子，赴日传法，在建长寺等地严行宋代禅林制度。日僧南浦绍明从运庵弟子虚堂智愚受法。赴日僧大休正念和日僧无象静照是梅室弟子石溪心月的弟子。破庵弟子无准师范对日本临济宗影响很大。辨圆圆尔从他受法，回国后在京都以东福寺为中心传法，所培养的众多弟子成为日本临济宗的骨干人才。

辨圆（1202—1280），俗姓平，字圆尔，以字行，骏河（今静冈县）人。圆尔十八岁于园城寺出家，在东大寺受戒；后到上野长乐寺从荣西的弟子荣朝受禅法；后又到镰仓寿福寺，跟从荣西的另一弟子行勇学禅。此外，他也学过密教。嘉祯元年（1235），圆尔入宋，先到天童山参曹源弟子痴绝道冲，后到临安（今杭州）天竺寺从柏庭善月受天台教

法。他后来又到净慈寺笑翁妙堪（属大慧法系）、灵隐寺石田法熏（破庵弟子）门下参禅。当时无准的弟子退耕德宁在灵隐寺任知客，对他说："辇下诸名宿，子已参遍。然天下第一等宗师只无准范耳。子何不顾眄乎。"① 圆尔于是到径山寺师事无准师范禅师，侍奉左右，从受禅法。无准曾对他说："他日归本国，必于先滑滴处横起波澜，竖无胜幢，发挥吾道，须踵从上乃祖遗芳，永利未来际。"② 禅师对他予以很大期待。南宋淳祐元年（1241）四月，圆尔辞师回国。无准赠以密庵咸杰祖师的法衣和自赞顶相（肖像），一直送到山下。圆尔从九州博多（今福冈）登陆，时为日本仁治二年（1241）秋。太宰府（在今福冈）僧湛慧创崇福寺，让圆尔在此开堂说法。宋移民谢国明创立承天寺，请圆尔主持。当地天台宗僧徒要破坏承天寺，朝廷得知后予以制止，并升承天、崇福二寺为官寺。二寺匾额皆无准亲笔书赠。肥前（今长崎、佐贺一带）僧荣尊曾与圆尔同时入宋，提前回国，此时也把自己所住持的寺院改为禅寺。

当时朝廷的摄政九条道家、良实父子尊崇佛教。圆尔经湛慧介绍，被召至京都。他们为圆尔在京都东山月轮的别庄，模仿宋的经山寺，建立大福寺，请他任开山祖，重点传播临济宗。在圆尔住持的寺院内，按宋地禅院仪轨程序说法、行事。其禅法主要主张：一是强调禅宗史最高禅法，禅门为"诸法根本"；一是提倡临济禅法，以"理致、机关、向上"三宗旨要启迪门人。在日本文化史上，圆尔也为宋学的传播作出贡献。日本称以程朱为代表的新儒学（理学）为宋学。这种新儒学与旧儒学重训诂诠释不同，着重探究心性与宇宙的关系，论证理气、性德问题。随着中日交通的频繁，宋学书籍逐渐传入日本。宋元时期，中日禅僧对宋学在日本的传播和发展，起到决定性的影响。圆尔在晚年曾把从宋朝带回的书目编为《三教典籍目录》，但此书久佚。根据 14 世纪东福寺普门院书库藏书编的《常乐目录》和《明德目录》，圆尔带回的宋学书籍有《诗记》《春秋解》《中庸说》《大学章句》《大学或问》《中庸或

① 虎关师炼：《元亨释书》卷七。
② 同上。

问》《论语精义》《孟子精义》《孟子集注》以及《论语直解》《五先生语》① 等作品。圆尔通晓汉文，可用日语传授禅法，比与他几乎同时在日传禅的汉僧兰溪道隆、兀庵普宁等，更便于接近宫廷贵族和各阶层信徒，有利于扩大禅宗影响。

圆尔于弘安三年（1280）十月去世，圆寂前遗偈曰："利生方便七十九年，欲知端的，佛祖不传。"② 花园天皇时，赐谥"圣一国师"之号。

### （三）兰溪道隆

道隆（1213—1278），俗姓冉，名莒章，是南宋末年四川涪江地方官员冉王琐的第三子。其母亲霍玲是位虔诚的佛教信徒。宝庆二年（1226），在母亲护送下，素怀献身事佛夙愿的冉莒章来到成都大慈寺，叩拜住持僧良范潼关禅师为师，起法名"道隆"。道隆以家乡地名"兰溪"二字为号，"兰溪道隆"就成了他日常使用的名号。

道隆十五岁就出家云游四方，先后拜良范、师范、道冲、居简、惠性五位禅师为师。他从不自满，总是锐意奋进。在勤勉修行之后，终于在慧性禅师点拨下，在阳山尊相禅寺开

道隆雕像

悟，嗣得禅法，成为名副其实的禅师。不久，他应明州天童山之聘，成为景德寺的祖庭宗匠，协助道冲和尚接化众生。

道隆听日本求法僧提起，日本本教法虽盛，但禅宗尚未流行，便有意赴日传禅。南宋淳祐六年（1246），道隆携弟子义翁、龙江等乘日本商

---

① 五先生指周敦颐、程颢、程颐、张载、朱熹。

② 虎关师炼：《元亨释书》卷二。

船到达九州太宰府。当时为日本宽元四年，道隆刚满三十三岁。在旧友日僧智镜的照料之下，道隆先住进当地的圆觉寺；第二年入京都住于智镜住持的泉涌寺，后接受智镜的劝告到镰仓，先到大歇了心住持的寿福寺。幕府执权北条时赖听说宋地禅僧道隆到来，立即请他住到常乐寺。道隆的到来在日本佛教界掀起一股浪潮，他以新鲜活泼的临济禅风吸引了很多人到他门下参禅问道。小小的常乐寺越来越显得拥挤。为此，北条时赖择地另建巨福山建长兴国禅寺，请道隆为开山祖。道隆在此举行隆重的开堂说法仪式，"东关学徒，奔凑仁听"①。

正元元年（1259），道隆应诏到京都建仁寺任住持。建仁寺原是荣西所创，圆尔也曾在此住过一段时间，是弘传兼修禅的中心之一。荣西的法系原传临济宗黄龙派禅法，圆尔和道隆传临济宗杨岐派禅法。道隆入住，实为建仁寺第十一世住持，此后第十三、十四、十五、十七、十八诸世住持皆是道隆法系的人。道隆任建仁寺住持时，寺名称"建宁神寺"。在荣西的忌辰，道隆特地上堂说法，说："蜀地云高，扶桑水快，前身后身，一彩两赛。昔年今日，死而不亡，今日斯晨，在而不在。诸人还知落处么？"停顿了一会儿，道隆接着说："香风吹萎花，更雨新好者。"② 意谓他与荣西先后为住持，虽生国有别，但同传临济禅法，光景会越来越好。自此寺内僧人对道隆更加"畏爱"。后嵯峨上皇听闻他的"道誉"，召入宫中说法。道隆在京都三年，幕府召他回镰仓，创禅兴寺，后又入建长寺为住持。道隆在日本传禅过程中受到很多日本僧俗的欢迎，门下徒众日盛，仅建长寺就有僧众二百余人。1278年，道隆圆寂，龟山上皇赐予"大觉禅师"的谥号。道隆是日本有禅师称号的第一人。有关道隆的传法语录，其中日两国弟子联合收录在《大觉禅师语录》中，他的生平事迹收入日本名僧传。

道隆是第一个到日本传播临济宗的中国僧人，以其人品和博学、严峻的禅风，赢得朝野僧俗很多人的信敬。他传宋地的所谓"纯粹禅"，是把中国禅寺的禅法、寺院的仪规等，严格地实行在自己住持的寺院

---

① 虎关师炼：《元亨释书》卷六。
②《大觉禅师语录》卷中。

中，这对日本临济宗的传播和发展产生了深远的影响。

道隆的法系在古代禅宗二十四派中为大觉派，以建长寺为传法中心，进入室町时期后没有显著发展。近代日本临济宗十四派中建长寺派奉道隆为开祖。

道隆的弟子有约翁德俭、桃溪德悟及无隐圆范、桑田道海、苇航道然等。其中，德俭师事道隆后入宋参禅八年，归国后任镰仓东胜寺、净妙寺、京都建仁寺、镰仓建长寺等寺的住持，后宇多上皇召他到离宫说法，后诏北条贞时任他为京都南禅寺住持。上皇赐以"佛灯大光国师"之号。其弟子有寂室元光等。德悟原学密宗，后投道隆之门，又入宋参禅，为育王山顽极行弥记室。南宋灭亡之年，即祥兴二年（日本弘安二年，1279），他携无学祖元回到日本。在祖元任建长寺住持时，他任首座予以辅助，后先后为九州圣福寺、镰仓圆觉寺住持，弟子有象外禅鉴等。

### （四）兀庵普宁

兀庵普宁（1197—1276），兀庵为其号，宋朝西蜀人。其自幼出家，后到建康（今南京）蒋山痴绝道冲禅师处参禅，认得本来面目，又到四明（在今宁波）阿育王山师事无准师范。在无准被任命为径山万寿禅寺住持时，他随侍同往，从受禅法。无准对他讲："得道易，守道难，须默默守之，久久自然感验也。"[1] 禅师并特书"兀庵"二字赠之，普宁便以此为号。普宁与祖智、妙伦、了惠为无准门下的"四哲"，与日本僧圆尔也有密切交往，对日本佛教界的情况有所了解。普宁先在天童寺、灵隐寺担任首座，后又被任命为象山灵岩禅院、无锡南禅福圣禅寺的住持，声名渐闻四方丛林。

当时蒙古在北方崛起，在南宋端平元年（1234）灭金，逐渐控制了北方。正嘉二年（1258），蒙古又一度分兵两路攻略南宋，许多寺院遭到兵火之灾。在这样一种不安定的形势下，不少禅僧相继东渡日本。南宋景定元年（日本文应元年，1260），普宁应邀东渡日本，先暂住博多的圣福寺，不久被京都东福寺住持圆尔派人请入京都。圆尔将他作为东福寺

① 虎关师炼：《元亨释书》卷六。

的客人隆重接待，请他升座说法。普宁到达日本时已年过六旬，在国内已任过两寺住持，他对正在积极引进禅宗的日本僧俗来讲具有很大吸引力。据载，他在京都时，无论是僧人还是素众，争相瞻仰礼敬。前执权北条时赖虽已出家，但仍掌控幕府实权。听说普宁来到京都，立即把他请到镰仓住进建长寺。住持道隆虽年龄比他小，但曾与他同在蒋山痴绝门下参禅，相见喜慰劳问。此后，时赖请普宁任建长寺住持。他在任住持时，也按宋地禅院管理方式行事，"禅规整齐，号令缜密，东方丛社，指为法窟"①。

普宁的说法，体现着禅宗的佛法不离日用，佛与众生本性无别及空有不二、真俗相即的思想。这让时赖确信，他虽日理万机，治国治民，但已觉悟成佛。他在《长书上最明寺殿》中明确地讲："日本兴创宗门，唯我最明寺殿再来之佛，留心佛法，道念坚固，超越上古圣人一头地矣。"

弘长三年（1263），时赖死，执权虽为长时及后来的政村，但实权为"家督"（北条氏嫡长子）时宗掌握。文永二年（1265），普宁因寺众中有人反对他，便鸣鼓集众宣布退院，说："无心游此国，有心复宋国。有心无心中，通天路头活。"② 许多人热情挽留，他执意回国。执权不得已派人护送他从九州归国。他在启程前给博多崇福寺敬念的信中表示，他对日本国内有人既不懂经教，又不懂"教外别传之旨"，却在那里"虚语僻语，惑乱此国"，实在看不下去，才决心急急回国。回国后，普宁又先后被任为婺州（今浙江金华）宝林禅寺、温州龙翔寺住持。他于元至元十三年（1276）十一月二十四日去世，年八十岁，敕谥"宗觉禅师"。普宁有语录三卷行世。其在日本的弟子有东岩慧安，在京都开创正传寺。

在日本古代禅宗二十四派中，普宁的法系称"宗觉派"。因普宁在日本不足六年便回国，门下人少，影响较小。

### （五）大休正念

大休正念（1215—1289），大休为其号，宋永嘉郡（治所在今浙江温

---

① 《兀庵普宁禅师语录》卷中。
② 《元亨释书》卷六。

州）人，初参灵隐寺的东谷明光①，学曹洞禅法，后师事径山寺的石溪心月，嗣临济宗松源系的禅法。《元亨释书》记载：

> 初参光东谷，闻谷举张拙秀才问长沙："百千诸佛，但闻其名，未审居何国土。"话有省。述偈，呈谷曰："右军王羲之，草圣最为奇。淡书千佛榜，浓写四贤诗。"后谒月石溪，溪问："达摩葬熊耳，因甚只履西归？"对曰："眼观东南，意在西北。"溪打一拂子，念当下知解冰释。②

石溪圆寂之后，大休正念离开径山，到新昌大佛寺，与师弟日僧无象静照相会。无象于南宋景定三年（1262）九月到浙江天台山方广寺石桥，供茶汤于五百罗汉，作诗偈二首，引起众多僧人作诗酬唱，正念也作诗偈附上。南宋咸淳五年（日本文永六年，1269），正念东渡日本，到镰仓，受到建长寺住持道隆的隆重接待，先后受到执权北条时宗、贞时的礼遇，历任禅兴、建长、寿福诸禅寺的住持，大兴禅道。因其道号为"佛源禅师"，故其禅系称"佛源派"，也称"大休派"，为禅宗二十四派之一。正念为当时的日本禅林培养了一批优秀的学僧，弟子有铁庵道生、大川道通、秋涧道泉等。到室町时期，该禅系出了天涯仁浩、杰翁是英等高僧。除此之外，正念还通过上堂、法语等形式感化了以北条氏为首的许多武士，为禅宗在日本的传播作出了不小的贡献。正念不仅在禅学上具有很高的造诣，而且还具有较高的文学素养，为日本的五山文学留下了大量的诗文偈颂。他还在建筑、刊印、茶道等方面颇有建树。

正念晚年在寿福寺内建"藏六庵"作为自己寿终之地。正念于正应二年（1289）十一月三十日去世，年七十五岁。

① 东谷明光（？—1254），籍贯江苏无锡。华藏慧祚禅师法嗣，大鉴下第十七世。初住嘉禾本觉，迁苏之灵岩、常州华藏，而中吴万寿居之最久。敕住育王，为第四十一代住持，后移灵隐。法嗣有直翁德举。
② 虎关师炼：《元亨释书》卷八。

### （六）无学祖元及其法系

无学祖元（1226—1286），俗姓许，字子元，号无学，宋庆元府鄞县（今浙江宁波）人。祖元年十三丧父，初拜杭州净慈寺北涧居简禅师门下，后至径山寺师事无准师范禅师；年十七从师教参究赵州"狗子无佛性"话，连续参究五六年不出堂，日夜看一个"无"字，无所领悟，后撇掉"无"字参禅，自谓证悟。无准又用古公案进行启示。无准示寂后，祖元参访杭州灵隐寺的石溪心月、虚堂智愚和宁波阿育王山广利寺的偃溪广闻，后住在东湖的白云庵将近七年，又往台州真如寺、温州能仁寺，再参四明环溪惟一。

1279 年，北条时宗邀请祖元到日本传法。于是，祖元随日僧荣西、道元从宁波出发，到日本建长寺，出任镰仓建长寺第五世住持。祥兴四年（日本弘安五年，1282），时宗为其建造圆觉寺，让祖元成为开山初祖。弘安九年（1286），祖元身患疾病，写下两首示偈："诸佛凡夫同是幻，若求实相眼中埃，老僧舍利包天地，莫向空山拨冷灰"；"来亦不前，去亦不后，百亿毛头狮子现，百亿毛头狮子吼"。同年，祖元圆寂，享年六十一岁，谥号"佛光国师"，后又追谥"圆满常照国师"。祖元有弟子三百余人，有《佛光国师语录》遗世。祖元在日本禅宗史上占有重要地位。

一翁院豪（1210—1281），宽元元年（1243）入宋，到径山准禅师处参禅，回国后住上野长乐寺，普宁来日住在建长寺时曾往参禅。祖元来日时他已七十岁，慕祖元之名前去参问，并从受法，后又回长乐寺，传宋地临济禅。据祖元说，院豪见他时曾表示其"不习语言，拙于提倡"，请祖元"证其是非"。由此可见，当时日本禅僧在传临济禅时一般要用汉语，并对从宋地赴日的禅僧特别崇敬。

无象静照（1234—1306），曾入宋嗣石溪心月之法；在宋十多年，与正念是同门；文永二年（1265）回国，为来日本的宋禅僧道隆、正念、祖元提供帮助。他精于日中两国语言，协助他们传授禅法。他曾著《兴禅记》上奏朝廷，批驳比睿山僧众迫害禅宗。祖元任圆觉寺住持时，他离开自己住持的禅兴寺，去任祖元门下的首座，"扶其道化"，后被执权贞时请为相州净智寺住持。

法语东垂：中国佛教在东亚的传播与影响

南浦绍明（1235—1309），俗姓藤原，南浦为其字，日本骏河国（今静冈县）人，从本地建穗寺净辩学佛法，十五岁出家受戒，入镰仓建长寺师事道隆。正元元年（1259），绍明入宋遍参名师，先后在杭州净慈寺及径山万寿禅寺从临济宗杨岐派松源法系的虚堂智愚受法，南宋咸淳三年（1267）回国，回国后投到建长寺道隆门下任其藏主。虚堂赠偈曰："敲磕门庭细揣摩，路头尽处再经过，明明说与虚堂叟，东海儿孙日转多。"文永七年（1270）绍明到九州筑前（在今福冈县）兴德寺任住持，两年后改任博多崇福寺住持，在此传法三十三年，"参徒日盛"。嘉元二年（1304），绍明奉诏入京都，进宫为龟山上皇说禅法，受任万寿禅寺住持，"贵游问道者，车马日骈集"。后宇多上皇又在东山建嘉元禅寺，请绍明任开山住持，在此弘传宋地临济禅。比睿山僧众反对兴禅，将此寺捣毁。德治二年（1307），他应前执权北条贞时（法名"崇演"）之请到镰仓，任建长寺住持。绍明圆寂时年七十四，敕谥"圆通大应国师"。其法系称"大应派"。

## 三、律宗的传入

### （一）俊芿

俊芿（1166—1227），字我禅，号"不可弃"，生于肥后国饱田郡（今熊本县上益城）。他十四岁出家，从天台宗僧真俊学显密之教；十九岁受具足戒，精修戒律；三十四岁时，有感镰仓佛教律学的衰微，于南宋宁宗庆元五年（1199）与弟子安秀、长贺等一行，在五月初入宋求法。他历游两浙名刹，访师问学：曾到雪窦山受学禅法，从四明（今浙江宁波）景福寺如庵了宏律师学习律学三年；后投到北峰宗印门下学天台教观八年。在宋期间，俊芿与名僧、朝廷命官、儒林名士都有交往。《泉涌寺不可弃法师传》及《元亨释书》都载，他在南宋嘉定初年（1208）曾到临安（今杭州）下天竺寺，与诸名僧讨论法义。南宋嘉定四年（1211），俊芿学成归国，带回律宗经书327卷，天台宗章疏716卷，华严宗章疏175卷，儒书256卷，杂书463卷，还有碑帖等，共2103卷。

在宋十二年中，俊芿与通理学的儒者楼昉、楼钥及禅僧北涧居简有交往，被认为是最早把宋学传入日本的僧人之一。

### （二）昙照

昙照（1187—1259），名净业，字法忍，以号"昙照"为人所知，山城国（今京都南部）人，出家后在园城寺学天台、密教。他听说宋朝律学盛行，在建保二年（1214）入宋，从铁扇守一学律，又游各州县，"遍探教律"。据载，宋理宗赐昙照以"忍律法师"之号。[①] 昙照在安贞二年（1228）回到京都，建戒光寺，弘传戒律之学，并传天台宗。天福元年（1233），昙照把寺院交弟子净因管理，再度入宋，仁治二年（1241）回国，在太宰府（今福冈）建西林寺，盛传律学。他后来又在京都建东林寺作为戒光寺的子院，也传律学。昙照晚年修念佛法门。

俊芿、昙照二人都受宋朝律学的直接影响。北宋天台宗僧人元照对道宣的律学做了系统的注释和发挥，著有《四分律行事钞资持记》《四分律含注戒本疏行宗记》《四分律删补羯磨疏济缘记》等，都是比较有影响的律学著作。不过，俊芿、昙照所兴起的律学虽被称为"北京律"，但影响有限，不久便衰微了。

### （三）寂昭

寂昭（962—1034）是日本国师源信僧都的弟子，京都人，原名大江定基，宋真宗敕赐号为"圆通大师"。寂昭在出家前精通文章典籍，后来因痛失爱妻而出家为僧。他先师事寂心，后随源信学天台宗，又随仁海学密宗，此后各处游历。寂昭在长保五年（1003）渡海来华，九月到达明州（今浙江宁波）；第二年到汴京，得到宋真宗召见，赐予紫衣袈裟，后到天台山参访礼拜，并且呈上源信所托付的天台宗二十七条疑问。《日本纪略》和《百炼钞》长保四年（1002）三月十五日条载："入道前三河守大江定基上状，向大宋国巡礼五台山。"随寂昭入宋的还有念救等七人。《今惜物语》载念救回国时的转述，说寂昭曾到五台山参

---

①《本朝高僧传》卷五十八本传。

拜文殊菩萨化身，应为可信。寂昭后来想回日本，但在宋朝僧侣的强烈挽留下没有回国。仁宗景祐元年（1034），寂昭圆寂于杭州，享年七十三岁。

## 四、道元与曹洞宗

### （一）道元

道元（1200—1253），又名道玄、希玄，号佛法房，京都人。据称，道元为内大臣村上源氏久我通亲之子，是村上天皇第九代后裔。道元系贵族家庭出身，自幼接受汉学教育，四岁读唐李峤《百咏》，七岁始读《毛诗》《左传》，八岁时因丧母而深感人生无常，遂萌发出家之志。日本建历二年（1212），道元到比睿山良观法眼处，请求出家。良观乃道元的外舅，开始并不同意道元出家的请求，但道元执意出家，只好将之留在横川首楞严院般若谷千光房。翌年，道元礼请天台座主公圆僧正为之披剃，并登坛受菩萨戒，正式成为僧人。道元在广读显密、佛教大小乘经论的过程中，对天台教义始终觉得有所疑惑。后受人指点，道元前往京都建仁寺求教有"日本初传禅宗第一人"之誉的荣西。道元到荣西处参学不久，翌年荣西就圆寂了。道元又追随荣西的弟子明全学习禅法。明全是荣西门下唯一专弘禅法的人。道元在明全门下参禅达九年之久。

贞应二年（1223）三月，道元与明全一起入宋求法，同行的还有建仁寺僧廓然、亮照、加藤景正等人。同年四月，道元一行到达宁波，历游天童、阿育王、径山等著名寺院。道元、明全二人挂锡于天童寺，先参临济宗杨岐派的无际了派禅师，在他座下参学两年之久，未能相契；于是离开天童到各地遍参寻访名师，先到杭州径山寺访浙翁如琰，再到台州小翠岩参盘山思卓及平田万年寺元鼐等禅，但都未果，深感失望，打算回国潜修。正当他要登舟之际，忽闻曹洞宗高僧长翁如净禅师（曹洞宗第十三代祖）入主天童山，于是赶忙折返，拜在如净禅师门下。

如净禅师是中国曹洞宗历史上的著名高僧，有南宋曹洞宗殿军之誉。其身长而豪爽，因而得"长翁"之号。如净禅师不慕名利，曾获赠皇帝赐予紫衣，却一生不曾穿戴。其禅法宗风一语蔽之，即是"只管打

坐"。其禅风一反曹洞宗传统上的从容绵密之风，见处高迈，别具一格。道元与如净相见时，如净禅师已六十多岁，但依然丝毫不减其威严。如净对道元深加教诲，在他的钳锤下，随参不及三年，道元便已了脱开悟。如净显然也对这位来自东瀛异域的弟子极为满意，将曹洞传法信物悉数尽付这位异域僧人。师资相契，道元受曹洞宗禅法、法衣以及《宝镜三昧》《五位显诀》等回国。此时，明全早已在天童山入寂。

1227 年，道元携明全的遗骨回国，临别前如净禅师谆谆教诲，嘱托其"归国布化，广利人天。莫住城邑聚落，莫近国王大臣，只居深山幽谷，接得一个半个，勿致吾宗断绝"。这番话，深深影响了道元的一生。道元回国后，先将明全遗骨葬于京都建仁寺荣西墓侧，接着整理自己的思想，打算在日本传授所学禅法。他著《普劝坐禅仪》，发出开教立宗之宣言。他反对兼修禅仅将坐禅视为单纯的修行手段，强调禅法之殊胜，乃是究尽菩提之修证。后来，道元离开建仁寺，依如净禅师所言，来到郊外几近荒废的极乐寺建造别院，导众传禅。

道元东归日本，为日本禅宗史揭开了新的一页。中国汉传佛教八宗，以禅宗进入日本最晚，却是影响最大的宗派之一。如果说南都六宗、平安二宗分别是奈良与平安时代佛教的代表，禅宗堪称日本镰仓佛教的代名词。禅宗思想进入日本的时间很早，前文提及的日本法相宗一传祖师道昭，被认为是最早将禅法传入日本的人。在日本民间，达摩祖师很早就被奉为神灵。传说，达摩祖师曾化身前往日本，开导并协助圣德太子在日本弘扬佛法。到了平安时代，也不断有日僧来华跟随禅门尊宿学禅弘法。但禅宗的全面传入，则要到镰仓时代。这一时期，除道元外，还有中国禅僧兰溪道隆、兀庵普宁、无学祖元，日本僧人明庵荣西、无象静照、南浦绍明等。他们活跃在中日之间，以禅的话语构建起两国文化桥梁。直至今日，禅在中日佛教乃至普通民众生活中，都占据着不可忽略的重要地位。

1233 年，道元在深草建兴圣寺。1243 年，道元应波多野义重之请，离开京都，率弟子至越前（今福井县），效仿天童山，在越前伞松峰建立吉祥山永平寺，后成日本曹洞宗大本山。1247 年，应北条时赖执权之请，道元赴镰仓说法并为其授菩萨戒。因其会禅要诀是"只管打坐"，后人称其禅风为"默照禅"。

当时在日本影响极大的早期禅宗流派达摩宗，在得见道元禅师的高风后，门下俊彦纷至来投，其中就有承继道元衣钵的日本曹洞宗二祖怀奘、三祖义介等。在道元的身上，随处都彰显着天童如净禅师带给他的影响。他将如净禅师尊称为"古佛"，将如净禅师的一句"只管打坐"发挥得淋漓尽致。道元认为，坐禅不仅是一种修行法门，庄严的坐禅者本身就是佛性的体现。因此，坐禅是修行，亦是度化，是精进无间，亦是积功累德。道元还坚持如净禅师所训，坚持远离国王大臣。他拒绝当政者北条时赖捐赠的大量土地田产，将劝说接受权贵资助的弟子逐出山门。后来，他在不得已的情况下接受了天皇赐赠的紫衣后，也一如其师那样，终其一生未曾使用。

1252 年，五十多岁的道元已得重病。此时，离他的恩师天童如净禅师圆寂，已有二十四年之久。天童如净禅师临终时曾有一偈："六十六年，罪犯弥天。打个跳，活陷黄泉。咦，从来生死不相干。"故此，道元也作了一偈："五十四年，照第一天。打个跳，触破大千。咦，浑身无觅，活陷黄泉。"道元卒后，孝明天皇赐谥"佛性传东国师"。道元在兴建永平寺时，曾以佛陀降生时一手指天、一手指地、周行七步曰"天上天下，唯我独尊"之事相喻，豪言"天上天下，当处永平"，发愿以永平道场，继佛慧命。其一生严格恪守中国禅宗古风，追慕百丈遗范，拒不向当时的环境妥协，展现出卓绝的人格魅力。孤傲自守的永平道元，与豪迈不羁的天童如净，一水之隔，一带相连，二人所坚持枯淡修行的高洁风骨，交相辉映，熠熠生采。道元曾有佛偈："古佛修行多有山，春秋冬夏亦居山。永平欲慕古踪迹，十二时中常住山。"

### （二）寒岩义尹

寒岩义尹（1217—1300），传为顺德天皇之子，幼年在比睿山出家学天台教义，后到兴圣寺师事道元。他于建长五年（1253）入宋，翌年归国，时道元已去世，便从怀奘受菩萨戒，此后又师事义介。文永元年（1264），义尹再度入宋，曾参曹洞宗无外义远（如净弟子）、临济宗退耕德宁（无准弟子）、虚堂智愚（运庵弟子），四年（1267）回国，居博多

圣福寺传法三年。此后，他到肥后国（今熊本县）入住由素妙尼所建的如来寺，在此传法，曾向信众募财造大渡长桥，"甚极壮丽，人民颂德"。源泰明为其外护，为建大慈寺，寺院结构仿照宋地禅宗伽蓝样式。龟山法皇闻其名声，特赐紫衣，并把大慈寺升为官寺，赐以寺额。义尹于正安二年（1300）去世，享年八十四岁。其弟子有斯道、铁山、愚谷、仁叟等。其法系称"寒岩派"或"法皇派"，为日本曹洞宗在九州、东海（今爱知、岐阜、三重、静冈等地）、畿内（在今京都及其附近地方）一带的发展奠定了基础。

### （三）彻通义介与莹山绍瑾

彻通义介（1219—1309），越前国（今福井县）足羽郡人，十三岁从同国波著寺怀鉴①出家，后登比睿山受戒，学天台宗；仁治二年（1241）往兴圣寺皈依道元，随道元迁永平寺，任典座、监寺，"昼营办众事，夜坐禅达旦"。道元去世后，义介为怀奘弟子，任首座。正元元年（1259），义介入宋，历参径山、天童等禅刹名师。四年后回国，将宋地禅寺的礼乐制度带回。文永四年（1267），怀奘把住持之职让给义介。义介擅长寺务经营，为永平寺发展贡献不少力量。五年后，义介在山下建养母堂扶养老母，不理寺务，不赴诸方之请。为此，怀奘再次为永平寺住持。弘安三年（1280），怀奘去世，围绕寺院住持继承问题，义介与义演之间发生冲突。在两派争斗之中，义介一度失势，被赶出永平寺，后经外护武士波多野氏的调停，又被送回永平寺。但寺院的住持仍由义演担当。当时在加贺国（今石川县）大乘寺的澄海，原是义介住波著寺时的弟子，知义介正处于逆遇，便把大乘寺让给义介主持。大乘寺原是密教寺院，从此改为禅寺，成为日本曹洞宗的重要传法中心之一。

义介晚年把大乘寺住持席位让给弟子莹山绍瑾。日本曹洞宗奉道元为高祖，奉莹山绍瑾为太祖，认为如果没有莹山绍瑾就没有后世的曹洞宗教团。

绍瑾（1268—1325），道号莹山，越前国人，俗姓藤原。他八岁从义

---

① 怀鉴是达摩宗大日能忍法系觉晏的弟子。

介出家，十三岁从怀奘受戒，怀奘死后师事义介。宋僧寂圆在宝庆寺传法时，绍瑾曾前往参禅，后游京都，曾参万寿寺的东山湛照、白云慧晓。此二人皆是临济宗辨圆圆尔的弟子。绍瑾又登比睿山访天台宗寺院，后到由良兴国寺参临济宗的无本觉心。他所参的湛照、慧晓、觉心三人都奉持兼修禅，即兼修禅宗与天台、真言二宗。绍瑾这段经历对他以后吸收真言、天台二宗仪礼，充实曹洞宗，有很大影响。正应元年（1288），他回到越前，第二年随师义介移住大乘寺。一日，义介举南泉普愿答赵州从谂和尚之问的"平常心是道"的公案，绍瑾听后开悟。义介向他授以《洞山语录》中的《宝镜三昧》《三种渗漏》《五位显诀》等，他皆能领会。永仁二年（1294），绍瑾从义介受付法传衣（道元袈裟），在义介死后继位为大乘寺第二代住持。绍瑾以大乘寺为基地，致力于向普通民众传教，不断扩大曹洞宗传播的范围，开辟新的寺院。由此可见，莹山绍瑾在日本曹洞宗发展史上占有极其重要的地位。

## 五、奝然与三论宗

奝然（938—1016），原姓藤原，出生于日本京都，幼年时在著名的东大寺出家，学习三论宗，后到石山寺研修真言密教，接触大量从中国传来的先进文化和佛教经典。宋太平兴国八年（983），奝然得到入宋文书，率领弟子成算、祚壹、嘉因等人入华求法；八月十八日到达临海，在龙兴寺（台州开元寺）学习天台宗；九月九日上天台山国清寺巡礼，后到东京晋谒宋太宗。太宗赐紫衣袈裟予奝然，并将一行人安置在太平兴国寺。奝然走访中国许多大小寺院，虚心请教，广结朋友，共同切磋佛经教义，进一步领悟佛法的真谛。而当他辗转到自己向往已久的五台山，朝拜文殊菩萨圣迹时，大开眼界，萌生不仅要掌握五台山秘法，还要把中国五台山清凉寺搬到日本去的念头。雍熙二年（985）六月二十七日，奝然回到临海龙兴寺（台州开元寺）。雍熙三年（986）六月，奝然回日本。回国时，他带去大量的文物、书刊、佛教经典、释迦圣像、十六罗汉画像等，其中最著名的就是现存于日本京都五台山嵯峨清凉寺之释迦瑞像。这既为日本的佛教研究提供了很大的方便，又推动了日本雕

版印刷等的发展，扩大了汉文书籍在日本的流通，极大地促进了日本文化，尤其是佛教文化的发展。

## 六、普化宗与觉心

普化宗是禅宗的支派。以中国的普化禅师为祖。起初有一个异僧，叫作朗庵，与一体（宗纯）禅师为友，关系密切。他非常崇拜临济宗第四代祖风穴（延昭）禅师的禅风，自称为"风穴道人"，常常吹奏洞箫。据说，朗庵在宇治川旁建立圆音寺，普化宗由此兴起。早前，"法灯国师"觉心在建长元年（1249）到中国，在护国寺佛眼禅师门下参学。当时，有一个叫张雄的人擅长吹箫，觉心听到清雅悠扬的箫声很受感动，就跟他学习。觉心回国以后，将这个技艺授传给寄竹，以及国作、理正、法普（一作"宝伏"）、宗恕等人。有人说，国作以下的四位居士是跟觉心从外地归化日本的。寄竹以下的第五代是僧"虚无"。他开始规定了衣服规格，制出天盖（一种僧帽）、挂络（短袈裟）、副子等，并且发明叫作"雾海簏""虚空簏"的两个曲子。僧虚无是楠正成之孙，避世为僧，吹箫流浪四方。据说，"虚无僧"的名称就是从他开始的。但也有人说，普化宗的僧徒以"虚无空寂"作为宗义，因此本派的僧称作"虚无僧"。此后，流浪之徒往往皈依此宗派，建寺院，分流派，逐步兴盛起来。

## 七、庆政上人

庆政上人，号证月，是日本著名贵族九条良经长子。他自幼聪慧善书，后在近江圆城寺出家，先后师事能舜、庆范、延朗等高僧，学习天台宗教义，后来又依止明惠上人研修华严宗。1217 年，庆政上人渡海来华。第二年，庆政上人携带开元寺版"毗卢藏"和东禅寺版"崇宁藏"两部《大藏经》回国。这两部《大藏经》对后世日本与中国佛教影响很大。现存日本《大藏经》古籍刻本，几乎均含有福州开元寺版"毗卢藏"。开元寺雕版"毗卢藏"始自北宋末年，至南宋初年止，前后历时四十年之久，后来又有补刻，在中国佛教刻经史上具有重要的历史意义。对于世界印刷史来说，开元寺"毗卢藏"同样也有着不可忽视的地位。

庆政回国后，在 1263 年于京都西山创建法华山寺，五年后圆寂，享年八十岁。"毗卢藏""崇宁藏"后来转入神社石清水八幡宫，再之后转藏入宫内厅图书寮。这两部《大藏经》对日本后来的藏经刊刻起到了重要影响。之后的日本，在刊刻佛经时，都以福州版《大藏经》的版式为标准。

佛教自从由中国传入日本起，就一直以汉语的方式，被日本佛教徒记录和理解。在明治维新以前的一千多年历史中，日本佛教徒从未有过将佛典翻译为日语的尝试。可以说，日本佛教一直以来都是汉语系佛教的重要组成，是汉语言文化圈不可缺少的一部分。如今，随着由日本编纂的《大正藏》等作品广泛为世界佛教研究者采用，昔日传入日本的福州开元寺"毗卢藏"更增加了一种特殊的意义。


# 第三节　元朝佛教与朝鲜半岛的交流


元朝建立以前，蒙古政权就派阿儿秃和高丽降人洪福源出使高丽，招降其主。高丽降，蒙古军留达鲁花赤等七十二人长驻高丽监之。之后高丽抗元，尽杀七十二位监使，元朝大举远征高丽。尽管高丽在 1231 年以金银、襦衣、马、獭皮等大量财物贡给蒙古，并"奉表称臣"，蒙古还是决心吞并高丽。至元五年（1268），蒙古"枢密院臣议征高丽事"。马享说："高丽者，本箕子所封之地，汉、晋皆为郡县。今虽来朝，其心难测。莫若严兵假道（借道），以取日本为名，乘势可袭其国，定为郡县。"元世祖遂出兵灭高丽，并设立殖民机构"征东行省"。《元史·地理志》记："大德三年（1299），立征东省，未几罢。至治元年（1321），复立。令高丽王为左丞相。"又据《高丽传》载，至元十一年（1274），元公主下嫁高丽世子愖。元册封高丽为"特进上柱国开府仪司征东行省左丞相驸马高丽王"。

元代统一中国后，对佛教采取扶持和利用的政策。"元兴，崇尚释

氏，而帝师之盛，尤不可与古昔同语。"① 元朝统治者封喇嘛教的高僧为帝师，青睐藏传佛教。尽管如此，汉传佛教虽也有所恢复，但元代仍然以禅宗为主。其他宗派大都衰微，即使是禅宗也不能与往昔相比。

自 1231 年开始，高丽王朝遭受中国北方蒙古的侵略，最初除肆意索贡之外，还在各主要城市设置达鲁花赤，借以监视高丽的政务。1246 年以后的数十年间，蒙古又数次入侵高丽，半岛生民涂炭，王室先是逃匿江华海岛，继而被迫俯首归服。蒙古人在高丽国都开城设置征东行省，并强迫高丽国王娶元朝公主为后，要求王子入质燕京，从而达到进一步加强其对高丽国政控制、钳制的目的。1392 年，李成桂废除高丽的最后一位国王恭让王，建立朝鲜政权，并将国都迁至汉城，至此，结束了听命于蒙元及其残余势力的历史。

元朝与高丽都是崇尚佛教的国家，它们之间特殊的政治关系在客观上便利了两国佛教界的往来和交流。所以，这一时期两国僧人前往对方国家，或请益或传教的事迹见诸史册者为数不少。

如果说在中朝历史上曾出现过两次朝鲜僧人来华的高潮，那么一次是在隋唐时代，另一次就是在元朝。忽必烈统一全中国，与统治朝鲜半岛的王氏高丽王朝缔结密切的政治藩领关系之后，元代入华高丽僧的人数非常之多。如果仅以单位时间内（假定为 100 年）入华朝鲜僧人量这一指标和历史上的其他时期相比较，那么元代入华高丽僧人数可以说是创了历史之最的。另外，元代入华高丽僧人的构成或者说他们入华后从事的活动较之前代，亦有着显著的区别。元代以前来华的朝鲜僧人绝大多数以游历求学为主。元代则不然，尽管传统意义上的游方求学僧仍占不小的比例，但更多的高丽僧人肩负着其他使命来到中国。这些使命包括为蒙元皇室抄写佛经，由元朝皇帝指定或应大都高丽侨民的聘请在中国掌管与驻守寺院，为高丽本国的寺院到中国化缘等。元代来中国求学游方的高丽僧人里出了几位在朝鲜佛教史上赫赫有名的高僧，他们的成就可以认为是两国佛教交流的积极成果之一。而那些来华的高丽写经僧、驻寺僧和化缘僧虽然名声和影响都不及前者，但他们人数众多，与

---

① 宋濂：《元史》卷二百零二，中华书局，1976，第 4517 页。

中国社会的接触面广，在元朝和高丽佛教文化交流中所起的作用往往不是前者所能替代的。

## 一、元代临济禅与高丽求法僧

在元代，中国佛教呈现禅兴教衰的局面。高丽来华游方求学僧人中，禅僧较多。他们主要聚集在两个地方：一是在江南，以临济宗南支几位高僧活动范围为主；一是在大都，以印度指空禅师活动范围为主。

### （一）绍琼赴高丽弘法

元大德八年（1304）七月，临济宗第十七世法嗣绍琼赴高丽弘法，圆明国师冲鉴师事之。绍琼自号铁山，出家时只有十八岁，最初在雪岩祖钦和尚门下禅修。有一天，祖钦和尚讲到哪吒太子析骨还父、析肉还母的因缘，绍琼因而开悟，说了一个偈："一茎草上现琼楼，识破古今闲话头，拈起集云峰顶月，人前抛作百华球。"祖钦深以为然。雪岩寂后，绍琼于是入东林，拜谒东岩净日禅师门下。东岩问："心不是佛，智不是道，上座作么生会？"琼曰："抱赃叫屈。"东岩曰："不是心，不是佛，不是物，是什么？"琼曰："眉间进出辽天鹘。"后参蒙山异禅师，"每遇入室只道欠在。后于定中触着欠字，于是身心豁然，彻骨彻髓……捉住山曰：'我少欠个什么？'山打三掌，师礼三拜。又曰：'哑铁山者着子几年。今日方了。'次年作首座，拂上堂曰：'冬在月头，卖被买牛。冬在月尾，卖牛买被。'卓拄杖曰：'这里无尾无头，中道齐休。行也休休，坐也休休，住也休休，卧也休休。'睡眼豁开，五云现瑞，光风霁月，无处不周。梅绽枯枝古渡头，风前时复暗香浮。虽然到此，向上一路，万里崖州，何以见得。靠拄杖曰：'休休。'"①

据《高丽史》记载，高丽忠烈王三十年（元大德八年，1304）七月，元朝江南僧绍琼赴高丽，"承旨安于器，迎于郊。琼自号铁山"。八月，

---

① 《续指月录》卷六《袁州慈化铁山琼禅师》；《五灯会元续略》卷二《蒙山异禅师法嗣——铁山琼禅师》。

"王率群臣具礼服，邀绍琼于寿宁宫听说禅"。忠烈王又召绍琼到宫中，为点眼画佛，并开示讲读《华严经》，王与淑昌院妃都受了菩萨戒。绍琼对高丽佛教的影响，不得不提及高丽僧冲鉴。

　　冲鉴（1275—1339）是元代时第一位来华求学的高丽僧。冲鉴事迹载于国子监丞危素所撰《林川普光寺重创碑》。据碑文记述，冲鉴，字绝照，号穴峰，生于至元十二年（1275）。冲鉴幼时不吃荤腥，与群儿嬉戏，以帛制袈裟为佛事；稍长，在禅源寺削发出家，以慈悟国师为师；十九岁便考上僧选。冲鉴先学习佛教教理，后来觉得教义繁复琐碎，得不到真传，于是在大德年间来华，宿留吴楚。他听说南岳铁山绍琼禅师的声誉，就入南岳坚请绍琼东渡高丽弘法。绍琼在高丽的三年间，冲鉴侍奉左右，恭勤问学，多得绍琼的心要。绍琼也对自己的这位高丽传人很是期待。绍琼回到中国后，冲鉴留在高丽国内，积极传法，广收门徒，声誉日隆。冲鉴主持龙泉寺时，大胆借鉴元朝经验，用唐百丈怀海的《禅门清规》约束寺僧，逐渐摸索出一套适合管理高丽僧众的规约制度。冲鉴在忠肃王时被封为国师，后住禅源寺十五年，"弘扬宗旨，为国矜式"。至元二年（1336），冲鉴移居林州普光寺，"其门人三千余，石屋不足以容"，官署出面修葺扩建，"远近闻风而至"，"久之蔚然为大道场矣"。冲鉴在普光寺弘法四年，于至元五年（1339）八月二十四日跏趺端坐示寂，享年六十五岁。高丽佛教史中对冲鉴的评价很高，对他所创立管理僧众的规约制度十分推崇。冲鉴三十余年宣扬铁山绍琼的禅旨，影响了一大批高丽僧众。

　　从元成宗大德年间以后，入蒙元留学的高丽僧逐步增加。据元代禅僧中峰明本的记载，他的座下就曾有过收、枢、空、昭、聪等五位高丽僧人向他参学问道。这五位高丽僧从中峰明本习禅可能是元武宗、仁宗、英宗三朝间的事。中峰明本在元仁宗朝，还接待过高丽忠宣王王璋的参访。

　　泰定末年，高丽景瑚禅师来到中国，他"北观京师，南游江浙、两广、四川、甘肃、云南，炎凉几年，靡所不至"①，行踪遍于

---

① 李齐贤：《益斋乱稿》卷五，《韩国文集丛刊》影印本。

中国。他沿途多所参学，广闻博识，深造自得。回国后，他受到国王的
重视。

泰定年间，印度摩竭提国人指空禅师，从元上都东游高丽，并在高
丽收了许多弟子。玉田禅师达绿就是其中之一。元文宗召还指空，玉田
随师一同来到中国。他喜爱山水，在中国"名山胜地之游，殆无虚岁"，
江淮燕代，莫不亲历。玉田还精于鉴赏古今书画，和中国文人士大夫有
着广泛的交游。元代文豪欧阳玄为他居住的松月轩亲笔题写匾额，揭曼
硕（傒斯）、王师鲁、危太朴（素）、赵仲穆（雍）、道家吴宗师（全
节）等人都为作引、赞、序文，著名画家张彦辅和唐子华分别为他
画像。后来，玉田把这些字画文章带回高丽，又引得高丽文人骚客
吟诵不已。①

元顺帝时，有几位来华的高丽僧，如普愚、慧勤、自超、智泉千熙
等，他们给高丽王朝末期和李氏朝鲜王朝初期的佛教带去了较大影响。

### （二）太古普愚入元参石屋清珙

#### 1. 清珙

清珙（1272—1352）是临济宗十九世祖。据《释氏稽古略续集》载，
清珙，俗姓温，字石屋，江苏常熟人；初依崇福寺惟永法师出家，祝发
受具；继至天目山高峰禅师处参学三年，受"万法归一"语，但无所发
明；因又至建阳参及庵信禅师，几经指示，方豁然省悟，契会禅意，是
谓"清明时节雨初晴，黄莺枝上语分明"。辞别及庵后，清珙受邀前往
湖州（今浙江吴兴）霞雾山湖福源寺。他先后在此修炼长达四十余年，
修筑天湖庵三处。禅坐之余，清珙经常吟诗吃茶，留下不少佳句。清珙
后又担任湖福源寺住持七年，宗风大振，既而以老归隐，复归天湖。大
元顺宗至正年间，因声名远播，皇帝闻清珙之道名，遣使降香币旌奖，
特赐金襕袈裟。至正十二年（1352）七月，清珙入寂。

清珙认为："法无定相，遇缘即宗，可传真寂之风，仰助无为之化。"
这与临济本宗的根本思想，即学道人唯随缘任运，不为外物拘约，不希

———————————

① 李穑：《牧隐稿》卷四，文稿《松月轩记》。

求作佛、菩萨、罗汉乃至三界殊胜，超然独脱相吻合。正当清珙在霞雾山演法时，高丽国僧太古普愚曾于至正六年（1346）入华，先住燕京（今北京）大观寺，次年参历四方，造清珙所请问心要。珙师对普愚"深器之"，"遂以其袈裟表信"①，或谓"赠法衣禅杖"②。普愚受印可后，即"嗣派东还，弘扬其旨"③。至此，临济宗正脉始传于朝鲜。其弟子甚众，不可胜数，而且绵延不绝。《佛祖源流》载，普愚所传临济宗法系为"一世幻庵混修，二世龟谷觉云，三世碧溪正心，四世碧松智严，五世芙蓉灵观，六世清虚休静"④。休静即西山大师，其门徒又有千余人，"功存社稷，风振丛林"之高足则有逍遥太能、鞭羊彦机二人。太能传禅宗于股肱慧辩，传教宗于海运敬悦；彦机的高足为懒潭，懒潭的高足为月潭雪霁、月渚道安。懒潭所居之大芚，是西山大师传衣钵之禅教宗院。这里共出了十二位大宗师，懒潭列其首。此外，又有僧粲英得法于碧松智严，完全继承了太古普愚所传之临济正脉，即"渊乎智严"，而"源于太古，道不多歧"是谓。⑤ 他生前曾"九历名蓝，三加法号，受两王函杖之礼"，死后又"承二代赠谥之宠"⑥，故碑称其为大古普愚弟子（实印法裔）中"才高气盛、豪爽卓越"之"尤其杰然"者⑦，其影响自然很深广。

### 2. 太古普愚

太古普愚（1301—1382）被后来的韩国太古宗列为开山祖师。普愚是高丽王朝末期的僧人，俗姓洪，忠清南道洪城郡人；十三岁时候跟着广智脱尘禅师出家。出家后，普愚勤苦修行，年十九时开始参禅，参的

---

① 李穑：《大古古铭》，《朝鲜佛教通史》下编，第 769 页。

② 《舍那寺圆证国师舍利石钟碑》，《朝鲜金石总览》，第 534 页。

③ 《忠州亿政寺大智国师智鉴圆明塔碑》，《朝鲜金石总览》，第 715 页。

④ 《全州松广寺开创碑》载："普愚……传之幻庵混修，混修传之龟谷觉云，觉云传之登阶净心，净心传之碧松智严，智严传之芙蓉灵观，灵观之上足弟子其名曰善修，自号浮休，淹贯内典，为一代宗师。碧岩处浮休之门，已有出蓝之誉。"

⑤ 《忠州亿政寺大智国师智鉴圆明塔碑》，《朝鲜金石总览》，第 715 页。

⑥ 同上。

⑦ 《朝鲜妙严尊者塔铭并序》，《朝鲜金石总览》，第 1281 页。

是公案"万法归一,一归何处"的禅。经过十几年,这个话头他始终没有放下。有一回在甘露寺挂单,普愚突然有所悟,于是做了一个偈颂"佛祖与山河,无口悉吞却"。他略有所悟之后,对参禅更加感兴趣。因为心中还有疑惑,在之后不久,他又参第二个公案"无"字。经过一年多的苦苦参究,在第二年的正月,普愚突然大悟,说道:"打破牢头后,清风吹太古。"同年三月,他回到了自己的家乡继续精进,在此期间参究了一千七百多个公案,在岩头密启处,终于解开了困扰自身二十年之久的疑问,大悟见性。

这时候,普愚的证悟境界已经非同凡响。1341 年,普愚前往汉阳三角山重兴寺。在寺旁,他建了一所小庵,自己取名叫"太古"。他在那里住了五年。

普愚后来觉得必须去中国拜访高僧。这个时候正值中国元朝时代,普愚已经四十六岁了。他先到中国的燕京大观寺住了一阵,后来听说江南湖州有位高僧叫石屋清珙,道誉很高,于是便欣然前往。

1347 年,普愚来到湖州霞雾山,拜七十六岁的石屋清珙为师并将自己习禅心得展露给清珙。同时,他还献上所作的《太古庵歌》,这是一个相当于永嘉禅师《正道歌》一样的作品,请清珙批判质证。清珙阅后深加赏识,觉得这个高丽和尚很不简单,于是用语言试探他证悟的深浅,说:"你现在的境界已经是不一般了,然而还有更高的祖关你知道吗?"普愚答:"哪有什么祖关?"清珙说:"根据你所得的境界,功夫用的是很正,知见也不错。但是,还要把功夫和知见一一都放下。假若不这样,你就会产生理上的障碍。"普愚答:"我早就放下了。"清珙说:"你休息去吧。"第二天,普愚又恭敬地来到清珙面前,殷勤请法。清珙说:"佛佛祖祖,只传这一心法,没有别的东西。"然后又说:"有些人见到了一些光影,以为就开悟了。这是一条错路啊。所以,历代祖师见到这种躲在光影里边的人,也拿他没办法。这种人是作茧自缚啊。如果这个人真的彻悟,所有的东西都是自己有用的家具。你假设走到无人的路上,能辨清哪些是正道,哪些是邪路吗?"普愚回答说:"佛祖的各种开示,早就在我心里了。"清珙说:"好啊,假设不是宿生的善因,也不能幸免落入邪见邪网啊。老僧在这个穷乡僻壤中住了很久,经常以祖师的

法门开示给众生，就等着你这种真正的佛子佛孙啊。"普愚答："像您这种善知士，浩劫难逢啊，从此但愿不能离开您一步。"清珙说："你是要跟老僧一起同甘寂寞啊！这样不好，对法的留传来说就是障难。这样吧，你不如留个半月、一月，我们俩相互再多聊聊，然后你就回国。"

普愚在回国前，与清珙又有一段对话。清珙问："什么是一个人的日用涵养？什么是佛祖所说的向上一招？"普愚回答："瓶泄。"然后就走一步到清珙跟前继续说："不知道除此之外，还有什么值得说的？"清珙郑重地说道："老僧如是啊。三世诸佛也是如是啊。你这个高丽长老想要找另外的道理，就顶没说一样。"普愚退后作礼，说："古代就有父子不传之法啊，弟子怎敢辜负师父的大恩呢？"接着一再磕头作礼。因为禅机回答得巧妙，使得石屋清珙禅师真正印可，哈哈大笑，对普愚说："高丽长老啊，你的三百六十骨节，八万四千个毛孔，就在今天全打开了。本老僧七十多岁所集的家产都被你拿走了。"接着又说："老僧今天卸下三百斤担子，就让你担了。"于是，他把普愚的《太古歌》拿来亲自为之作序，一边作序一边问："牛头融禅师还没见四祖道信的时候，为什么有百鸟衔花的现象？"普愚答："人人都愿意仰慕富贵啊。"又问："二人相见之后为什么百鸟衔花的现象没了呢？"回答："人穷啊，谁都跟他疏远了。"清珙又问："无量劫以前就有太古和尚吗？还是没有太古和尚？"普愚答："空，就在太古当中。"清珙大笑，说："佛法东传了。"于是，他把自己的袈裟脱下来送给普愚作为传法的信物，最后说道："给你传衣是今天的事，而法却千年前灵山而来。今天，把大法托付给你，你要善加护持，不要令它断绝。"经清珙的点化，普愚实现了他对法的印证。

1348 年，普愚回到高丽国，先是在重兴寺挂单，后在家乡经营田庄畜牧，聚族而居，不问世事。高丽恭愍王归国即位后，下诏迎他进宫说法供养。因恭愍王入质元朝时，普愚的道誉甚高，故早已仰慕普愚的德行。普愚虽多次拒绝，恭愍王屡屡征召。他感受到国王的挚诚，于是去京城说法，在京城奉恩寺与广明寺开演大法。恭愍王五年（1356），普愚受封为王师，统领全国的僧衲。恭愍王对太古的师傅石屋清珙也崇拜不已，表请元朝为石屋清珙加尊谥，又请将石屋清珙的舍利子颁赐给高丽。元朝极力成全，移文江浙行省，特请杭州净慈寺平山处林禅师，入霞雾山天湖取来清珙的一部分舍利，赠予高丽。普愚便在高丽立塔将其供养起来。后来，普愚觉得京城不可久留，随即申请离开，但未得国王允许，于是只能深夜之中逃走。国王感其德行，于1362年请他驻锡迦智山宝林寺。普愚后来住在广明寺，建造了"圆融府"，力图重整因谋求九山禅门统一而陷入混乱状态的佛教界。在此弘法之后，普愚又回到小雪山，后又住在阳山寺，最后在小雪山圆寂，世寿八十二。

普愚的禅学以讲"看公案，参话头"为主。普愚的弟子很多，据说有一千多人，最著名的有混修和尚，曾经被任命为王师。因为石屋清珙禅师是临济宗的传人，所以普愚是将临济宗传到高丽重要传承人。

稍晚于普愚，有高丽僧心禅师和懒翁慧勤相继入元。有关心禅师的师承不可考，大致而言，他曾游历过中国许多地方，"北游燕赵，南抵湖湘"，并在浙江婺州元长禅师处，得到印可。他也和元朝名士硕儒交游。心禅师归国后居住在桧岩寺，极受恭愍王的器重。

### （三）慧勤入元谒指空

慧勤是指空在高丽的传人之一。据朝鲜《桧岩寺薄陀尊者指空浮屠碑》载，指空自称其曾祖为迦毗罗师子胁，祖父为斛饭，父讳满，为摩竭提国王。他八岁时至那兰陀寺拜律贤为师，剃染受戒，学《大般若》；十九岁往南印度楞伽国吉祥山普明所研习佛典奥旨，师为其摩顶授记，付以衣钵、起法号；后历于他国、佐理国、狮子国、么哩耶啰国、哆啰缚国、迦罗邪国、摩醋莎罗国、的哩啰儿国、嵯楞陀国、末罗婆国、阿耨达国、早娑国、的哩侯的国、挺佉哩国，过铁岭、雪山，达于西蕃之境（今甘、青一带），在此遇北印度摩诃班达特，并随其抵于燕京。不久，指空又离燕京游安西王府（今西安），再至西蕃，然后从今之甘、青边境南折入蜀，到达罗罗斯（今西昌、大凉山彝族地区）地界，经云南大理、安宁州（今云南广南东北）、中庆路（今云南昆明）、贵州元帅府治、镇远府（今贵州镇宁县北）、常德路（今湖南常德县治），渡洞庭，过庐山，进入安徽之淮西，最后到达江苏。扬州太子遂以舟送指空至大

都，既而至滦京，与天子于难水（今嫩江）上论佛法，谓之"泰定之遇"，时为1324年至1328年间。有旨令有司供给衣粮，指空拒而东游高丽，到金刚山法起道场参礼。据朝鲜长湍宝凤山华藏寺事迹载，华藏寺在畿甸长湍府宝凤山，当指空游高丽之时，高丽王闻其风采，因倾心渴求而引见之，所言皆从；于是在此山继祖庵兰若遗址上创立净刹，并请指空命额曰"华藏"。故寺内曾有高丽王画像，又有指空塑像及其所带来的贝叶经一夹、牛头旃檀香一条等"法宝"。

不久，指空奉旨返回燕京。天历年初，指空复奉诏入内庭讲法，此后日渐名震中外。名臣察罕帖木儿之妻金氏，本高丽人，从指空出家，并买澄清里之宅，改为佛寺，延师居住。此即法源寺。至正年间，皇后及皇太子迎指空入延华阁问法。至正二十三年冬十一月二十日示寂，有旨送天寿寺龛之。二十八年，元将亡，荼毗后将灵骨分为四份，其中两份由达玄、达睿带回高丽。明洪武五年（1372），恭愍王命树浮屠于桧岩寺。

指空虽号称"禅贤"，但一生中显、密、禅、教俱弘，最初受学《大般若经》，后来又精通《法华经》《华严经》《大庄严功德宝王经》，为人施戒、说法等。与此同时，他又弘扬密教，雠校和翻译密咒如《观自在菩萨广大圆满无碍大悲心大陀罗尼》《观世音菩萨施食》等经典[1]，预测军情、烧香祈雨等。在习禅方面，他既修"六度"中之禅定，如在南印度楞伽国某地"坐石洞六月"、在的哩啰儿国某地"入洞入定七日"等[2]，也修具有中国禅宗特色诸如棒喝一类的顿悟禅法。指空在习禅方面"偈颂甚多，别有录，皆行于世"。可以认为，指空既不是一个单纯的弘教法师，也不是一个单纯的习定禅师，而是一位禅教双修者，其中对禅门有所偏重。指空的高丽弟子当不在少数。《指空浮屠碑》载，"师所居寺皆高丽僧"，仅此当不下数十人。又上述察罕帖木儿之妻、分灵骨返高丽安葬的达玄、司徒达睿也自在弟子之列。其中，最有名的自当是懒翁慧勤、无学自超二人。

---

[1]《大藏经》20册，第497—498页。

[2]《指空浮屠碑》，《朝鲜金石总览》，第1284—1285页。

慧勤（1320—1376），高丽禅僧，岭南宁海村人，居室名江月轩，俗姓牙。其原名元慧，号懒翁，世称"懒翁慧勤"。慧勤的生平资料现存有《扬州松岩寺禅觉王师碑》《懒翁和尚行状》《东师列传》等。他自幼要求出家，父母不肯；二十岁时，看见亲友死去，感觉诸行无常，于是投身功德山妙寂庵了然门下出家；不久后游历诸山宝刹。忠惠王五年（1344），慧勤至扬州（京畿道）天宝山桧岩寺宴坐，精修四年，忽然有一日开悟，从此抱定到中国求师的决心。元朝至正八年（1348），慧勤来华访道。他先到燕京法源寺参访西天僧指空，拜指空为师，问禅三年。

至正十年（1350）春，慧勤始南下江浙，八月于杭州净慈寺访平山处林禅师，遂得到处林的印证。当时处林问之曰："指空日用何事？"慧勤回答："指空日用千剑。"处林云："指空千剑且置，将汝一剑来。"慧勤就用坐具打处林，处林倒于禅床，大叫："这贼杀我。"慧勤便扶师起，曰："吾剑能杀人，亦能活人。"处林呵呵大笑，传授法衣及拂子。慧勤谈锋犀利，悟性绝高，博得处林的赞赏。处林不仅印可他的心得，而且慷慨地把由祖师雪岩和师傅及庵两辈相传的法衣、拂子赠给慧勤表信。次年，慧勤入普陀山礼佛，又拜见阿育王寺（在宁波郊区）的悟光、雪窗、无相、枯木荣等长老。至正十二年（1352），慧勤上明州、婺州伏龙山参偈千岩元长，正赶上千岩召集江湖僧众千余人，选入室弟子。慧勤也参加进去，因答问得体，千岩许他入室，并向他传授心印。同年，慧勤结束江南之行，回到大都，继续跟指空参学，承受其戒牒法嘱。指空亦把自己的法衣、拂子和从印度带来的梵经一并托付予他。以后，慧勤又游历了中国北方的山川。至正十五年（1355），元顺帝下旨命慧勤驻大都广济寺。同年，慧勤奉敕住大都广济禅寺，开堂说法。顺帝遣院使也先帖木儿赐金襕袈裟和币帛加以褒奖，皇太子也赐予象牙拂子等。

至正十八年（1358），慧勤辞别指空，在辽阳、平壤、东海等地随机说法。第二年，他奉王命于三殿普说教法，敕住神光寺。同年十一月，红贼作乱，数十骑入寺。慧勤俨然不动，贼首慑而悦服，呈沉香一片而退。慧勤后移住金刚山正阳庵、清平寺、桧岩寺等处。恭愍王十九年（1370），他再奉王命，于广明寺召集举行全国禅、教两宗僧衲参加测试经教（功夫选）；恭愍王二十年（1371），受封为"王师"，掌管全国的僧

政，赐号"大曹溪宗师禅教都总摄勤修本智重兴祖风福国佑世普济尊者"，并敕住东方第一道场松广寺。1379 年，慧勤示寂于骊州（京畿道）神勒寺，世寿五十七，敕谥"禅觉"之号。其法嗣有无觉自超、国师智泉、高峰法藏等三十三人，著有《懒翁和尚语录》一卷、《懒翁和尚歌颂》一卷等。在以后的十几年中，慧勤在高丽国内大弘教化，赢得极高的声誉。

慧勤在元朝长达十年的留学生涯，为他日后攀上高丽禅宗的顶峰打下坚实的基础。他的禅学包含了印度指空禅师和中国临济宗南支一些著名高僧的思想精华。朝鲜李朝初期的禅宗，仍然深受他思想的笼罩和溉泽。

### （四）自超与智泉师事指空和慧勤

自超（1327—1405）是一位入华传习临济宗风的高丽禅僧。他直接、间接地得法于杭州净慈寺平山处林禅师，也曾参谒于指空。慧勤之学由自超继承。

自超的史料有其弟子祖琳所撰之行状，后"嘉善大夫艺文馆提学同知经筵春秋馆事兼判内赡寺事"卞季良据此撰成《朝鲜王师大曹溪宗师禅教都总摄传佛心印辩智无碍扶宗树教弘利普济都大禅师妙严尊者塔铭并序》。根据这些资料，自超号无学，俗姓朴氏，三歧郡（在岭南）人。其父名讳仁一，赠崇政门下侍郎；母固城蔡氏。自超于高丽忠肃王十四年（1327）九月二十日生，刚到十八岁就有出家的志向，于是到慧鉴国师（松广寺万恒）上足小止禅师门下剃发受具戒。后来，他到龙门山（京畿道砥平），向慧明国师法藏问法，得到国师示传法，并让他居于浮屠庵。有一日，庵中失火，自超却独自静坐不为所动，众人觉得很奇怪。高丽忠穆王二年（1346），因看《楞严经》有悟，自超废寝忘食，专于参究。忠定王元年（1349），自超抵镇州吉祥寺居住。恭愍王元年（1352）自超住妙香山（平安北道）金刚窟，功力日益进步，直到有天如睡梦中有人击响钟磬般警醒，他释然了悟本性，迫切寻求大师印证。

至正十三年（1353），自超入元，先到燕京法源寺参礼指空，指空授予禅法；次年至法泉寺参慧勤，颇受器重。他游历了雾岭、五台山等地。回到大都时，慧勤已移住西山灵岩寺。自超寻踪而去，并正式拜慧勤为师修习禅法。不久，红巾起义爆发，中原江南，烽火遍地，自超不得不放弃游览江南的初衷，于至正十六年（1356）还归故国。回国后，高丽政治纷乱，自超韬晦自守，不应王命。自超回国后不久，慧勤也回国了，自超又一次追随他习禅。至正十九年（1359），自超谒慧勤于天圣山，慧勤赠之以拂子。慧勤移住神光寺，自超亦随往。明洪武四年（1371），恭愍王封慧勤为王师，移住松广寺，并于此以衣钵付授自超。洪武九年（1376），慧勤移住桧岩寺，并大设落成会，召自超为首座，自超辞不赴任。高丽王欲封自超为王师，亦辞不就。正因为如此，1392年，李成桂篡位自立，开创朝鲜李朝，自超顺应时变，出任李朝的第一代王师。次年，自超又奉命随驾巡幸鸡笼山并新都汉阳；同年九月住桧岩寺，于桧岩寺立指空、慧勤二塔，于广明寺为慧勤大设挂真佛事。后来，自超移住金刚山真佛庵，并圆寂于此，俗寿七十五。从碑铭记载来看，自超提倡"儒、佛一致"观点。他认为："儒曰仁，释曰慈，其用一也。保民如赤子，乃可为民父母。以至仁大慈莅邦国，自然圣寿无疆，金枝永茂，社稷康宁矣。今当开国之初，陷于刑法者非一，愿殿下一视同仁，悉皆宥之，俾使臣民共臻仁寿之域。此我邦家无疆之福也。"① 他极力宣扬"至仁大慈"儒佛融合的政治理念。

　　智泉，俗姓金，载宁人，生于元泰定元年（1324）。他十九岁于长寿山悬庵寺出家，起初不学文字，直参禅旨，后来钻研《楞严经》，了然其大义，但在本性方面的疑问找不到老师解答。所以，至正十三年（1353），智泉与自超入燕京，参指空于法云寺。当时慧勤已先入燕京受指空印可，道誉颇著，指空遂遣自超和智泉皆往投之，同游参访。之后，智泉又往五台山谒碧峰和尚，有名士赵仲穆书古篆"竺源"二大字赠予智泉。"竺源"就是智泉之号。至正十六年（1356），智泉回国，与慧勤、自超显耀于国，得宠于皇室不同，他游历诸大名山，且每到一个地方，都会屏室独居，不随众会。智泉常寡言笑，谨重而已。有咨询问道的，他随问而应，言希以究，不问则不言。众人对他只是敬重而已，

① 何劲松：《韩国佛教史》（下卷），宗教文化出版社，1997，第 227 页。

不知有异德也。慧勤、自超相继有重声，为王者师，大振宗风，四众奔波，靡然趋向，而智泉独韬光养晦，潜隐云山，不曾一领众会，一主讲席，专修内朗，至老无倦。洪武二十八年（1395）秋，智泉示寂于天磨山寂灭庵，享年七十二岁。朝鲜太祖李成桂追赠其"正智国师"。其弟子祖眼等于弥智山龙门寺建塔并立碑记其德。和慧勤、自超比较而言，智泉的禅味要更重些。虽得真道，但传却不广，其弟子知名者唯祖眼、志修而已。

### （五）千熙入元参万峰

临济宗第二十代传人之一苏州邓尉万峰时蔚禅师门下也有一名高丽弟子，名千熙，号雪山。万峰乃永嘉（今温州）人，俗姓金，十三岁从演庆升法师受业，在杭州受具足戒，又参虎跑止岩禅师，然后往明州达蓬山佛趾寺侧卓庵力参。闻伏龙千岩长禅师名，即行造访，请问心法；继又在兰溪之嵩山卓庵，凡九载。长禅师尝寄偈给他，并三次手书招之，乃至最后以法衣相顶相付。[1] 万峰最后于姑苏（今苏州）邓尉建圣恩寺，集众传法。明洪武十四年（1381）正月十九日，万峰示寂，门人葬其于本山西冈。万峰本人所宗为临济宗中杨歧派禅僧大慧宗杲所提倡的"看话禅"，主张"凡参禅做工夫者，不得安然静坐，忘形死心，澄空守寂，昏沉散乱"，而应当"抖擞精神，猛著精进，急下手脚，剔起眉毛，咬定牙关，提起话头，立地要知分晓"。比如"万法归一"这个题目（即话头），要在"一归何处"这个问题上"大起疑情"，通过"生疑"，进而"解疑"，觉悟到"万法空无"的道理，并从而获得解脱。[2]

据说千熙（1307—1382）本学贤首宗，兼修禅法。因为多次梦见蒙山异禅师将衣钵传给他，甚觉好奇，才决意南游中国。当时，张士诚已经控制江浙东部，而且和高丽频频通使，所以，高丽和江浙之间海路交

①《释氏稽古略续集》载："万峰禅师"七岁依演庆寺升公出家，十六岁剃度，十九受具，谒虎跑止岩请益，复至天台访无见者见公，后归止岩处决择。详见《大正藏》第49册，第935页。
②《续指月录》卷九"万峰禅师"条。

通仍然通畅。千熙于元至正二十四年（1364）秋航海到达中国杭州，得到张士诚弟弟的接待。这位炙手可热的权贵，居然亲自陪同千熙去苏州休休庵蒙山异禅师的真堂，取得了蒙山的遗物和两部书稿，帮助千熙实现了多年的梦想。千熙在江浙居住了三年。至正二十六年（1366）春，千熙至苏州邓尉圣恩寺参谒万峰禅师，得到万峰一偈，足不出户苦思冥想了三天，终于参悟。万峰终以袈裟禅棒授予千熙。千熙于是年回国，受到恭愍王的慰劳问候，次年受封为国师。① 千熙隐于雉岳，游于东海，至洛山观观音放光之瑞，后应王之屡请，至京受封，置府设僚属，受印章法服，与王师慧勤同主国内禅教诸僧选举事。明洪武四年（1371），千熙游金刚山，寻还京师，是年秋复归雉岳，次年移住浮石寺，重营殿宇，悉如旧盖。明洪武十五年（1382）夏六月，千熙入灭于彰圣社，赠谥曰"真觉国师"，塔曰"大觉圆照"。从被封为"大华严宗师"尊号看，千熙不仅传弘临济宗的看话禅，而且也是华严宗的重要人物，是一位禅教双修者。

## 二、其他宗派

### （一）法桓

法桓又名冲止，自号宓庵，俗姓魏，定安人，生于金正大三年（1226）十一月。他九岁就学经史，过目能诵，文章也写得不错；十九岁登状元第，并奉命出使日本国，后投禅源社圆悟国师处剃染受具，继而策杖南游，历参讲肆，到处受人推重；四十一岁，始住金海县甘露社。至元二十三年（1286），圆悟国师入寂，法桓奉请移住禅源社，嗣法席，是为该院第六世住持。法桓前后住此七年，光大普照（知讷）之遗轨，并表请恢复寺院旧有田土。这期间，法桓曾应元朝廷的邀请入华。皇帝亲自迎接，以宾主之礼相待，褒以师傅之恩，并授以金襕袈裟、碧绣长衫、白拂一双。可见，法桓这次入华，目的并非请益求

① 刘喜海：《海东金石苑》卷八。

法，而是礼节性的访问。法桓于这年回国，至元二十九年（1292）示疾，次年入寂，终年六十七岁，谥号"圆鉴国师"。此寺之禅法肇基于普照国师知纳，而"其学无所承学"。法桓为普照下六世法嗣，其学说的源头亦明矣。

### （二）唯识宗惠永

惠永是继韶显、义天之后在高丽弘扬唯识法相学说的重要人物。

惠永（1228—1294），俗姓康，闻庆郡人。他十一岁投首座冲渊堂下，剃发于南白月寺；十七岁时中王轮寺选佛场。惠永初住兴德寺，高宗四十六年（1259）任三重大师；元宗四年（1263）加首座，六年（1265）任选佛场座主，八年（1267），移住俗离寺，十年（1269），加僧统之职，十五年（1274）移住佛国寺，两年后至通度寺，乞得舍利数枚，常置左右。此后，惠永移住重兴寺，奉命留京辇，凡九年。忠烈王十一年（1285），惠永移住瑜伽寺。元至元二十七年（1290），惠永领写经僧百员入元至大都，送给元世祖一部金字《法华经》，因而特承劳慰，居庆寿寺。他此行的主要任务是写金泥《大藏经》，其间亦曾应万安寺堂头之请，前往此寺讲《仁王经》，演说时快若悬河，受到四众的景仰。世祖皇帝嘉之，赐遗甚厚，并遣使伴其回国。忠烈王于在位十八年（1292）封惠永为国尊，法号为普慈。惠永在国内以讲授法相唯识学说称著，有"一国所尊之法王"之誉。高丽王曾对他行五拜之礼，并加封为"五教都僧统"，委为桐华寺住持。其碑铭这样说："慈恩奥旨，尤难析理。慈氏传之，无著得髓。奘基宣布，洎于东土。哲人相总，称为八祖。师其嫡嗣，不愧于古。"[1] 铭文说明惠永不仅是主弘唯识宗义的，而且是慈恩法系的"嫡嗣"（这里指"真传"），时国王亲奉百官行五拜之礼，奉敕住桐华寺。惠永于元至元三十一年（1294）圆寂，世寿六十七，谥号"真应"。[2]

---

① 《高丽国大瑜伽桐华寺住持五教都统普慈国尊弘真碑铭》《朝鲜金石总览》，第596—598页。

② 何劲松：《韩国佛教史》（下卷），宗教文化出版社，1997，第197—198页。

惠永稍后，高丽还有一位讲法相唯识学的大师——讳弥授（1240—1327）。他原名子安，曾两次被高丽王封为"大慈恩宗师"。他主讲唯识论宗旨，旨意高深，很多人在他坐下听闻经解，德高望重，但弥授本人并未入华。

### （三）华严僧

华严宗在高丽时代称圆融宗，属于元世宗形成的"五教"① 之一。进入李氏朝鲜之后，圆融宗始以华严宗、道门宗出现，后又合而为一，总称"华严宗"。本宗僧人于此期入华的有友云、若兰等。友云事迹略见于高丽末季郑道传《送友云诗序》。该序谓友云曾北入燕都，游历江南，凡到之处，"尊宿许之，侪辈推之"，并互有诗偈之赠。还国后，友云颇受玄陵（高丽恭愍王）厚待，先后住大公山符仁寺和松京法王寺。住法王寺时，友云是盛弘华严宗的大宗师，是扶树宗风、启发后学并且颇有影响的人物，但在此仅届一期而辞去。元末至明初，又有高丽僧若兰入华②，投浙江绍兴宝林寺释大同门下研习华严学。

大同（1289—1370），字一云，别号别峰。他十八岁出家，在会稽崇胜寺落发，次投本郡景德寺春谷法师处禀受华严大法，并尽得其传，复谒古怀肇公，进一步精研华严宗的"四法界观"。此后，大同即转研禅法，先后师事钱塘晦机禅师和天目中峰禅师。中峰禅师却以弘扬华严宗旨的重任相托。所以，大同复又还至春谷法师处，一面学习，一面受命讲《华严经》。元延祐初（1314），大同辞宝林寺谷法师，出主萧山净土寺，次主景德寺。至元年间奉命住嘉禾东塔，后改名宝林寺，至此法筵大盛。

高丽僧若兰大约于此时师从大同，成为他的十三大弟子之一。③ 主"万法本乎一心"和禅教一致说。若兰投大同前后，元驸马高丽沈王王璋聘请丽水盘谷在杭州慧因寺讲《华严经》大意，"师展四无碍辩，七

---

① 大五教指戒律宗、法相宗、法性宗、圆融宗、天台宗。

② 如惺：《大明高僧传》卷三，《大正藏》50 册，第 910 页。

③ 如惺：《大明高僧传》卷三，第 907 页。

众倾伏，王大悦"①。此外，沈王还斋香并紫衣至天目山狮子院表敬慕之情，向中峰明本禅师咨决禅法心要。若兰、王璋既研华严大教，又习禅法的表现，在一定程度上体现了元明时期中国佛教教禅混同一致的特点。

### （四）法华僧

朝鲜的天台宗止观学说、会三归一旨趣，早在三国、新罗统一时代便已从中国传入，但由于"机缘未熟"，致使未能光阐成宗派。暨大觉国师义天入宋问道于钱塘，立盟于佛陇，加上高丽王朝的统治者以此宗的"会三归一""一心三观"附会政治上"合三韩为一国"而加以推崇，相继建立弘宣天台学说的六山，尤以松岳西南麓的国清寺（后改为妙莲寺）为本山，天台教才最终发展成一大宗派。据金富轼所撰《大觉国师碑》载，国清寺落成之后，大觉国师即亲自在此主讲《妙法莲华经》，"依文而显理，究理而尽心，止观圆明，语默自在，拔尽信书之守，破恶取空之轨，一时学者瞻望圣涯，舍旧而自来几一千人"。以此可见，当时朝鲜天台宗的盛况。

继大觉国师义天之后，此宗僧人入华之可考者有顺庵璇公。据《开城妙莲寺重兴碑》载，璇公乃妙莲寺之主盟结社者圆慧国师的嫡嗣，妙莲寺第三任住持无畏国师之犹子（ 作侄子）。元朝皇帝曾赐予"三藏"称号，并命住燕都大延圣寺。后至元二年（1336），璇公降香东归，建议忠肃王修葺天台宗妙莲寺本山。忠肃王于是舍金银宝器数百万充此寺常住费用，"维寝维堂，维厨维廊，扰者缮，倾者立，腐者易，缺者补，侈像设之仪，瞻斋厨之费，益树青松，缭以崇墉"。最后，璇公乃亲自金书佛殿额，揭之于檐间。璇公大事修葺妙莲寺，可以在一定程度上说明，他是朝鲜天台宗内振微起衰的重要人物。

事实上，在入元游方求学的高丽僧人中，禅僧的确占了压倒性多数。当然，其他宗派的僧人也有来华游学的，还有送经藏的，如高丽僧性澄及寺人允坚，曾入元给朝廷进献佛经一藏。泰定四年（1327）三月，

---

① 如惺：《大明高僧传》卷一，第 903 页。

复奉皇室之命，将他们所进献的佛经送归高丽清平山文殊寺收藏供养。

元代高丽僧人来华游方求学，实际上只是对历史上已存在数百年的朝鲜僧人入华留学传统的一种继承。尽管随着时代的变迁，他们学习的内容和重点已有显著的不同。相形之下，元代来华的高丽写经僧、驻寺僧和化缘僧则由于他们肩负的使命为前古所无，倒更富于自己时代的色彩。

## 三、高丽抄经僧

自北宋雕印"开宝藏"以来，佛经的大量流通主要依赖雕版印刷术实现。但是，手抄佛经并没有由此而退出历史舞台。因为佛经上把抄经规定为佛教徒的一种大功德，所以许多佛教徒都乐意把耗时费力的抄经工作当成修功积德的最好功课。因而，手抄佛经在人们心目中也显得比印刷佛经更有价值。如果佛经是用泥金、银或鲜血抄写成的，那当然就愈发珍贵。蒙元统治者崇奉佛法达到十分疯狂的程度。但凡可以礼敬佛事、表白虔诚的"功德好事"，莫不趋之若鹜，从不以耗费多金、重损民力为虑。元世祖喜欢施财写经，后嗣诸帝也多有这喜好。很多后妃、诸王和官宦贵族也纷纷效尤。所以，元代上层社会里崇尚写经的风气还是比较盛行的。

高丽僧人抄写的经书，楷字匀整精美，颇受元人喜爱。世祖和成宗两朝每逢抄写金字《大藏经》时，往往要向高丽国征求写经僧。一时间，从高丽征求写经僧竟成了元朝向高丽横征暴敛的若干名目中的一项。正是为了满足元朝皇室这种特殊的爱好，高丽才频频派出大量写经僧来中国抄写佛经。武宗也曾征用高丽写经僧抄写《大藏经》，不过已不是把他们征调到中国，而是在高丽国内就地完成。仁宗以后，这类事例很少见于记载，其中原因有待进一步探究。

至元二十七年（1290），元世祖准备抄写金字《大藏经》，诏令高丽遣送写经僧。高丽立即派沙门惠永率领一百名写经僧到达大都，住进庆寿寺，花了一年时间，抄成一部金字大藏。世祖厚赐写经僧，将他们礼送回国。惠永（1228—1294）为华严僧，兼通法华义理。他直接领导这

次写经工作。世祖前后两次接见，并且奖赏他。抄经期间，惠永还应大都万安寺堂头的邀请，在种种幢盖庄严道场上宣讲《仁王经》，受到好评。① 成宗大德元年（1297），元遣使到高丽征求写经僧；六年（1302），元遣别帖木儿等人再到高丽征求写经僧；九年（1305），元使忽都不花从高丽征来一百写经僧。② 前两次征集来的写经僧人数、服役时间均不详，末一次记明写经僧人数为一百名，这倒和世祖朝惠永的那次写经完全相似。或许，当时对从高丽往中国征调写经僧实施过某种规定也未可知。

世祖和成宗数次从高丽征求众多的写经僧，这是中朝交往中从未有过的事例。所谓写经僧，无非是些抄书匠人，很可能高丽寺院里就收留着这么一批专业僧匠。来元朝抄写经书，带有服役的性质。武宗时，事情有了一些变化，元朝写经不再把高丽写经僧征调到中国，而是在高丽本地集中人力，设局写作。至大三年（1310）五月，元朝派宦官高丽人方臣祐回国，招集道俗三百余人，在高丽王京旻天寺里抄成一部金字《大藏经》。这次抄经光是耗费的黄金薄就多达六十余锭。③

## 四、入元驻寺化缘僧

由高丽僧人到中国来管理寺院，在中朝佛教交流史上，是元代特有的现象。高丽入元驻寺的僧人可以分成两种：一种是经元朝皇帝特别挑选，征召到中国驻寺的，他们一般受皇室的供养，有较深的政治背景，是僧侣中的显贵，自然人数也不多；另一种是旅居元大都的高丽人，从本国请来为他们管理寺院。元朝与高丽之间政治关系密切，造成大量高丽上层人物长期侨居元大都的现象。从 14 世纪开始，旅居元大都的高丽人在元大都捐资兴建了许多寺庙。由于寺庙众多，客观上造成对高丽驻寺僧的需求。因此，也就逐渐聚集了不少高丽驻寺僧。随着高丽寺院的出现增多，专职掌管这些寺院的高丽僧人日渐增多。其中，比较著名的

---

① 郑麟趾：《高丽史》卷三十《忠烈王世家》。

② 同上。

③ 郑麟趾：《高丽史》卷三十三《忠宣王世家》卷一百二十二《方臣祐传》。

有海圆和义旋。同时，为造寺院也出现很多化缘的高丽僧。

## （一）海圆

海圆（1262—1340），俗姓赵，咸悦郡（全罗全州）人，十二岁时投金山寺大师释宏门下落发，学法日有所进。忠烈王二十年（1294），海圆登选佛科，住佛住寺。他以"戒行甚高"闻名于世。元成宗大德九年（1305），安西王阿难答因听说高丽僧人的戒行普遍很高，便请成宗为他下诏遣使去高丽聘请一位。皇庆元年（1312），海圆应仁宗皇帝之请入元。他先在安西王封地待了两年。当时安西王阿难答还保持着草地蒙古人的生活习惯，不事耕种，以畜牧为主，食肉饮汁，穿动物皮衣。海圆居住于他们中，两年时间内宁可忍饥挨饿，绝不吃荤，严守戒律。安西王更加敬重他。元武宗即位后，将海圆师徒召回，命他们春秋护驾随从，赐给公廪。后来，位于大都城南的大崇恩福元寺落成，元仁宗命海圆师徒驻锡该寺，恩遇过于武宗。大崇恩福元寺本是武宗为父祖追荐冥福，在即位之初就下令兴建的一座皇家大寺。但直到武宗去世，福元寺也未竣工。仁宗将这样一座重要的寺院交给海圆管理，可见他对海圆的信任之深。海圆是入居大崇恩福元寺的第一任住持，是大崇恩福元寺"高丽第一代师"，专弘法相唯识一宗，时达二十九年之久。元文宗即位，赐海圆钞两万五千贯。高丽忠肃王请海圆遥住本国金山寺，也大加尊礼，赐号"日慧鉴圆明遍照无碍国一大师，封重大匡佑世君"，待以殊礼。顺帝至元六年（1340），海圆在福元寺示化，寿七十九，谥号"圆空"，史称海圆为"瑜伽教师"。其嗣法弟子有玄印等三十余人。海圆在中国居住了三十六年，一直受着元皇室供奉，享有很高的政治地位。[①]

## （二）义旋

高丽天台僧顺庵义旋，为忠烈王时期名臣赵仁规的四子，一传为无畏的侄子。他少年出家为僧，约在泰定帝时应召来到中国。元朝皇帝赐

① 李毂：《稼亭集》卷六《大崇恩福元寺高丽第一代师圆公碑》，《韩国文集丛刊》影印本。

号"三藏法师"，命其驻锡大都天源延圣寺。天源延圣寺也是一座皇家寺院，位于大都太平坊。当时，大都著名的建筑之一黑塔就矗立在其中。元统元年（1333），高丽忠肃王和沈王暠共请义旋接管大都报恩光教寺的寺政。该寺由高丽忠宣王王璋建成于延祐六年（1319），最初延聘中国僧人主持。其后，义旋成为大都天源延圣寺、报恩光教寺和高丽国莹原寺等三个寺院的住持。沙门海圆和三藏义旋都是元帝钦命的高丽驻寺僧。前文提到的懒翁慧勤一度也属于这一类型的高丽驻寺僧。

元仁宗时，高丽僧元谌与他的徒弟崇安、法云等在大都南城南郊购地建寺，后经曾做过元世祖宫人的高丽长城郡夫人任氏的鼎力相助，耗时五载，寺院落成，起名兴福寺，元谌师徒就成了这里的驻寺僧。[①]

文宗时，名臣察罕帖木儿夫人高丽金氏，在大都澄清里购买民宅，辟为佛宫，迎请印度指空禅师驻寺。前文曾提到，指空从高丽带回许多弟子，这些僧人大多长年驻留该寺。[②]

文宗至顺二年（1331），元中奉大夫、中尚卿高丽人金伯颜察和他的妻子孙氏在大都路宛平县池水村创建一座佛祠，起名金孙弥陀寺，令高丽僧戒洪、戒明二人主持香火。[③]

大都天台法王寺，是元太医院使赵芬等一批在大都做官的高丽人合力建成的。高丽僧一印法师主持了寺庙的建设和管理。后来，大都很多好佛的高丽人经常到这里听经上香。[④]

元朝统治者热衷于向佛寺布施，在元朝做官的高丽人也多乐意为本国的僧衲出资助缘。加上两国之间交通便捷，故高丽僧入元化缘也成为一种时尚。

### （三）慧月与达牧

据今北京市房山县云居寺存《重修华严堂经本记》载，元至元元年

① 李齐贤：《益斋乱稿》卷七《大都南城兴福寺碣》。
② 李穑：《牧隐稿》卷一《西天提纳薄陀尊者浮图铭并序》。
③ 李穀：《稼亭集》卷二《京师金孙弥陀寺记》。
④ 李穀：《稼亭集》卷四《大都天台法王寺记》。

（1335）四月，有高丽国僧慧月入华，到五台山参拜文殊大士，路经房山县西乡里古寺小西天华严堂，看到古寺破败不堪，经卷残缺不全，于是感发化缘修葺的想法。慧月向元廷宣政院使资德大夫高龙卜、匠作院使大夫申党住等详述原委，获布施净财千余缗，并奉命"施劳董工，修石户、经本"。工程完成之后，慧月于至正元年（1341）五月初八日立石记其事。房山石经山小西天（又名雷音洞）华严堂，乃隋唐间幽州沙门静琬始造，历千年而至清康熙世，共刻佛经千余部，三千四百多卷，石经板一万五千余块，分藏于山上九个石洞及寺西南之地穴中。小西天华严堂即九洞之一，"其堂并《华严》经本等十二部皆石为之"。这些石经是中国历代僧俗共同创造的佛教文化珍品，由于其延续时间长，刻经数量既多且精，因而是研究当地政治、经济、历史，以及佛教历史、佛教雕刻、书法艺术的宝贵资料，也是校勘木板刻藏经典的实物依据。就在此一文化艺术工程中，慧月贡献了自己的一份力量。他不嗜酒，不吃荤，俭衣食而绝物欲，得布施而一毫不私于己，宁忘己劳，而不没人之能，其品质人格昭彰于世。在后人记述慧月的事迹时，还同时提到另一位高丽僧达牧。他是天台宗沙门，曾同金玉局提领李得全、李得、程仲玉刊刻所补写的经版，其功劳也是不能泯灭的。

### （四）宏卞

在泰定时，高丽僧宏卞因修葺高丽金刚山著名佛刹长安寺经费不足，发下宏愿，化积众缘。元朝中政使高丽人李忽笃帖木儿等人解囊相助，但不足以完成工费。于是，入元西游元京师大都，通过资政院使高丽人高龙凤求助于中宫奇后，支出内帑三千锭。最后将长安寺修葺、扩建一新，屋有一百二十余间，佛殿、经阁、钟楼、三门、僧寮、客位，乃至于庖湢之微，都极其庄严。在像设方面，正殿中有毗卢遮那像，左右有卢舍那像、释迦牟尼像以及一万五千佛、五十三佛等，禅室中有观音大士像、千手千眼观音像，以及文殊、弥勒、地藏诸菩萨像，海藏之宫有阿弥陀佛像、五十三佛像、法起菩萨像和翊卢舍那像。宏卞入华的直接原因不在求法请益或弘法，而是寻求经济上的援助，以便完成修葺寺宇的任务。

　　泰定帝时，翰林学士沙剌班在出使高丽期间，曾向高丽僧智坚承诺，愿作金刚山普贤庵的檀越，负担修建工程的费用。归国后，沙剌班因故未能践约。后至元二年（1336），该庵比丘达正来大都见到了沙剌班。沙氏思及前事，拿出交钞五千余贯交给达正，令用作庵僧的伊蒲撰之资，并答应以后继续施舍。①

　　高丽兴王寺动工重兴，文宗至顺元年（1330），寺僧晶照、达幻二人到大都化缘、募资。九年后，寺院落成，达幻带着落成法会所需的法服、威仪、法物等东西从大都赶回。晶照则已先期客死于中国。②

　　高丽全州大华严普光寺准备重修，比丘中向于元统二年（1334）航海来到中国，请高龙凤为檀越。龙凤一口应允，谁知不久自己就遭到贬谪，此事只得搁置下来。几年后，顺帝召还龙凤，中向闻讯，于至元末年，再入大都，将这段几乎中断的因缘又续了起来，普光寺得以重焕新颜。③

　　高丽宝盖山地藏寺翻修时，僧慈惠入元都化缘。中宫闻知此事后，由内帑出钱，铸成梵呗之器。著名文人危素还应慈惠的请求，撰成记事碑。慈惠用船将新铸的法器和碑文刻石一并运回高丽。④

　　佛教徒化缘募资，兴作佛事，本是寻常之事。但高丽和尚竟可以纷纷来中国化缘，就有些不同寻常了。如果没有元朝与高丽两国间达成的亲密政治关系，使国界的阻隔形同虚设，上述这种跨国化缘现象大概很难发生。

　　总之，正是元朝与高丽之间特殊的政治关系为两国僧人的自由往来铺平了道路，而元朝统治者对各种佛教服务的需求，也促使更多的高丽僧人进入中国。我们知道，佛教文化交流中起决定作用的是僧人间的交往。元代大量的高丽僧人能够来到中国从事各种佛教活动，这一事实本身就足以说明元代中朝佛教文化交流为什么可以直追隋唐，远胜辽、

----

① 李毂：《稼亭集》卷二《金刚山普贤庵法会记》。
② 李毂：《稼亭集》卷二《兴王寺重修兴教院落成会记》。
③ 李毂：《稼亭集》卷三《重兴大华严普光寺记》。
④ 李毂：《牧隐稿》卷二《宝盖山地藏寺重修记》。

金、两宋了。

## 五、高丽国送《大藏经》

元仁宗延祐元年（1314）冬，高丽驸马都尉沈王璋奉国王命遣使修缮慧因寺的同时，在杭州监督印造《大藏经》五十藏，分赠于江浙名刹，如杭州之上天竺寺、下天竺寺、集庆寺、仙林寺、明庆寺、演福寺、慧因寺、崇寿寺、妙行寺、青莲寺、惠力寺等。这是高丽国送与元朝《大藏经》部数最多的一次。按宋元间曾多次雕印《大藏经》，除上述宋、辽、金三代所刻者外，或说元代曾刻印十几次，但至今可以勘定的只有三次。所有以上刻经，与杭州有关系者只有一次，即1277年至1290年间曾在杭州余杭县白云宗南山大普宁寺刻印"普宁藏"；与浙江有关的也只有三次，即除"普宁藏"外，还有995年至997年的"婺州藏"、1132年的"毗卢藏"。这三次刻经都在高丽沈王璋遣使至杭州印造《大藏经》之前。其中一次就在杭州辖区之内，而且下距沈王璋遣使印造《大藏经》时间最短。因此，这次印造可能是用"普宁藏"。延祐元年（1314），除沈王遣使印造《大藏经》之外，还有高丽大臣金议赞成事判总部事致仕元璿者与故金议中赞安公发愿立誓，竭尽财力，为四明之天童寺与慧因寺印造《大藏经》各一部。其中，慧因寺的那部"盛以縹函，置于宝轮藏中"。这次送经距沈王送经只有两个月时间，所印部数又少，估计所用经版即沈王在杭州所用者。

这件事集中体现了中朝佛教文化在交流中所起的互补、互促的积极作用。义天和高丽的其他三位王、臣在中国印经相赠之事，虽然用的都可能是中国的雕版，但对保存佛教文化，促进中国佛教的弘宣仍然不失其重要意义。

## 六、喇嘛教入高丽

元代密教以藏传佛教为主，传播于我国藏族、蒙古族等地区，及不丹、锡金、尼泊尔等地，与汉传佛教、南传佛教并称佛教三大体系。藏

传佛教分前弘期和后弘期两个时期。前弘期始自 7 世纪中叶的松赞干布之世，至 9 世纪后半叶朗达玛灭佛。后弘期始自 10 世纪后半叶藏传佛教的复兴。从 11 世纪开始陆续形成各种支派，主要有宁玛派、噶当派、萨迦派、噶举派等前期四大派和后期的格鲁派等。派别的形成主要不是基于教义或戒律的不同，而是由于师承、修持教授所依经典等方面的不同，以及地域、施主等因素的差异而形成的。藏传佛教又称喇嘛教，意为"无上教"。随着喇嘛教在西藏的发展，上层喇嘛逐步掌握地方政权，形成了独特、政教合一的藏传佛教。成吉思汗建立蒙古帝国，西藏即成为其领土的一部分。元代中统元年（1260），世祖尊八思巴为国师，敕封"大元帝师大宝法王"尊号，喇嘛教遂为元代宫廷佛教。其教义特征为：大小乘兼学，显密双修，见行并重，并吸收了苯教的某些特点。在修持方面，一般分为事部、行部、瑜伽部、无上瑜伽部等四部，而多以无上瑜伽部为主要修行法门。

元朝与高丽有所谓"舅甥之好"的关系，因此喇嘛教也传入了高丽。据《高丽史》记载，在高丽元宗十二年（1271），有蒙古吐蕃僧四人到高丽，王出迎于宣义门外。忠烈王元年（1275）五月，有五位僧人以"诏使"的身份到高丽王廷，忠烈王穿着朝服率领侍臣迎于西门外。忠烈王二十年（1294），元世祖派遣吃折思八八思巴到高丽宣斋护沙门诏，高丽王廷百官穿着官服，手拿笏板，率僧众出迎于门外。吃折思八八思巴住在肃陵寺，非肉不食。吃折思八是蕃僧的名号，八思巴是蕃师国师的称号，本珍岛郡人，岁辛未讨南贼时被虏而西，遂投帝师剃发。离乡久，不知父母存殁。至是，得于西林县，贫不能自存，为人家佣。王赐米与田，另家于乔桐县，聚其族而复其役。忠宣王元年（1309）五月，有"西蕃八思巴等十九人"，受忠宣王召请到高丽。"王与公主受戒于蕃僧。六月，太上王（忠烈王）及国王公主受戒于蕃僧，壬申幸寿宁宫饭蕃僧，咒咀"[1]。《高丽史》载：

忠烈王齐国大长公主，名忽都鲁揭里迷失，元世祖皇帝之女，母

---

[1] 郑麟趾：《高丽史》卷二六，世家第二六《元宗世家二》。

曰阿速真可敦。元宗十五年（1274），忠烈以世子在元，尚公主。元宗薨，王嗣位东还，遣枢密院副使奇蕴逆公主于元，王幸西北面迎之，又令妃嫔诸宫主及宰枢夫人出迎。宰枢百官迎于国清寺门前，王与公主同辇入京。父老相庆曰："不图百年锋镝之余，复见大平之期。"（忠烈王二年）有吐蕃僧自元来，自言："帝师造我为公主国王祈福。"宰枢备旗盖出迎，间巷皆焚香。其僧食肉饮酒，常言："我法不忌酒肉，唯不迩女色。"无何，潜宿倡家，又请设曼陀罗道场，令备金帛鞍马鸡羊，以为人，长三尺，置坛中。又以面作小儿及灯塔，各百八，列置其傍。吹螺击鼓，凡四日。僧戴花冠，手执一箭。系皂布其端，周回踊跃。车载面人，令旗者二。甲者四，弓矢者三十，曳弃城门外。公主施钱其厚。其徒争之，诉曰："僧非帝师所遣，其佛事亦伪也。"公主诘之，皆伏，遂黜出郊外。[①]

高丽时期的佛教，虽然得到王廷贵族的支持，但到后期实际上已步入解体之路。它不能像新罗时期那样成为统合国民精神的意识形态，面对外政侵略，只以编《大藏经》来祈愿国家安定。而在民众间，则以佛事求个人及家庭的平安幸福。越到后来，佛教就越失去了信仰性的力量，佛事变为例行的节日仪式，佛教的庆典则成了歌舞宴乐的场合。

# 第四节　元朝佛教在日本的传播及影响

元朝征服高丽后，就着手打开与日本交往的大门。忽必烈至元二年（1265），僧侣出身的高丽人赵彝向忽必烈进言应与日本通好。至元三年（1266）八月，忽必烈命兵部侍郎黑的担任国信使，礼部侍郎殷弘担任国信副使，持国书出使日本，以通好结睦。两位国信使先抵达高丽，高丽元宗以"大洋万里风涛蹴天""彼俗顽犷无礼义"劝阻二人不去为好。

---

① 郑麟趾：《高丽史》卷八十九，列传第二《后妃二》之齐国大长公主。

元廷第一次遣使无功而返。

至元四年（1267），元世祖第二次诏谕出使日本，高丽王以"不可辱天使"，派舍人起居潘阜到达日本，递交国书。日本太宰少贰武藤资迎接潘阜，但拒绝让潘阜面见天皇，只将国书急送镰仓幕府。日本皇室连日会议，讨论是否要回信，皇室认为元朝国书失礼，幕府认为元廷牒使，其心险恶，传达"御家人"①做好准备。潘阜因得不到回复，率团归国汇报。

1268年，元朝高丽人潘阜出使日本。潘阜向日本大宰府递交了忽必烈的招谕。当时日本正处在镰仓幕府时代。《元史·日本传》记载了忽必烈给日本国君的国书："朕惟自古小国之君，境土相接，尚务讲信修睦。况我祖宗，受天明命，奄有区夏，遐方异域畏威怀德者，不可悉数。朕即位之初，以高丽无辜之民久瘁锋镝，即令罢兵，还其疆域，反其旄倪（遣返被俘的老幼臣民）。高丽君臣感戴来朝，义虽君臣，欢若父子。计王之君臣亦已知之。高丽，朕之东藩也。日本密迩高丽，开国以来亦时通中国，至于朕躬，而无一乘之使以通好。尚恐王国知之未审，故特遣使持书，布告朕志，冀自今以往，通问结好，以相亲睦。且圣人以四海为家，不相通好，岂一家之理哉。以至用兵，夫孰所好，王其图之。"

同年九月，高丽人金有成、高柔率领使节团，携带忽必烈本人国书、大蒙古国中书省国书与高丽国书前往日本。到达日本大宰府守护所，塔二郎与弥二郎随同使节团从大都回到日本。此次，日方仍无回复。

此后，元世祖忽必烈或通过高丽，或自遣使者，又继续发送系列国书。元世祖还曾两次派秘书监赵良弼出使日本，亲仁善邻。然日本均不与元朝通好，亦不回遣使节。1275年，元朝再次派遣使者礼部侍郎杜世忠与兵部郎中何文著前往日本，镰仓幕府在镰仓龙口斩杀使团成员，枭首示众。因为日本抗拒与元朝通好，从而引发两国之间的两次战争：文永之役和弘安之役。

---

① 御家人指日本镰仓时代与幕府将军直接保持主从关系的武士。

早在隋朝，日本就不承认中国的宗主地位，而元朝以皇上招谕诸王的口气所写的国书，自然不能为日本幕府当局所接受。自1269年，元朝派兵部侍郎黑的、礼部侍郎殷宏随高丽向导再使日本，但无效而归。元朝总共派了四次招谕使，都遭到了镰仓幕府和天皇朝廷的拒绝。第四次担任去日本招谕的是赵良弼。赵良弼于1271年到达日本。为了面见天皇递上国书，他同日本大宰府反复交涉，甚至说见不到他们的王自己宁可掉脑袋。大宰府不安排天皇接见，赵良弼返回高丽。不久，他又去日本，在大宰府逗留了一年多。天皇还是拒绝接见元使。赵良弼空手而回。这对不可一世的忽必烈来说简直是不能容忍的轻慢。不过赵良弼虽死绝域而无憾的决心使忽必烈大为感动。1273年，忽必烈对这位老臣说："卿可谓不辱君命。"1274年，元朝发远征军企图迫使日本与元通好朝贡。元军三万多人越海进攻日本，因气候不利大败而回，是役日本称"文永之役"。

　　1275年，元朝再派礼部侍郎杜世忠一行出使日本。日本统治者把他们逮捕并杀害于镰仓的龙口。元朝对这次杀害外交官的行为一无所知。朝廷也许认为使团中途遇天灾人祸，故于1279年再次派使者到了日本，又被屠杀。古代亚欧许多文明民族都自觉奉行"不斩来使"的外交惯例，日本一杀再杀使节的行为，强硬过头，反映镰仓幕府军人执政的残暴和野蛮。当然，元朝统治者威胁性的通牒也没有外交上的正义和道德可言。日本杀害外交官的举动为元朝军队二次侵日提供了出师之名。1281年，元朝组织了十几万人的远征军跨海东侵。这次又遭到大风的袭击，舰船多沉入海底。元军全军覆灭，只有三名士兵逃回中国，是役日本称为"弘安之役"。蒙古统治者遭受到征服欧亚大片土地后的第一次重大失败。日本人借此宣传"天照大神"对日本的护卫。这次狂风被日本人敬为"神风"。二次世界大战末期，日本"神风敢死队"的名字便源于此。忽必烈死后，元成宗于1299年以普陀山禅僧一山一宁一行为招谕使去日本呼吁与元通好，同样没有得到幕府及天皇朝廷的响应。元朝统治时期，中国与日本的邦交由于日本方面的强硬态度而未建立。

## 一、赴日本的元僧

尽管两国发生战争，1278 年，元世祖仍下诏沿海官司，命通商日本。因为日本崇尚佛教，元廷考虑到日本对佛家文化的理解，就派遣僧侣如智为使。如智因中途有阻，未完成使命而返。大德二年（1298），元政府拟再派名僧为使，赴日以通二国之好。第一次出使未果的愚溪如智，因年事已高，力保一山一宁担任使者，出使日本。

### （一）一山一宁

一宁是元朝临海（今属浙江）城西人，号一山，俗家姓胡，自幼出家修行。他先于邑之浮山鸿福寺师事无等慧融，学习临济宗大慧法系禅法，又入四明普光寺，从神悟处谦习《法华经》，受天台教义。因嫌"义学之支离"，他继上天童寺、阿育王寺就简翁居敬、环溪惟一、藏叟善珍、东叟元恺、寂窗有照、横川如珙等禅师参禅。最后，他往普陀山，得法于顽极行弥。元至元二十一年（1284），一宁出主昌国祖印寺；至元三十一年（1294）担任普陀寺住持，因其廉谨自持，为当时道俗大众所敬仰。大德三年（1299），元成宗铁穆耳敕宣慰使阿达刺等五十余人至普陀寺，宣读宣慰使手书及僧录司官书，赐　宁金襕袈裟及"妙慈弘济大师"称号，以"江浙释教总统"的身份，奉元成宗诏命，率领使团从庆元府搭乘日本商船前往日本。

作为使者的一宁，刚踏上日本九州博多的土地，即为当时镰仓幕府的执权北条贞时软禁于伊豆国（今静冈县）修禅寺，日本朝野人士对此议论纷纷。后来，北条贞时看到一宁的佛学风范，心生敬佩，再加上北条贞时原本就崇奉禅宗，一宁则是著名的禅师，因而将其释放，顺应众议，请他主持关东最大的佛院，即建长寺，并亲自向他行弟子之礼。三年后，一宁迁于圆觉寺，在职二年，又回建长寺，后曾一度出主净智寺。宇多天皇听闻一宁的才学，下诏至关东，请一宁进入京都，主持瑞龙山的南禅寺。宇多天皇数次亲临禅寺，询问佛法精要。自此，朝廷官员、贵族及僧俗信徒等，皆慕名前来与一宁参禅问道。

一宁博学多才，精通诸子百家之学，又工书法，交游十分广泛。他留居日本，游历过日本各地的多家著名寺院，包括建长寺、圆觉寺、净智寺、南禅寺等。他在弘扬禅宗时，也一并将中国的理学、文学、书画、史学等在日本弘扬开来，由此开启了日本"程朱理学"与"五山文学"的先河。"五山"原是中国南宋的官寺制度，即朝廷任命住持的五所最高禅寺。镰仓幕府时代，日本模仿南宋的五山制，设立镰仓五山、京都五寺以及五山之上的京都南禅寺，合称"五山十刹"。由"五山十刹"以文会友，以诗喻禅，通过禅学接触中土文学，此风随后扩展为"林下末寺"，进而风靡社会，史称"五山文学"，并成为当时日本文坛的主流。

一宁日本之行的脚步止于文保元年（1317）。年已七旬的一宁遗书于后宇多法皇，留下了"横行一世，佛祖钦气，箭既离弦，虚空落地"的偈语，泊然而化。后宇多法皇赐谥"一山国师妙慈弘济大师"之号，简称"一山国师"，又敕将其塔建于龟山上皇庙侧，御赐"法雨"匾，并亲为一宁画像作赞"宋地万人杰，本朝一国师"，以示怀念之情。

一宁访日，阐明朝廷修复中日睦邻友好本意，结束了当时中日之间的战争状态。他留居日本近二十年，为日本佛教界造就了一大批颇有影响的人才。一宁在日所传禅学法系，为古代日本禅宗二十四个流派之一，号"一山派"。他的主要弟子有龙山德见、雪村友梅、无著良缘、无相良真、无惑良钦、嵩山居中、东林友丘等。其中，雪村友梅最为出名，门下约占一山派的八成。雪村友梅等人及他们的门徒雪溪支山、太清宗渭、太白真玄、万里集九、季琼真蕊等都是室町时期五山禅林中的活跃人物。这些人中有许多曾入元寻师求法，礼拜祖庭，归国后各化一方，为中日文化交流作出了巨大的贡献。1925 年，我国太虚法师、道阶法师、王一亭居士等二十二人，于日本参加东亚佛教大会之时，为一山一宁建立了纪念碑。

时至今日，日本还有十四个县（日本的县相当于省，共有四十三县），保存着一山一宁的艺术作品，其中包括绘画、书法、板碑刻等。他的东渡不仅结束了元朝和日本的战争状态，并开启了日本"程朱理学"与"五山文学"的先河。孔子说："故远人不服，则修文德以来之。"

一宁的出使很好地印证了文德的力量。元朝大军两次远征日本，都巧遇海上巨大风暴，损失惨重，大败而归。而一宁出使日本，其禅风犹如和暖东风挫去两国锐气，将中土文化再次传向日本。难怪后人如此称赞一宁："苍龙头上拶折角，猛虎口中拔得牙。"

## （二）西涧子昙

西涧子昙（1249—1306），宋朝台州仙居郡（今浙江东南）人，俗姓黄，嗣法于临济宗松源法系的天童山石帆惟衍。他于文永八年（1271）来到日本，受到圆尔、道隆的欢迎；弘安元年（1278）回国。第二年宋灭，他在天童山环溪惟一门下任藏主。元大德三年（日本正安元年，1299），他随一山一宁又来日本，受到执权北条贞时的厚遇，前后受任圆觉寺、建长寺的住持，还曾应请向后宇多上皇献法语。他于德治元年（1306）去世，年五十八。在他回到国内的二十多年时间内，曾向中国禅宗界介绍日本佛教及幕府兴禅的情况。子昙有弟子嵩山居中，曾入元求法。在古代禅宗二十四派中，子昙的法系称"西涧派"，是个小流派。

## （三）清拙正澄

清拙正澄（1274—1339），也称正澄和尚，出生于福建省连江县，十五岁出家，受戒于福州开元寺。受当时日本执政北条高时之邀赴日弘法，他创立了清拙禅系即大鉴派，并成为日本佛教禅宗临济宗大鉴派的开山祖师。他编撰《大鉴清规》，规范日本禅林。他的诗文偈颂对日本文学影响极大。清拙正澄对日本文化作出了突出的贡献，在中国与日本佛教文化交流史上留下了不可磨灭的功勋。

日本禅宗五山十刹的制度，是仿照中国封建社会化官僚等级和晋升制度而建立起来的官寺制度。按照这种制度，把官寺分为五山、十刹、诸山（甲刹）三个等级，禅僧要经历诸山、十刹的较低的任职之后，才能到五山担任住持。据明代宋濂《天界善世禅寺第四代觉原禅师遗衣塔铭序》，说禅宗"至宋而楼观方盛，然犹不分等第，唯推在京巨刹为之首。南渡之后，始定江南为五山十刹，使其拾级而升"。他在《住持净慈禅寺孤峰德公塔铭》中说："逮乎宋季，史卫王（按，指宋宁宗时曾任右丞相的史弥远，死后理宗追封他为卫王）奏立五山十刹，如世之所谓官署。其服劳于其间者，必出世小院，候其华彰著，然后使之抬级而升，其得至于五名山，殆犹仕宦而至将相，为人情之至荣，无复有所增加。"① 可见，中国的禅宗五山十刹制度，是在南宋宁宗时，由史弥远上奏朝廷而设立的。宋元时期中国禅僧赴日者很多，来华求法的日僧也多，他们把中国的五山制度介绍到日本。在日本，五山制度开始于镰仓末期，完备于室町时期。最早见于史书的是正安元年（1299），执权北条贞时把无象静照所住的镰仓净智寺列于五山。嘉元以后，中国禅宗高僧相继赴日，著名的有清拙正澄、明极楚俊、竺仙梵仙等。约当此时，五山官寺制度有所发展。

现存有关清拙正澄传记的资料：一是由与其一同赴日的僧人东陵永玙所著的《清拙大鉴禅师塔铭》里"（清拙和尚）时与余厚善。及予来东国，禅师已顺寂矣。其上足天境致禅师董建仁，具乃师行实。谓予知师之详，求铭其塔，予不辞焉"②。二是日本僧人撰写的《延宝传灯录》和《本朝高僧传》。其中，《延宝传灯录》第四卷收录《正澄传记》，题为《京兆南禅清拙正澄禅师》；《本朝高僧传》第二十五卷里收录《正澄传记》，题为《京兆南禅寺沙门正澄传》。此外，在《五山禅僧传记集成》中也有《清拙正澄传记》。这说明清拙正澄在日本佛教界的影响力极大。

根据《清拙大鉴禅师塔铭》可知，清拙正澄从小敏慧过人，十五岁时从父母意愿于州南报恩寺出家，师从其伯父月溪绍圆，月溪绍圆师事痴绝和尚；十六岁于开元寺受戒；十七岁入鼓山参于平楚耸，多有启发。元贞二年（1296），正澄登临杭州净慈寺，参谒愚极智慧。他在愚极智慧门下参学五个春秋后，愚极示寂。之后，正澄继续留在净慈寺，参学于继承法位的方山文宝，并于会下担任藏主之职，事管经函，这便于他进一步钻研佛法。佛法的精深，使正澄更加感到自身知识的不足，于是潜心研修十五年之久。此后，他外出游方，结交的都是禅林泰斗。自

---

① 《宋文宪公护法录》卷二。

② 东陵永玙：《清扯大鉴神师塔铭》，《续群书类从》第九辑下，经群书类从完成会，1981，第 420 页。

第四章　宋元时期佛教对东亚的影响

213

淮甸至庐山，历访江之东西，浙之南北诸祖之塔，皆有题留。他历参了虎岩寺、东岩寺、月庭寺等。古林、东屿、竺田、断江、空远、泽山等皆是其友。他后又到仰山参虚谷希陵。虚谷希陵迁往径山后，正澄说服晦机接替虚谷希陵住持仰山，并在其会下担任前堂首座。后来袁州太守王本斋请正澄出任寺院住持，这对一个僧人来说意义重大，而他即在此顿悟佛法。正澄居鸡足山四年，业林大整，新建僧堂，广安大众，外道服化，道俗钦慕。最后，他又到松江真净寺，至"则建僧楼，铸洪钟，金饰佛像，厥功告成"。元晋宗泰定三年（1326），五十二岁的正澄与其学生永锁等人，受当时北条高时的邀请东渡日本。[①] 正澄东渡日本，并不是直接抵达的，间游高丽、新罗等国。正澄的诗文集《禅居集》别录也有偈颂《东海游》，印证了他应该是由航路经过高丽和耽罗（济州岛），最后抵达日本博多港。

正澄从博多经京都到达镰仓，接受北条高时的邀请住建长寺；接着董理净智、圆觉二刹；又奉后醍醐天皇敕旨，董管建仁寺二次，住南禅寺一次。其间，他接受信浓的小笠原贞宗的邀请，创建开善寺，成为开山第一祖。在日本，正澄不但受到朝廷和幕府的信任，并且接近小笠原贞宗、土歧赖定、土歧赖康等很多武士，对他们的精神生活有所影响。这可以从他的语录和塔铭中大致看出来。他对于日本五山文学的发达也有所贡献，这从《禅居集》载有他丰富的诗文可见　斑。

圣严法师在他所著的《日本佛教史》中也写道："至于元僧之东渡而有史可考者，计十二人。例如一山一宁、西涧子昙、石梁仁恭、东里弘会、东明惠日、灵山道隐、清拙正澄、明极楚俊、竺仙梵仙、东陵永玙等。他们对日本文化均有深长的贡献。最杰出者首推清拙正澄。他是杭州净慈寺愚极智慧的法嗣，住上海之南的松江真净寺。入元日僧，慕道来参者极众，因而盛名腾于日本的禅林，执权北条高时遣专使召聘，于元晋宗泰定三年（1326）赴日。因他长于诗文，对五山文学之发达，贡献良多。他又将百丈清规传于日本，使日本的丛林，有规矩可循。又因与多数武士接触，他对武士的精神生活之影响亦甚大，尤其是武士也

---

① 东陵永玙：《清拙大鉴神师塔铭》，第 420—422 页。

采百丈清规的长处，尽人于武家的礼法之中。小竺原贞宗，乃日本武家礼法的鼻祖，他却是正澄的弟子。"①

### （四）东陵永玙

东陵永玙，生辰不详，初参学于金陵保宁寺的古林清茂，熟悉偈颂的做法。他先赴天童寺，参曹洞宗宏智派僧云外云岫，嗣其法后，主持宁波天宁寺。东陵永玙于元至正十一年（日本观应二年，1351）受足利直义的邀请赴日；八月任京都天龙寺住持；次年（1352）四月升任南禅寺主持；日本文和四年（1355）主持建长寺；延文二年（1357）主持圆觉寺；贞治四年（1365）五月示寂。东陵永玙开创的门派称为"东陵派"，法系并不隆盛，著作有《玙东陵日本录》。在赴日僧人梵仙圆寂后，东陵永玙成为日本五山文学的中心人物，促进了五山文学的兴隆。

### （五）明极楚俊

明极楚俊（1262—1336），嗣法于临济宗松源法系的虎岩净伏，前后任金陵奉圣寺、庆元瑞岩寺、普慈寺及婺州双林等名刹的住持。1330 年（另说 1329 年），他应邀与竺仙梵仙从福州乘船去日本，同行者有入元求法而归的雪村友梅、月林道皎、天岸慧广、物外可什等。明极楚俊曾任建长寺及京都南禅、建仁寺住持。当他住南禅寺时，该寺奉教为天下第一山，位在五山之上，就是因为他个人受到当世尊重的缘故。后醍醐天皇赐予他"佛日焰慧禅师"之号。其法系称"明极派"，室町中期的文学禅僧惟肖得岩出于这个法系。

### （六）竺仙梵仙

竺仙梵仙（1293—1349），俗姓徐。其父亲徐应，字景阳，隐德不仕；母亲为欧阳氏。竺仙在兄弟中排行最小，有两位兄长。竺仙闻人诵般若心经便能记住，又生来瘦弱，不好荤腥，父母便在其十岁时将他送

---

① 圣严法师：《日本佛教史》，《现代佛教学术丛刊》第 82 期，大乘文化出版社，1978，第 214 页。

入湖州资福寺。十八岁时，竺仙入灵隐寺试经，受度牒，受具足戒，后出外游方。其先后参净慈晦机元熙①、天童云外云岫②（竺仙因有参此人的经历，赴日后受宏智派门徒的仰慕）、开寿寺商隐起予③、横川如珙④。横川在当时禅林堪称文藻第一，竺仙生来具有文学气质，私下对横川颇为景仰。竺仙后来嗣法于临济宗松源法系的古林清茂。古林清茂在当时禅林中名气很大，善为偈颂。清茂别号"金刚幢"，又称"休居叟"，其门称"金刚幢下"。古林会下有许多日本留学僧，如月林道皎、石室善玖、天岸慧岸、物外可什等都曾从他受法。作为古林的高足，竺仙曾受命负责三十二名日本僧人的教育，在日僧中颇有威望，被戏称为"日本国师"，这和后来他赴日也有些因果关系。

元天历二年（1329），竺仙东渡日本，在楚俊任建长寺住持时任其首座，幕府前执权北条高时请为净妙寺住持。室町初期他得足利尊氏、足利直义的优遇。日本建武元年（元统二年，1334），当时有很多公卿武士跟从竺仙学禅，如公卿四条隆资、万里小路腾房、坊门清忠，武士赤松圆心等热心的参禅者。⑤竺仙在镰仓末期、室町初期还受到花园上皇及大友贞宗、氏泰父子的尊崇。他历任净妙、净智、无量寿、南禅、真如、建长六寺住持，培养了众多弟子，为禅宗在日本的发扬光大作出了杰出贡献。其法系被称作"竺仙派"（又作"古林派""梅林门徒"），为日本禅宗二十四派之一。

竺仙不仅是一位禅学传播者，更是一位文学家。他善诗文（偈颂），学识渊博，促进了五山文学的繁荣。竺仙在与其弟子裔翔的问答中公开肯定了诗文对悟道的辅助作用，将元代禅林重视偈颂创作，倾向于文学趣味的禅风传到日本。这种思想推动了五山禅林的诗文创作热情。而竺仙本身也创作了大量的偈颂和文章。他赴日后著有《来来禅子东渡语》

---

① 晦机元熙（1238—1319），临济宗物初大观法嗣，江西豫章人。

② 云外云岫（1242—1324），曹洞宗直翁一举法嗣，浙江舟山人。

③ 商隐起予是横川如珙的法嗣，与竺仙后来嗣法的古林清茂为同门兄弟。

④ 横川如珙（1222—1289），天童灭翁文礼禅师法嗣，大鉴下第二十一世。出世雁山灵岩寺，继迁能仁寺，后住育王广利寺。嗣法弟子有古林清茂等。

⑤ 木宫泰彦：《日中文化交流史》，第417—419页。

《来来禅子东渡集》以及《天柱集》等。其周围也聚集了大量热心于文学创作的日本僧。这些五山禅僧或多或少都受到竺仙的影响。现存裔尧等编的《竺仙和尚语录》七卷及其《补遗》一卷中可见竺仙在日本五山文学史上占有重要地位。元至正八年（1348），竺仙示寂，他在日本十九年，未回元朝。

竺仙的弟子有椿庭梅寿、大年法延等。竺仙与所谓"金刚幢下"的日僧及其门下，对五山禅林的印刷事业、禅林音乐（梵呗）有很大贡献。他出版刊行了梦窗疏石的《梦中问答集》和雪峰慧空的诗偈集《东山外集》，令参徒春屋妙葩刊行古林清茂的"四会录"。后来，"五山版"刊行事业的核心人物如大喜法忻、东冈希昊、春屋妙葩等都曾是竺仙的门徒。竺仙在日本印刷史上的影响由此可见一斑。竺仙还将在金陵（今南京）保宁寺举行的回向疏的诵唱曲节，也就是"梵呗"传至日本。这些所谓的"梵呗"，被相国寺的实际开山春屋妙葩所流传，成为相国寺的保留曲节。他的墨迹流传至今有十四幅，具有颇高的文献与史料价值，也可于今后作详细研究。竺仙首先在日本讲《碧岩录》。《碧岩录》是临济宗的主要典籍，它的出现使传统的"不立文字"禅风发生了空前的变化，由讲说公案发展到了注释公案，开启了大立文字之风。综上，竺仙梵仙具有禅学传播者、文学家、书法家等多重身份，在日本文化史上占有重要地位。

## 二、入元参谒的日本高僧

### （一）友山士偲

日本嘉历三年（元天历元年，1328），日本禅僧友山士偲、正堂士显入元，参谒两浙名宿，事松江的空果林甚久，后在承天南楚说的会中，任后版之职。友山士偲一度入闽投福州雪峰山参禅。日本兴国六年（1345），友山士偲和此山妙在同时回国。回国后，友山士偲住京部的安

福寺，在山崎开创正续寺，后在东福寺修行。①

## （二）雪村友梅

雪村友梅（1290—1346），临济宗僧，曾师事在建长寺的元僧一山一宁，后入元求法，参元叟行端、虚谷希陵、东屿德海、晦机元熙等。因当时元侵日失败，两国关系恶化，雪村曾被捕下狱，遭流放。他在狱中坚持学习经史诸子。雪村在华共二十二年，曾从赵孟頫学书法。天历二年（1329），他与元僧明极楚俊、竺仙梵仙等同到日本，应地方武士之请先后在丰后（今大分县）、播磨（今兵库县）、信浓（今长野县）传法，晚年应足利尊氏、足利直义之招请住建仁寺、南禅寺等。其著作有《宝觉真空禅师语录》及《岷峨集》（在元所写的诗集）。其诗师李白，又效法苏轼、黄庭坚。雪村主张儒佛一致，认为天下无二道，圣人无两心。其有弟子云溪支山、太清宗渭等。

## （三）梦窗疏石

梦窗疏石（1275—1351），原学显密二教，后改奉禅宗，曾到镰仓建长寺参一山一宁，机缘不契合。其先后到镰仓万寿寺、净智寺参祖元的弟子高峰显日，得到他的印可。镰仓末年的建武年间，梦窗受到后醍醐天皇的皈依，任过南禅寺、临川寺住持。室町幕府建立后，他受到足利尊氏、足利直义兄弟的崇敬。醍醐天皇死后，梦窗劝幕府建天龙寺作为后醍醐天皇祈祷冥福之所，为解决资金问题派贸易船入元经商，以其利金充造寺之用。梦窗著有《语录》《西山夜话》《梦中问答》《和歌集》。据其弟子春屋妙葩所编《梦窗国师年谱》中提到，梦窗在佛典之外，还博究孔孟老庄之学，认为是"禅门弄活"的手段。其弟子中著名的有无极志玄、春屋妙葩、龙湫周泽、义堂周信、绝海中津等，都是五山禅僧上层重要人物。春屋妙葩首任僧录，以京都相国寺为中心，统摄全国禅宗官寺，推行幕府的文教政策。春屋著有诗文集《云门一曲》及《语录》等。他主持出版了多种佛书和外典著作，对五山文学促进很大。从

---

① 木宫泰彦：《日中文化交流史》，第 433、438 页。

他开始，陆续出版了很多书籍，后世称"五山版"。其中，有《五灯会元》《禅林僧宝传》《百丈清规》《圜悟心要》《禅门宝训录》《东明录》《南游集》《黄龙十世录》等，所印宋云门宗僧契嵩《辅教篇》十分流行。

### （四）中岩圆月

中岩圆月（1300—1375），别号称中正子，出家后曾学密教，后投镰仓圆觉寺师事曹洞宗的东明慧日（元僧）二十余年。正中元年（1324），他入元参临济宗虎丘派的古林清茂，后在临济宗大慧派东阳德辉门下得到印可。元弘二年（1332），他回国，先参镰仓净智寺的竺仙梵仙，后又回到圆觉寺水明慧日门下。中岩圆月受上野（今群马县）大友氏的邀请任上野吉祥寺住持；后任镰仓、京都两个万寿寺住持及京都建仁寺住持；著作有《佛种慧济神师语录》，诗文集《东海一沤集》《东海一沤余滴》，随笔集《文明轩杂谈》《藤荫琐细集》。他入元前曾参虎关师炼，虎关对他的博学很赞赏。中岩圆月对历法、周易以及程朱之学都很精通，以宋契嵩为楷模。他对从法语、偈颂到古体诗、律诗、序、跋、论、随笔等文体，都运用自如。此外，他还善四六句骈文。竺仙梵仙说他学通内外，乃至诸子百家、天文地理阴阳之说。《东海一沤集》卷四有其所著《中正子》，其"外篇"论儒学，"内篇"论佛教，在很多问题上融会儒佛之说，认为孔子之道与佛相为表理，而性情之论，如合双璧然；子思说的诚明，孟子讲的仁义，皆是醇正的道。对朱子学持肯定态度，但又对其排佛表示不满。

### （五）义堂周信

义堂周信（1325—1388），号空华道人，出家后学台密，因慕梦窗之名投其门下。当时元僧古林清茂在日本禅界名声很高，称其门下为"金刚幢下"。日本禅僧入元求法，以能入其门为荣。日僧龙山德见入元五十年，从古林受法，回国后由足利直义推举住建仁寺。义堂在梦窗死后即投到龙山门下，跟他学古林派禅法和偈颂作法。后受关东公方足利基氏邀请赴镰仓，他作为梦窗派的代表在那里扩展势力。康历元年（1379），春屋妙葩召义堂归京作为他的助手。义堂前后任建仁寺、等持

寺和南禅寺住持。此时足利义满热衷学新注"四书"，义堂常给辅导。其著作有《义堂和尚语录》《空华集》《诗文集》《空华日工集》及《贞和类聚祖苑联芳集》。义堂崇敬宋禅僧契嵩，赞成其《辅教篇》所鼓吹的三教一致论。他让门下读儒书，认为可"助道"，劝足利义满读"四书"，常为他解答疑问。他劝义满要致力学问，作为僧人虽认为儒之五常与佛教五戒"其名异，其义同"，但仍认为佛优儒劣。他常讲的书有《三体诗》《镡津文集》《东山外集》《枯崖漫录》《左传》及《圆觉经》等。其诗师杜甫、苏轼。其弟子有柏堂梵意、月潭中圆等。

### （六）绝海中津

绝海中津（1336—1406），号蕉坚道人。他先后师事梦窗和龙山德见。应安元年（1368），绝海入明，从临济宗大慧派的季潭宗泐受法。季潭之师是笑隐大䜣，别号蒲室，其《蒲室集》讲四六句骈文的做法，被称为"蒲室四六"，为日本五山文学中期骈文作法的规范。绝海在明受此文法，并受明代文学的影响，于永和四年（1378）回国，对推动五山文学发展起了很大作用。绝海曾任等持寺、相国寺住持，其著作除《语录》外，有诗文集《蕉坚稿》两卷。因传入并工于蒲室派骈体文，他被认为是蒲室疏法传承之开祖。其弟子有太白真玄、惟肖得严、江西龙派等。

### （七）无梦一清

无梦一清（1294—1368），日本临济宗圣一派僧，师事玉溪慧珤；日本嘉历年间入元，谒卢山龙岩、雪峰樵隐、百丈东阳等。他携带师父京都普门院玉溪慧珤的顶相，到径山获得古鼎祖铭的赞，于日本正平五年（1350）回国。他先住备中的宝福寺，后在东福寺修行，曾任住持。其诗文有唐人风格，在丛林间受珍视。[①]

无梦一清在元时间较长，与中国僧人交往频繁，而且有诗文往来。根据江静对日本藏宋元禅僧墨迹文献的调查，跟无梦一清有关的墨迹至

---

① 木宫泰彦：《日中文化交流史》，第 439 页。

少有八件。其中，有两件跟福建有关，都是围绕"无梦"道号所作的偈颂：一件是元至顺三年（1332）八月十九日，福州雪峰寺住持樵隐悟逸为一清书"无梦"道号，并做偈相赠[1]；一件是闽籍僧人明州阿育王寺的月江正印为其作道号偈。

### （八）古镜明千

古镜明千，是高僧清拙正澄的弟子。在元朝时，古镜明千参学雪峰寺的樵隐悟逸，樵隐移居灵隐时跟随去，继承了他的法统。古镜明千留在元朝达二十年之久，回国后历住京都真如寺、信浓开善寺，后任京都万寿寺住持。日本正平十一年（1356），古镜明千募缘刻印《敕修百丈清规》，流传于世。[2] 据《继灯录》载："雪峰樵隐悟逸禅师，怀安人，姓爱氏。既为僧不肯局守一隅。屡叩名窗，后得法于雪峰佛海禅师。大德十年（1306），郡帅举住雪峰，凡七年，退居西庵。皇庆三年（1314），复奉旨再往，赐'佛智'之号，六年（1317），谢事。泰定二年（1325），仍奉旨补前席，居七载。师三往雪峰，百废俱修，大为法门盛事……元统二年（1334）示寂。"[3] 可见，"樵隐悟逸"应即日僧古镜明千所事师的"雪峰之樵隐悟逸"。据《继灯录》记载可知，樵隐悟逸属临济会。古镜明千在浙江嗣法樵隐悟逸为临济宗传人。

### （九）无文元选

无文元选为后醍醐天皇第十一皇子。他师事建仁寺的可翁、雪村，后参博多圣福寺的无隐后渡海，于日本兴国四年（1343）入元，从浙江的温州上岸，后参福州大觉古梅友、天宁楚石琦、本觉了庵欲、天目正千岩长。无文元选于日本正平五年（1350）回国，在无文元选远江开创

① 江静：《日藏宋元禅僧墨迹的文献与史料价值》，《国际中国文学研究丛刊》，2013，第77—78页。
② 木宫泰彦：《日中文化交流史》，第440—441页。
③ 元贤：《继登录》卷六，北京图书馆出版社，2004，第1175页。

方广寺，成为第一祖。① 根据王荣国推测，这个福州大觉古梅友应该是临济宗僧古梅正友禅师。

### （十）大拙祖能

大拙祖能于日本兴国五年（元至正四年，1344）秋入元，到达福州长乐，参江心无言宜、双林东阳辉等，后来继承天目千岩长的法统，又参月江正印、了庵欲、行叟泰、无用贵诸老。日本正平十三年（元至正十八年，1358），大拙祖能回国，后在常陆笠间开创楞严寺，据说来举习的僧众多达三万人。因慕千岩长的高风，大拙祖能不喜居繁华地方，拒绝天龙寺的邀请。②

### （十一）志韶

根据木宫泰彦《日中文化交流史》所列举的《入元僧览表》，清拙正澄为志韶作了《跋韶禅人之元颂轴》一文③。《禅居集》另外一首题为《韶禅人见雪峰樵隐和尚万山大歌首座》的偈颂："雪峰问僧是什么？这僧答处恰相似。岩头言下陷全身，堪笑邯郸忘故步。廖哉此话五百年，百千日月空中悬。木球抛下猛如箭，会郎面目犹生然。子今远人南闽路，鸟石领头先看主。播扬大教兮走电奔雷，卸却铁枷兮骧龙骤虎。岩房高掩老睦州，孤风素节水轮秋。跨门莫顾铁面具，赤手便与揩蛇头。"由此可见，日僧志韶入元后曾入闽拜谒过雪峰樵隐和尚。

### （十二）胤侍者

胤侍者没有列入《入元僧一览表》。根据《禅居集》中的《胤侍者之雪峰》："雪峰古涧塞泉，饮者便须立死。直饶一滴不沾，毒已在心难吐。滔滔流入东溟，虾蟹鱼龙掀舞，尽知以水为命。至竟不知醎苦，道人家在扶桑，万浪千波齐观。五年雪瀑岩前，拾得犀牛扇子。自然去离

---

① 木宫泰彦：《日中文化交流史》，第 448 页。
② 同上。
③ 同上书，第 438—439 页。

泥水，更不生鲜随语。翻思大海全潮，总在一沤里许。如今欲塞源头，拈象骨峰为土。当机觌面无私，看取主中之主。"① 可见这个胤侍者来自扶桑（即日本），来闽寻找其宗的源头象骨峰，所以他到过雪峰寺。

### （十三）千侍者

《禅居集》的《送千侍者入元》中有"远辞海峤入闽浙"② 的诗句，表明这个入元僧千侍者也曾到中国。

### （十四）礼智

礼智为日本建仁寺铁庵道生的法嗣，携师父的语录到元，获得雪峰樵隐悟逸的序、阿育王寺月江正印的跋回国，有《题偏界一览亭》诗传世。③

### （十五）安禅人

日本嘉元年（元泰定三年，1326），日本镰仓净妙守太平妙准的徒弟安禅人携带黄金百镒到元朝，买来福州版《大藏经》④。这些入元的僧人，无一例外都是禅僧，因此入元的主要目的是历访中国的寺院，从事禅修。

中朝两国佛教文化交流始自 4 世纪后半期，截至 14 世纪末、15 世纪初，历时达十个世纪千余年。这一漫长的时间，在中国约相当于东晋十六国至明朝初期，在朝鲜约相当于三国时代的中期至高丽王朝之末、李氏朝鲜之初。持续时间之长，不独在中朝两国间，而且在世界文化交流史上都是罕见的。

---

① 永镇编，清拙正澄著：《禅居集》。上村观光编：《五山文学全集》卷一，五山文学全集刊行会，1936 年，第 414—415 页。
② 同上书，第 475 页。
③ 木宫泰彦：《日中文化交流史》，第 440 页。
④ 同上书，第 406 页。

　　中朝两国佛教文化交流不是一项少数人的活动，也不只是某一局部地区性和单项性的活动。无论在中国还是朝鲜，上至皇帝（国王），下至庶民、僧俗缁素、各阶级各阶层都在关注、支持、参与这项活动。朝鲜求法僧往往应命而来，奉召而归，而且在回国后多有被委以重任，尊为国师者；中国皇帝对求法僧或者诏见于禁宫，以为上宾，待以殊礼，赐经、赐物，虔表护法之情。求法僧来自海东三国，籍编南北，族出东西，入华后又踏遍赤县神州，从师问法，或禅或教，或显或密，各宗各派，随时采撷，既包坟典，又涉玄章，诚所谓虚腹而来，饱实而归。然后，因人、因时、因地而广开教门，创"五戒"、主"和净"、倡"忠孝"，把宗教信仰与政治信仰结合起来，既行教化，又助王化；全国上下，人争归信，山门虽广，稻列成麻。在中朝两国的历史交往中，还没有哪一项活动像佛教文化交流这样具有如此的广泛性、群众性。中朝佛教文化交流实际上并不是单纯的传法弘教活动，其所涉之处还有其他诸多方面。新罗僧慈藏入唐，除传习佛法外，又推崇中华服章，回国后建议国王采用并在全国推广，结果是"举国咸遂，通改边服，一准唐仪"。如前所述，唯识宗学僧道证求法归国时，曾将自唐带回的天文图进献国王，这对朝鲜天文学的发展起了一定的促进作用。又两国僧人中往往有被任为国使而执行特殊任务者，如唐法安和尚被遣至新罗传诏兼求取磁石，新罗入学僧受薛仁贵之命赍书回国协调唐与新罗两国间的关系，义湘受留唐新罗使密遣还国通报高宗将举兵侵伐新罗的消息，等等。他们既寻求出世，又不忘尘世，在传播佛教的同时也为自己的国家、民族介绍了先进的文化技术，为两国间的和平事业作出了自己的努力。

# 第五章
# 明清时期中国佛教在东亚的传播

　　明王朝的建立，结束了辽、金、元以来延续四百多年的少数民族的统治。废除了蒙元贵族不平等的民族和宗教政策，特别是取消了喇嘛教的特权，为佛教的发展提供了新的社会环境。洪武三年（1370），朝廷命慧昙出使西域；次年，命祖阐和克勤送日僧归国；十年（1377），命宗泐出使西域；十七年（1384），命僧光及其弟子惠辩等出使尼泊尔。明太祖以佛教僧人沟通对外关系，同时建立和健全僧司机构，强化对佛教的管理。明朝在中央设僧录司，在府、州、县分设僧纲司、僧正司和僧会司，各级僧司衙门的设置与行政建制配套，由此构成了自上而下严密佛教管理体系；同时规定了各级僧官的名额、品阶、职权范围，以及任选标准等。① 根据统治的需要，对佛教给予规范管理的同时，进行一定限制和整顿。将全国寺院分为禅、讲、教三类，各类寺院有自己的职责，不许超出其职责范围；严格试经度僧制度，禁止私度；对寺院田产也作规定，整顿归并寺院。这套管理机构及办法到清代还在沿用仿效，没有改变。

　　清朝建立后，对佛教内部各种宗派或各种法门的变动情况很重视。其中，干预较多的是清代前四帝。世宗直接干预禅宗内部事务，以帝王的身份扮成当代大宗师，消除禅宗叛逆者的成分，把它完全纳入服从和

---

① 《释氏稽古录略续集》卷二记载：在京设置僧录司，掌天下僧教事。善世二员，正六品，左善世，右善世。阐教二员，从六品，左阐教，右阐教。讲经二员，正八品，左讲经，右讲经。觉义二员，从八品，左觉义，右觉义。各府僧纲司，掌本府的教事。都纲一员，从九品，副都纲一员。各州僧正司，僧正一员，掌本州僧事。各县僧会司，僧会一员。

服务于王权需要的轨道。世宗在整顿禅宗和清理禅学的同时，积极支持宝华山如馨一系的南山律宗。因禅宗不注重戒律，故在整顿禅宗的同时，扶植律宗，这是世宗加强佛教管理的重要措施。雍正十二年（1734），诏文海福聚到北京，改悯忠寺为法源寺，支持这一派弘律传戒。他们着重鼓励和支持的是律宗和净土，重点整顿和清理的是禅宗，任其自生自灭的是教门诸派义学。帝王的这种态度以及清廷采取的相应政策，对佛教内部的派系结构变化、思想信仰调整，都有着直接或间接的影响。

清世宗到高宗时期，佛教沿着明末开辟的方向继续发展演变。此时的佛教还保持着相当规模，在社会上还产生相当大的影响，尤其是禅宗，还呈现出兴旺的发展势头。从仁宗时期到清朝灭亡，佛教逐步滑落到最衰落期。从仁宗开始，随着清王朝的内忧外患进一步加剧，官方已经无暇顾及传统宗教，佛教自身也进一步衰落，许多寺院逐渐成为流民藏身之地。太平天国运动时期，以天主教为号召，反对偶像崇拜，对佛教予以打击。

学术界一般认为明清时期是中国佛教的衰落期。从整个中国佛教发展史上看，明清时期是上承隋唐五代佛教，下启近现代佛教的"关节点"。如果说，魏晋南北朝是佛教以经籍翻译为主，逐步形成中国佛教的初创时期；隋唐佛教以宗派林立为标志，成为中国佛教成熟阶段。那么，明清佛教则表现为一种深层次上的发展，即以其深入社会各个阶层和社会生活各个层面为其典型特征。中国佛教各宗互相融合，特别是禅宗与净土宗的融合，禅宗与天台、华严二宗的融合更为突出，虽分禅、教、律，然而从整体上说，已发展成为以禅宗为主体的融合型的佛教。

# 第一节　明清时期佛教在朝鲜半岛的传播

明朝建立之初，高丽王颛表贺太祖即位，并请封王位。洪武二年（1369），太祖遣使偰斯赐高丽王金印、诰命，封之为高丽国王，并赐王母、妃、相国、诸陪臣文币有差。双方互派使节，定期进行朝贡贸易。

洪武二十五年（1392），高丽大将李成桂夺取政权，遣使入明请求承认明朝没有干涉朝鲜内政。李成桂自改名李旦，迁都汉城，更国号为朝鲜。明朝与朝鲜友好相处，双方关系十分密切。《明史·朝鲜传》曰："朝鲜在明虽称属国，而无异域内。"在日本侵略朝鲜时，明朝应朝鲜的请求，出兵援朝抗日。

1590年，日本结束"战国时代"，丰臣秀吉统一日本。至此，日本的商业资本已有很大发展，开始把扩张的目标指向中国。如果说倭寇是不属于日本官方的海盗，那么丰臣秀吉的侵略就是政府正式对中国大陆的侵略。据《朝鲜交通大纪·日本国志》载，1591年冬，丰臣秀吉起水陆兵十五万，进犯朝鲜，并通告朝鲜王："吾欲假道贵国，超越山海直于明。"日本自此把征服大陆作为对外政策的目标，一直延续到20世纪二战结束。1592年，日本侵略军侵入半岛，连陷朝鲜三都汉城、开城、平壤。朝鲜王李蚣逃奔义州。《明史·朝鲜传》记：朝鲜向明朝"请援之使，络绎于道"[1]。明朝鉴于日本已通近中国，且暮且渡鸭绿江，就发兵支援朝鲜。从1592年到1597年，明朝付出了巨大的牺牲，同朝鲜军民一起打退了日本的侵略。在援朝作战五年中，明军统帅史儒、邓子龙等英勇战死。17世纪中叶以后，朝鲜社会阶级矛盾和统治集团内部矛盾加剧，动乱很多。19世纪中叶，美、法等国侵犯朝鲜，被人民击退。1876年，日本强迫朝鲜签订《江华条约》，从此朝鲜逐渐被日本控制。1905年，朝鲜沦为日本附属国，1910年被日本吞并，直到1945年日本投降始复为主权国。

李成桂本人虽属亲明（朝）派人物，他的当政无疑为朝鲜与明朝的友好交往奠定了良好的基础，但由于李氏朝鲜推崇儒学，排斥佛教，对寺院、僧人等多所限制，这不仅影响到朝鲜与明朝，还影响到朝鲜与清朝在佛教文化方面的交往。实际上，自明初开始，中朝僧人的往来已十分稀少。后来，有着悠久历史的中朝两国佛教文化交流活动乃至于出现万马齐喑、销声匿迹的局面。

---

① 张廷玉等：《明史》卷三百二十，中华书局，1974，第8292页。

## 一、王朝佛教政策的变化

李朝是朝鲜历史上最后一个封建王朝。朝鲜王朝建国之初，太祖仍承继高丽时代的遗习，以崇佛著称。太祖尊曹溪宗僧自超为王师，又任天台宗僧祖丘为国师，建兴天寺作为修禅道场，建兴德寺作为教宗道场。由于佛教的大发展，寺院遍布全国各地，寺院不仅有庞大的庄园，占有大量的土地，而且占有众多奴婢，还经营商业和高利贷等业，腐败之风日趋严重，直接影响国家经济、财政等许多方面。这使得太祖看到佛教失控带来的弊害，在崇佛教同时利用儒臣消除佛弊。

到朝鲜王朝第三代太宗王时，即采取排佛政策，同时大力支持儒教的发展。李朝设国学乡校，传授儒家经典，因受宋明的影响，尤重程朱性理之学；设置科举取士之制，选取儒者为官；禁止宫中一切佛事，除部分寺刹外，收寺刹田土为国有，取消寺院田土和奴婢，限制寺刹数量，只留巨寺名四十二个。太宗七年（1407），缩减佛教宗派，将当时的佛教十一宗（曹溪宗、总持宗、天台疏字宗、天台法事宗、华严宗、道门宗、慈恩宗、中道宗、神印宗、南山宗、始兴宗）合并为七宗（曹溪宗、天台宗、华严宗、慈恩宗、中神宗、总持宗、始兴宗）。严格执行度牒制，废除工师、国师制。

世宗即位后，亦排斥佛教。他本人研究经史，设集贤殿研究儒学，按儒教方式立太子，大力兴儒。他对佛教的抑制比太宗更为严厉。他废除内愿堂，禁止经行，将原有七宗统合为禅、教二宗，曹溪、天台、总持归为禅宗，华严、慈恩、中神、始兴归为教宗。同时，将原有 242 寺减为 36 寺，没收被废除寺刹的田土和奴婢，废除负责僧政的僧录司，甚至禁止僧徒出入城市以及青少年削发为僧，以废除寺院的佛像和佛钟铸造兵器。面对李朝的抑佛，僧徒恭顺服从。唯无学法嗣涵虚堂已和宣扬禅风，著《显正论》为佛教辩护，认为佛教教理与朱子理学吻合，主张儒佛调和。他法德圆熟，世宗曾让他为先妣祈祷，为王臣说法。

世祖扶持佛教，被称为"大护佛王"。在他治世期间，佛教堪称朝鲜王朝最盛时代。他设置刊经都监，组织力量将佛典译成其父王创造的朝鲜文，翻译《楞严经》《法华经》《金刚经》《心经》《圆觉经》《永嘉集》等佛教经典并雕版刊行，这是史无前例的。同时，他制定了包括礼典在内的《经国大典》，对度僧选试和寺刹经营做了相应规定。世祖还命人创作了佛教乐曲《灵山会上曲》，这是朝鲜王朝雅乐的重要遗产。他又重建汉城一废寺，定名为圆觉寺，并在那里建起了十层石塔。此外，他还重建或修复了许多寺院，并常去那些寺院巡礼、供养。世祖又规定，僧侣如有犯罪嫌疑，要事先得到国王准许后方可讯问，严禁官吏侵入寺院，僧侣可以自由出入城内。由于他采取了诸多保护佛教的措施，佛教似乎回到了高丽佛教的兴盛时期。王师守眉、学祖、慧觉、尊者信眉对佛教中兴起到重要作用，受到世祖宠爱。但儒生出身的金时习与众不同，因憎恨世祖才进佛门。他学识渊博，既通老庄，又懂佛学，所到之处僧徒云集。他主张儒佛调和，因为其理想并不相背，且认为国王为谋求政治利益而信佛和儒家排佛，都是不对的。

成宗着力重建儒教的王道政治，废止刊经都监，禁止出家为僧，奖励僧侣还俗，以后三代国王对佛教进行彻底镇压。他们禁止念佛，废除度僧法、僧科制、僧阶制，将教、禅本山兴德寺和兴天寺变为公房和妓房，拆除寺刹。这个时期，僧侣素质下降，腐败堕落，使佛教处于窒息状态。可是，明宗即位后，文定王后垂帘听政。她笃信佛教，彻底推翻了过去的抑佛政策，大力兴佛。她恢复圆觉寺的寺田和奴婢、僧试和度牒制，决定奉恩寺和奉先寺分别为禅、教两宗本山，任命普雨和守真分别为判禅宗事都大禅师和判教宗事都大师，佛教一时起死回生。在这里，普雨的作用是很大的。他佛学出众，通儒典，善诗文，受到王后信任，但遭到儒生反对。王后死后，他即遭流放济州岛，被人打死。文定王后的兴佛只是一时的现象。此后，李朝历代国王不断推行抑佛政策，以儒教为国教，完全视佛教为异端，甚至规定不准僧侣出入城内。他们被放逐到山中，受到各种压迫，还要筑山城以守卫都城，并为官家服各种杂役。纵有个别国王改变政策，佛教仍然无法摆脱日益沉沦的命运。

到李朝末年，虽然佛教信仰仍在广大人民之中流行，但僧尼被迫居于深山寺院，而且社会地位低下，佛教此时已趋衰微境地。

## 二、临济宗在朝鲜的传承

尽管李朝大多数君王排斥佛教，但仍有一些名僧大德出现，为佛教的发展，同时为保卫国家作出了贡献，其中最著名的是休静。宣祖以后，因休静等禅师率僧兵在抗日卫国战争中立有战功，授予僧职，任休静为"禅教十六宗都总摄"。继休静为都总摄的是他的弟子惟政，此后担任管理南汉山城修筑职务的僧人也被授予都总摄之号。到仁祖时，江陵月精寺、茂朱赤裳山城、奉化觉华寺、江华传灯寺等四寺住持，曾担当过守城之任，也被授"总摄"之职。此后建的一些表忠祠等，也置都总摄，但主要是掌管祈祷修法事务。任水原龙珠寺住持，称"八道部僧统"，负责检查全国僧尼风纪。

### （一）休静

休静是李氏朝鲜最著名的僧人，由于他在抗击日本侵略军入侵的战争中功勋卓绝而成为后世称颂的民族英雄。他抗击日本入侵的壮举，不仅使李朝免于亡国，同时也使李朝佛教基本上摆脱了被迫害的厄运。

休静，俗姓崔，名汝信，字玄应，自号清虚子；因其常居妙香山，故又号西山，安州人，生于 1520 年。其父世昌，乡举为箕子殿参奉，不就，诗酒自娱。休静幼时与群儿游戏，喜欢立石为佛，或聚沙成塔；稍长，风神英秀。休静九岁母亡，十岁父没，伶仃无所依，州牧携其至京师，就学于泮斋，屡试辄屈，郁郁不得意，便与同学数人南游智异山，穷岩洞之胜，遍阅内典，忽有出世之志。1540 年，休静投崇仁长老剃发，从曹溪宗一禅和尚受戒，又参灵观大师，得印可后，七八年间遍踏名山胜地。休静三十岁时偶入京师，赴禅科中选，任至禅教两宗判事。不久，拂衣入枫岳，作《三梦吟》曰："主人梦说客，客梦说主人，今说二梦客，亦是梦中人。"自此，休静藏踪晦彩，不出山门，但道誉益隆。但休静后来被诬陷为妖僧入狱，因宣祖素闻其名，无罪释放，并赐御制一绝，及御画竹墨障子。休静立进诗谢恩，宣祖更加称赏，厚赍还山。

宣祖二十六年（1592），日本丰臣秀吉入侵朝鲜，宣祖被迫躲到龙湾。七十三岁高龄的休静仗剑出山，晋谒宣祖请命统帅国内年轻缁徒悉赴军前，以保家卫国。宣祖嘉其大义，遂命为八道十六宗都总摄。休静乃分命诸上足纠集义徒。于是，松云（惟政）率七百余僧起关东，处英率一千余僧起湖南，休静亲率门徒及自募僧一千五百，合五千余名会于顺安法兴寺，配合"天兵"（赴朝支援抗日的明军），英勇作战，克复平壤，迎接宣祖还都。明朝提督李如松给休静送帖嘉奖，有"为国讨贼，忠诚贯日，不胜敬仰"之语，并题诗曰："无意图功利，专心学道禅。公闻王事急，总摄下山颠。"诸将官也争先送帖赠遗。退敌之后，休静向宣祖启请曰："臣年垂八十，筋力尽矣。请以军事属于弟子惟政及处英，臣愿纳总摄印，还香山旧栖。"宣祖嘉其志，悯其老，答应了他的请求，并赐号"国一都大禅师禅教都总摄扶宗树教普济登阶尊者"。自此之后，休静"义益高、名益重，道益尊。往来于头流、枫岳、妙香诸山，常随弟子千余人，出世者七十余人"。1604 年，休静圆寂，享年八十五岁。他著有《禅教释》《禅教诀》《云水坛》《三家龟鉴》《禅家龟鉴》各一卷，有《清虚堂集》八卷行于世。

李廷龟在《休静大师碑》中载："吾东方太古和尚，入中国霞雾山嗣石屋，而传之幻庵，幻庵传之龟谷，龟谷传之正心，正心传之智严，智严传之灵观，灵观传之西山。此实临济之正派，而惟西山独得其宗。"李维在《清虚大师碑铭并序》也说："临济十八传而为石屋清珙，丽朝国师太古普愚，得石屋之传。自是，又六传而至吾师。其源流之远如此，请以是铭焉。"由此可见，休静是临济宗的法脉。

## （二）休静的门人

休静门下弟子众多，其中有名的如松云惟政、鞭羊彦机、逍遥太能、中观海眼、静观一禅、泳月清学等。惟政是休静上首弟子，以忠烈报国而闻名，而鞭羊彦机弘扬休静之禅最为得力。

### 1. 惟政

惟政，字离幻，自号泗溟、松云、钟峰堂等；俗姓任氏，密阳（庆尚南道）人，生于中宗王（1544）年十月十七日。他生而聪颖，不类常

儿。七岁时，其父"诲以史"。惟政十三岁学《孟子》，感叹此为俗学，想学无漏之学，遂投黄岳山直指寺，礼信默和尚，被剃度。他开始阅读《传灯录》时就能悟得其中的奥旨。惟政十七岁中禅科，一时学士、大夫、诗人如朴思庵、李鹅溪、高霁峰、许美叔、林子顺、李益之等人，与之交游，唱和诗翰，传播词林，时人以为美谈。

宣祖九年（1575），以空门众望，请住持禅宗，惟政苦辞，拂锡而去，入妙香山受益于休静座下。休静"提醒心地，直授性宗"。惟政"言下大悟，即扫雍群言，断除闲习，从前游戏词家，忏为绮语，一志于安心定性。苦行三载尽得其法"①。宣祖十二年（1578），惟政辞别老师，到枫岳山报德寺结三夏，又南游八公山、清凉、太柏诸山。宣祖二十年（1586）春，到沃川山东庵，一夜骤雨，庭花尽落，惟政忽悟无常之理，便招门人，语之曰："昨日开花，今日空枝，人世变灭，亦复如是。浮生若蜉蝣，而虚度光阴，实可矜闷。汝等各具灵性，盍反求之，以了一大事乎？如来在我肚里，何必走外求而蹉过日时耶？"②惟政随即遣散门徒，独自入禅室，旬日不出。宣祖二十一年（1587），惟政住五台山灵鉴蓝若，因误挂逆狱，被拘江陵府，由于儒士辈讼其冤情，而获释。二十三年（1590），惟政再来枫岳山，又结三夏。二十六年（1592）夏，日本兵闯入寺内，惟政率十余名门徒直入山门，"贼悉缚之，独师至中堂。则倭头知其非常，待以宾主，解其徒。师书以往复，诸倭敬服"。随后，惟政等又"飞锡入高城，则贼将三人俱加礼遇。师以书劝其毋嗜杀，则三将皆拱手受戒，挽三日设供，出城……九郡之得免虏刘者。盖师功也"。

听说宣祖西幸，惟政便募集义僧数百名赴顺安，与其他来顺安的僧兵相会合，组成了数千人的队伍。当时休静受王命总摄诸道僧兵，因其年事已高，便荐惟政代行兵权。惟政代师统率大众，跟随体察使柳成龙，协同明将作战，攻克平壤；后随都元帅权公栗下岭南，驻扎在宜宁，颇多杀获，受到宣祖的嘉奖，授堂上阶。二十八年（1594）春，刘

---

① 忽滑谷快天：《韩国禅教史》，第331页。
② 同上。

继总兵命惟政入釜营晓谕日将加藤清正，"凡三返，尽得其要领"。宣祖招惟政入宫，备问平生，然后说："昔刘秉忠、姚广孝俱以山人建立殊勋，名流后世。今国势如此，尔若长发，则当任之百里之寄，授以三军之命矣。"[1] 惟政谢绝而退，返回岭南后筑龙起、八公、金乌诸山城以为屏障，各方面安排处理停当，即"还上印绶"，"抗章乞闲"，朝廷不许。宣祖三十一年（1597）冬，惟政从麻贵提督入岛山，第二年又从刘提督入曳桥，"皆有首功。前后备饷四千余石，器甲万计"[2]。宣祖特阶嘉善，授同知中枢府事。三十五年（1601）筑釜山城之后，惟政回内隐山；三十七年（1603）承命入京，第二年秋奉国书出使日本，见德川家康。惟政声称"言两国生灵久陷涂炭"，自己因"普济而来"。德川家康也是归心释教者，闻而发信心，敬之如佛，最终"克成和好而归"，并带回被掳男女一千五百人。三十九年（1605），惟政复命，受到朝廷的嘉奖。其时休静已示寂，惟政入妙香山礼其影塔，守制普贤寺，后又结茅三清洞。宣祖四十一年（1607）秋，惟政乞骸还雉岳山。第二年闻宣祖去世，惟政赴京哭拜，因得病，光海君二年（1610）秋去世，享年六十七岁，谥"慈通弘济尊者"。

惟政的佛学著述有《四溟集》七卷和《奋忠纾难录》等。其作品不多，以保家卫国著称，佛教义学非其所长。他的佛学思想，在《华严经跋》中有所涉及：

> 大哉，华严之为顿教也，体本不生，而无始无终，用实非灭，而无成无坏。是为众教之本，而万法之宗也，天以之而清，地以之而宁，山川以之而流峙，禽兽以之而飞走，以至草、木、昆虫，亦以之而动息。此所谓体万物而不遗，性一切而无忒者也。我佛之所宣说，盖说此也；五十三善知识所示人，盖示此也。乃至君仁臣忠，父慈子孝，兄爱弟恭，夫和妇顺，亦无非得此而然也。[3]

---

① 忽滑谷快天：《韩国禅教史》，第 332 页。
② 同上。
③ 同上书，第 334 页。

其形式上是论述华严之体用，实际是阐发万物一体、体用不二的佛教观，其间还透露出佛儒融合的思想。

### 2. 彦机

彦机（1581—1644），俗姓张，堂号鞭羊，竹山（京畿道广州郡）人；幼年从玄宾（休静弟子）大师受具足戒，后至妙香山得休静受传衣钵。彦机求得心印后南游，遍参诸禅长老，以充其学。他曾在金刚山天德寺和妙香山天授庵等地开堂讲法，广演禅教，从而悟解修结者不可胜纪。彦机于 1644 年圆寂。

彦机著有《鞭羊堂集》三卷，其中卷一有《答尹巡使偈》曰："不学宣王教宁闻柱史玄，早入西山室，唯传六祖禅。"表明他对孔孟之教兴趣不大，比较喜欢老庄之学，后来则很快转向禅佛教。《鞭羊堂集》（卷三）彦机论禅说：

> 六祖曰有一物于此，上拄天下拄地，如日黑似漆，常在动用中收不得，儒谓之太极，老谓之天下母者，皆不离于此也。此物之为体也，虚灵不昧，具众理，应万机，天下阴阳，日月星辰，山川草木，人及禽兽之属，无一不承其恩力而得成立焉。有生皆具，谁独且无？但昧者不知所谓，而民日用而不知者也。唯我释迦如来，自以净饭工太子堙金轮万乘之位，入雪山六年修道，腊月八夜见明星，豁悟向所谓一物者而成正觉，叹曰奇哉，一切众生皆具如来智慧，但以妄想执着而不证得。①

他又论教说：

> 教有四等差别，初成道为缘熟等菩萨上根凡夫说二顿华严也，为声闻说四谛，为缘觉说十二因缘阿含也，为菩萨说六度方等也，为前三乘究竟说阿耨多罗三藐三菩提法华也，是为四教也。然当机自有差别，法无差别。不起树王而游鹿苑，而于顿说即说四谛，然则仙苑觉

---

① 忽滑谷快天：《韩国禅教史》，第 338 页。

场一座也，华严四谛一说也。华严不必玄于四谛，四谛不必浅于华严也。但随机而有大小差别。如天降雨，草木受润，草木自有长短，其雨一味也。佛说亦尔，教随机异，其实皆一法也。四教所示法体皆妙，万法明一心，即幻化示实相。其所示也，根境诸法也；其能悟也，亦根境诸法也。空本无花，见花者病也；法无差别，见差别者妄也。一念不生，火宅即寂光也；毫厘有差，寂光即火宅也。禅门为最下根者借教明性。所谓性、相、空三宗也。有理路、语路闻解思想，故圆顿门死句，此义理禅也。前格外禅也。虽然，之二者亦无定意，只作当人机变。若人失之于口，则拈华德笑尽落陈言；若得文于心，则粗言细语皆谈实相也。①

彦机明确主张，参禅和念佛是一致，这与明末的中国禅相通。彦机和休静一样，也主张参禅与念佛相结合。他认为："念佛门工夫，行住坐卧常向西方，瞻想尊颜，忆持不忘，则命终时，佛陀来迎接上莲台也。此心即六道万法，故离心别无佛也，离心别无六道、善恶诸境也。命终时若见佛境界现前，无惊动心；若见地狱境界现前，无怖畏心。心境一体，是为不二。于此不二法门中，何有凡圣、善恶差别乎？如此观察不惑，则生死魔何处摸索？此亦是道人制魔之要节也，学者须着眼看。"② 这是用禅家思想来诠释净土念佛。

### 3. 义谌

义谌（1592—1665）是清虚休静之嫡传法孙，鞭羊之法嗣，俗姓柳，号枫潭堂，京畿通津人，十六岁入妙香山从性淳法师落发受戒。义谌初参天冠山圆彻大师，后入鞭羊之堂，尽得清虚之传，遂南游，遍参奇岩、逍遥诸长老，驻锡于金刚、宝盖两山。他"日把《华严》等经百数十卷，正其差谬，着其音释，然后三乘奥义，焕然复明。前后开度悟解者，指不胜屈"。1665 年春，义谌示寂于金刚之正阳寺，病剧吟一偈曰："奇怪这灵物，临终尤快活，死生无变容，皎皎秋天月。"俄而坐化，法

---

① 忽滑谷快天：《韩国禅教史》，第 338—339 页。
② 同上书，第 340 页。

腊五十八。其门下弟子数百人，有霜峰净源、月潭雪霁、月渚道安、枫溪明察、雪峰自澄、青松道正、碧波法澄、幻宴庄六等。

### （三）临济法裔浮休善修、碧岩觉性

#### 1. 浮休善修

浮休善修与休静是同一代临济宗法裔。有关善修的资料，现存有白谷山人处能所撰《追加弘觉登阶碑铭并序》，以及《松广寺嗣院事迹碑》《松广寺开创碑》等。据《碑铭》所记，善修，俗姓金，古带方麓树人，1543 年生。善修自幼觉得浮生滚冗，有出世之心，遂辞亲人入头流山（智异山）从信明长老剃发，谒芙蓉（灵观）大师，"尽得篱笆边物"。得法之后，其借卢相国守慎家藏书，"七月寒暑，书无所不读"。善修的书法"效钟王法，与松云政公齐名"。

壬辰倭乱中，善修在德裕山隐身避锋，敌退之后，入住伽仰海印寺。恰逢明将李宗城奉神宗皇帝之命到朝鲜册封关白，顺道入海印寺。一见善修，李宗城就忘了回去，留语数日，侃侃如也，临别赠诗一首，并"期为千里面目"。不久，善修移住九千洞，又住头流山。光海君在位时，曾召其入宫，询问道要。因深得光海君喜欢，善修被赐予紫澜方袍一领，碧绫长衫一诊，绿绮重襦一袭，金刚数珠一串，其余珍玩厚赉，迨不可记，后又设斋十奉印寺，遣师为证。善修斋毕还山，各地问道者"众盈七百"。光海君七年（1615），善修圆寂，享年七十三岁，光海君追加弘觉登阶。善修遗偈曰："七十三年游幻海，今朝脱壳返初源。廓然空寂元无物，何有菩提生死根。"

#### 2. 碧岩觉性

碧岩觉性是浮休善修的法嗣。觉性俗姓金，字澄圆，号碧岩，湖西报恩（忠清北道）人，宣祖九年（1575）十二月生。他九岁失怙，忽遇过僧，倾心学禅，后"遂之华山，礼雪默面师之"；十四岁落发，受具于宝晶老师。善修到华山时见到觉性，大异之，勉以真诠。于是，觉性从善修师，入俗离山，转历德裕、伽耶、金刚等山，日阅贝叶经，自是相随不暂离。壬辰之乱，觉性响应号召，代师从军，仗剑从天将破贼于海中，建立战功，受到明将李宗诚和惟政的夸赞。宣祖三十四年

（1600），于七佛兰若结夏时，善修因病辍讲，觉性受师命，登座讲经说法，玄风丕振。光海君时，善修被诬陷为妖僧下狱，觉性也在其中。后来事情水落石出，光海君留觉性于奉恩寺，任命其为判禅教都总摄。

仁祖二年（1624），李适叛。朝廷开始修筑南汉山城，移广州邑治于城内，以田两千余结属之。南汉山城设守御营，置使一人；又设僧军，以城内之开运寺为缁营，隶于守御营。当时觉性被任命为八道都总摄（即僧大将），率领僧徒担负筑城重任。统领缁徒监筑三年而告讫，觉性以功受赐"报恩阐教圆照国一都大禅师"号，并锡衣钵。同十年（1632），修华严寺，蔚成丛林。

仁祖十四年（1636），清兵猝至，直捣京师，仁祖避难于南汉山城。觉性出智异山，募义僧三千，号降魔军，与官军为犄角，上闻益嘉之。敌退之后，觉性还智异山。孝宗王龙潜时，觉性曾谒于安州，"论核华严宗旨，孝宗大称赞，观以龙眉画管砗璖数珠琉璃图书鉴金狮子"。及孝宗即位，"用朝议授以总摄之印"。显宗元年（1660）正月十一日，觉性临终应弟子之请，遗偈曰："拈颂三十篇，契经八万偈，何须打葛藤，可笑多事在。"书罢，他悠然而化，寄世八十六岁，禅腊七十二。觉性著有《禅源集图中决疑》一卷，《看话决疑》一篇，《释门丧仪抄》一卷。

综上所述，朝鲜王朝时期的佛教传承，是以中国禅门临济一系为主线的。而休静及其门下传人与浮休善修及其门下传人，又是临济法脉之最有影响的两大派系。

### 三、明代来华的朝鲜僧

在泰山，有一位为中国佛教传承作出卓越贡献的高丽僧人，他就是15世纪到中国，并在泰山驻锡达二十余年之久的满空禅师（？—1463）。据明正德十六年（1521）刻勒于泰山普照寺的满空禅师《重开山记》碑铭①记载：大明永乐年间，高丽僧人云公满空禅师等数僧航海而

① 泰山满空禅师《重开山记》碑铭，刻于明正德十六年（1521）九月，全称《泰安州普照禅寺重开山第一代云公满空禅师塔碑铭记》。

来，先至京师（今北京），受明廷礼遇。"钦奉圣旨，勒赐金襕袈裟及送光禄寺筵宴"，并遣官送满空赴南京天界寺住坐。宣德三年（1428），又"钦奉圣恩着礼部各给度牒（即僧尼的身份证明）一道，令天下参方，礼祖禅师"。由此，满空禅师获得云游天下名山的特权。是时，满空禅师登泰山，访古刹，着手重建泰山竹林寺，数年"殿宇圣像俱已完成"。

竹林寺曾为泰山著名古刹之一。满空禅师修建竹林寺之事，除《重开山记》碑有载外，有关泰山的许多方志也保存有这方面的资料，如清人聂剑光的《泰山道里记》、金棨的《泰山志》及民国时人赵新儒的《泰山小史注》均也有记载。《泰山小史注》称：竹林寺"莫知所肇，元元贞初僧法海，明满空禅师最著"。满空禅师完成竹林寺的修建后，目睹普照寺的萧条景象，"遂驻锡禁足二十余载，以无为之化，俾四方宰官长者捐赀舍赂，鼎建佛殿、山门、僧堂。伽蓝焕然一新，寓内庄严，绀像金碧交辉，僧徒弟子及湖海禅衲依法者何止数千也。名公巨卿信向以师礼待之"。满空禅师二十多年艰苦卓绝的努力，把"颓零既久"的荒废寺院变成"焕然一新"既庄严又幽雅的佛家圣地，从"乏人兴作"到招纳弟子"何止数千"，"名公巨卿以师礼待之"，这不能不说满空禅师的住持能力及佛学造诣的高超与深厚。其卓越的功德也是不言而喻的。

明天顺七年（1463），满空禅师圆寂于泰山普照寺。临终前，他把弟子们召集起来，说道："吾年七十五，万物悉归上，光明照十方，无今亦无古。"言毕，其坐脱而逝并以三昧火自焚。弟子洪因看其师"身五色瑞气盈满其空，舍利坚固百有余颗，念师有出世之恩，无以报孝，发心建塔竖碑"，尊满空禅师为"普照寺重开山第一代"祖。《重开山门》碑原于墓塔之侧，后迁至普照寺大门内东侧，至今保存完好。佛教在4世纪由中国传入高丽，而15世纪，高丽满空禅师作为佛学文化的使者浮海来中国说教传法，这对明王朝来说是不拘中外、广吸文化精髓的反映，而对满空禅师来说，则是具有突破国界，光大佛学，进一步推进和加强两国间友谊的历史意义，对人类文化交流作出了贡献。

泰山普照寺

## 四、清末朝鲜半岛的佛教

　　李朝时代末期，日本佛教势力开始向朝鲜渗透。1876 年，日本强迫朝鲜签订《江华条约》。朝日修好条约签订后，依据日本外务卿寺岛宗则的劝告，真宗大谷派为在朝鲜布教，遣奥村园心于釜山修建大谷派本愿寺。后来，这个本愿寺分别在元山、仁川、汉城建了寺院，并在各主要城市修了布教所。接着，日莲宗派渡边日运到釜山设立日莲宗会堂，主要向日本居民布教。而后，日莲宗又修建了元山顶妙寺、仁川妙觉寺、汉城护国寺及各地寺刹。1893 年，净土宗派野上运海于汉城设宗务所，开始布教。甲午战争后，日本在朝鲜的地位进一步巩固，日本真宗本派本愿寺、真言宗、曹洞宗、临济宗等相继来朝鲜各地建寺刹，开展布教活动。高宗依据日莲宗建议，解除了仁祖以来禁止僧侣入城的命令。自此，僧侣有了出入城的自由。1899 年，为统一全国寺刹，朝廷在汉城建元兴寺，作为全国佛教的总本山。各道设首寺，管理道内寺

刹。此后，宫内府设寺礼管理署，发布寺令规定寺刹目的、布教、法阶、首刹和各道本山组织、寺刹经营等事项。全国寺刹由政府管理，恢复度牒制。从此，人们有了出家、布教的自由，寺刹、僧侣受到保护。

1906 年，日本在大韩设立统监府，强迫高宗让位，缔结韩日新协约，解散军队。朝鲜沦为日本的附属国。1910 年，双方缔结了韩日合并条约，韩国沦为日本的殖民地。日本佛教势力在朝鲜半岛迅速发展。据1920 年统计，8 宗 16 派有寺院 62 个，布教所 227 个，布教者 324 人，信徒 13 万多人，朝鲜信徒 1.1 万人。宗派以本派本愿寺、大谷派本愿寺、净土宗、真言宗、曹洞宗势力较强。到 1940 年，9 宗 29 派有寺院136 个，信徒达 34 万人。九一八事变以后，日本加强对朝鲜的统治，朝鲜人皈依日本佛教的人增多，1941 年有朝鲜信徒近 3 万。日本吞并朝鲜，历时 519 年的李朝统治宣告结束。朝鲜佛教受到日本帝国主义的控制，被日本化，使之为日本殖民政策服务。日本朝鲜总督府颁布寺刹令，指定 30 本山，设立总本山和中央教务院，对朝鲜佛教实行集权统治；将日本佛教的带妻制度移植于朝鲜，把寺刹大权交给住持；将日本天皇的圣寿万岁牌位置于本尊之前，强迫朝鲜人每日膜拜；强制要求僧侣像释尊在菩提下大悟无上大道那样，大悟作天皇臣民的真精神。1943 年，当局发布曹溪宗法朝鲜佛教的日本化。这显然是为日本加强在朝鲜殖民统治服务，直到 1945 年日本投降。

纵观佛教在朝鲜半岛的传播，不难看出，中国与朝鲜半岛各国交流历史悠久，佛教传承关系密切，友谊源远流长。

# 第二节　明清时期佛教在日本

明朝建立以后，日本以元军征日的旧恨为托词，不肯与明朝修好。洪武元年（1368），朱元璋遣使赴日本、安南、朝鲜、占城报渝中国改朝换代。赴日使节到了日本九州怀良王那里，被逐。次年，明朝又派杨载等七人赴日，怀良王杀了其中五人，将杨载等二人拘禁了三个月才释放回国。但明朝接着于洪武三年（1370）再派莱州府同知赵秩为使，携玺书，泛海见怀良王。怀良言："蒙古尝诪我好语，随袭出兵，其使姓赵（赵良弼）。今使者亦姓赵，岂其裔耶？"赵秩并不灰心，反复说明大明王朝新的对外政策，宣谕朝廷威德。怀良见明朝与元朝态度有所不同，又见明朝把擒获的日本海盗、僧侣归送日本，就以礼相待明朝来使，并派僧祖回访中国，且放还所掳明朝人口七十余人。

洪武四年（1371），僧祖一行达金陵上表，献方物及马匹。时日本尚在"战国"时代，诸道都和明朝保持贡赐贸易。明朝所赐，绝不少于贡值。洪武十五年（1382），明州防倭指挥林贤，交通枢密使胡惟庸（时已贬官）谋叛，令日本使僧如瑶等诈称朝贡，献巨烛，内藏火药兵器，伏精兵于贡艘中，计以表裏挟上。后来事情败露，林胡受法，日本僧使被发往陕西、四川、云南各寺中。终洪武之世未能建立正式的中日邦交。在此时期旅居云南的日本僧人其名可考者：鉴机先、天祥、大用、宗泐、演此宗、镜中照、斗南、桂隐、昙演、如瑶等，而昆明五华寺僧宗戒、西山僧石隐、大理感通寺僧南江等亦疑为日僧。他们中有的是"发云南守御"，有的是"南窜客"，有的也可能是"游方"僧。有的就长期流寓云南而"云归滇海"了，故嘉靖《大理府志》、万历《云南通志》之《古迹》中载有"日本四僧塔"的遗址。他们都是禅宗，精通佛学，"能诗善书"，与当地各族各界人士交游，"深交最有情"。他们游览中华山川和珍惜友情之作，多被选入有明一代具有代表性诗选总集《列朝诗集》和《明诗综》中，在中华诗坛上增添了数十首清丽的诗篇，为发展中日文化交流作出了贡献，在中日关系史上写下了友好的篇章。

明廷训示后世，不与日本通。但明朝没有报复日本，而把日本列入十五不征之国。由于倭寇之患日盛，明朝不得不加强边防，中日官方交往再度中断。日本海盗对中国大陆的侵扰始于元末。

14世纪30年代，日本分裂成南北朝，天皇仍被握有实权的幕府将军所控制。明初，日本正是室町幕府时代，各地诸侯（大名）混战割据，连幕府也控制不了，特别是沿海一带诸侯，经常派武士、浪人出海搞武装贸易，进而抢掠，先在朝鲜半岛，后波及中国东南沿海。当时在

海上为盗的还有不满明朝的叛乱者，如张士诚残部，他们同倭寇沆瀣一气，为非作歹，危害中国东南。明朝初期，国力强盛，对"北虏南倭"给予坚决打击，日本几次通使，明朝拒不接待。明太祖死后，日本处在源道义（足利义满）的统治之下。建文三年（1401），源道义派肥富和祖阿为正副使来明朝修好，明朝改变祖训，热情接待日使，并派僧人随日使回访，中日关系趋于缓解。

明成祖朱棣即位后，对外全面开放，永乐元年（1403）即派遣使者通告日本。源道义也派坚中圭密正使等访问明朝，要求通商修好。明成祖对圭密一行十分优待，甚至对其所带禁品、武器也不予计较，两国又恢复正常交往。永乐二年（1404），明成祖派中官郑和谕日本王源道义，呈递了明廷的封文和烟物，源道义表承感谢，双方约定官方贸易十年一次，"日本十年一贡，人止二百，船止二楼，违例则以寇论"。由于"倭寇"大都是日本海盗，明朝不得不对日本来使特别规定，以防浪人、武士钻空子假冒突袭。

整个明代，中日间共发了六种勘台文薄（参看前文明朝外事制度）。直德年间，明朝放宽了对日本来朝的限制，允许人止三百，船限三艘。永乐年间，日本多次来朝献俘（即被倭寇掳掠的明朝沿海居民）、贡万物、请封、引渡倭寇。明朝也派出郑和、俞士吉、周金、吕渊等先后访日。中日官方米往在永乐朝比较正常，倭患大减，"海洋平静"。但这种局面没有维持太久，东南诸省又深受倭寇之害。关于"倭寇"，诸史书皆说华贼占多数，如汪直、徐海、彭老生、毛海峰等都是大海盗集团的头目。海盗不但在滨海数千里杀人越货，还在沿海建立据点，并且深入内陆，长江两岸，所到之处，血流成川。嘉靖三十二年（1553），沿海各省同时告警。时明朝严嵩专权，国力太弱，反击不力，倭寇有恃无恐，更加猖獗。长江中下游及闽、粤地区被抢掠烧杀之城镇小村，难以计数。明朝为抗倭付出了巨大的代价，先后出现了抗倭英雄刘江（江东总兵，1419年大破倭寇）、戚继光和俞大猷等。

在日本方面，源自中国的佛教已基本完成日本化过程，不仅新兴的净土宗、真宗、日莲宗以及受到武士阶层欢迎的禅宗得到较大发展，就是旧有的天台宗、真言宗也有新的变化。然而，从总的情况来看，日本佛教诸宗已经进入相对稳定的局面。在日本与明朝的交往中，出现比较特殊的现象，那就是担任日本使节的几乎全是禅僧。这些遣明使节是：应永八年（1401），祖阿、仲方中正；十年（1403），坚中圭密；十一年（1404），明室梵亮；十四年（1407），坚中；永享四年（1432），龙室道渊；六年（1434），恕中中誓；宝德三年（1451），东洋允澎、天与清启、九渊龙眜、笑云瑞沂；宽正六年（1465），天与清启、桂庵玄树；文明六年（1474），竺芳妙茂；十五年（1483），子璞周玮、肃元寿严、金溪梵铎；明应二年（1493），尧夫寿萱；永正八年（1511），了庵桂悟；天文八年（1539），策彦周良、湖心硕鼎；十六年（1547），策彦周良；等等。① 从中日佛教文化交流来看，在经历了唐宋时期两国佛教文化交流繁盛之后，明清时期进入相对沉寂的状态。这与当时两国政治和佛教文化形势有关，也与长期在中国从北到南的沿海乃至深入内地猖獗危害民众和社会安定的倭寇有重大关系。

## 一、赴日建寺传法

元代以后，由于东南沿海倭寇猖獗，中国与日本佛教界之间的交往受到干扰，直到明神宗万历以后才得以改变。虽然在江户时期中日佛教文化交流处于停滞状态，然而每年有不少中国商船东渡日本长崎进行贸易。在这个过程中，有不少中国商人及其亲人短期或长期滞留、居住长崎或其他地方。因为中国民众信奉佛教，有借助佛教信仰和法事活动来加强彼此间感情联结、祈祷吉祥平安、追荐祖先亡灵的传统，于是在中国人聚居的地区便陆续集资建立起寺院，请来自故乡的僧人担任住持，在逢年过节或其他日期举行法事活动。

江户幕府将军德川家光执政时期，旅居长崎原籍江苏南京和福建漳州、福州的商船主们，分别经过协商和向当地政府申请，在长崎建立兴福寺（俗称"南京寺"）、福济寺（俗称"漳州寺"）和崇福寺（俗称"福州寺"）统称"长崎唐三寺"。这三座寺院从日本德川初期到享保年

---

① 赤松俊秀：《日本佛教史Ⅱ》，法藏馆，1967。

间，历年照例都要聘请中国僧人来担任住持，所以明万历以后有许多中国僧人到长崎。他们分别礼请明僧真圆（1579—1648）、觉海（？—1637）、超然（1567—1644）任三寺开山祖。

兴福寺是明泰昌四年（日本元和九年，1612）来到长崎的南京船主们彼此商议，为了在海上往来平安、供养死去的菩提，申请修建一所寺院。获得许可后，寺院邀请明泰昌元年（日本元和六年，1620）以来住在长崎的明朝僧人真圆，在长崎创建东明山兴福寺。此寺是日本国内最早黄檗禅宗寺院，历史悠久。被称为南画画祖的第三代逸然及明朝高僧隆琦禅师作为住持居住在兴福寺的时候，僧侣及善男信女从全国聚集而来，兴福寺成为禅修一大中心。

1628 年，泉州僧人觉海（一作觉悔）率弟子了然、觉意前往长崎修建福济寺。二十年后，蕴谦戒琬住持福济寺，他依国内寺院建筑风格扩大规模，将其发展为佛、道、民间信仰合一的寺院，被称为"重兴之祖"。之后，还有许多泉州籍僧人住持福济寺，如永春人慈岳定琛、东澜宗泽，晋江安平人喝浪方净。安溪人圣垂方炳（独文）原为泉州开元寺僧，1693 年任福济寺第五代住持，后为宇治黄檗山第十一代住持。晋江人大鹏正鲲，亦为泉州开元寺僧，任福济寺第七代住持，后为宇治黄檗山第十五、十八代住持。

蕴谦戒琬（1610—1673），号作烟，俗姓林，泉州人善草书；顺治六年（1649）应邀东渡日本，为福济寺中兴开山住持，1673 年圆寂。

慈岳定琛（1632—1689），号无瑕明智，俗姓张，永春人亦善草书；顺治十二年（1655）随木庵东渡日本，1672 年为福济寺第二代住持，1689 年圆寂。

东澜宗泽（1640—1707），俗姓张，永春人善草书；康熙十二年（1673）东渡日本，1689 年为福济寺第三代住持，1707 年圆寂。

悦山道宗（1629—1709），俗姓孙，泉州人，顺治十四年（1657），东渡日本，1705 年为万福寺第七代住持，1708 年圆寂。悦山的书法有"书悦山"之称。

大眉性善（1616—1673），俗姓许，泉州人，善草书。他护送隐元东渡日本，为日本黄檗宗东林派祖，1673 年圆寂。

崇祯二年（1629），福州华侨创建崇福寺，开山祖师是福州崇福寺超然禅师，继席者依次为百拙、道者、即非、千呆、化林、王冈、大衡、别光、义胜、道本、伯珣诸禅师，十二代住持同样皆是福建僧人。其中，福建兴化（今莆田）超元禅师于清顺治八年（1651）赴日。他抵长崎后先住崇福寺，为该寺第三代住持，后住平户智门寺、金泽天德寺，为大众讲经说法。

## 二、明代来华日僧

有明一代，见于记载的入明日僧有一百一十余人①。在明朝与日本缔结勘合制度之前，来华日僧主要是求法僧和游历僧，大多数僧侣为了求法学禅兼学诗文。其中，最有名的是绝海中津和汝霖良佐。勘合贸易制度建立后，来明的日僧大多作为使节僧，较有名的是天龙寺僧人坚中圭密和东福寺僧人庵桂悟。入明僧不管基于何种目的来华，中日僧侣之间的来往直接促进了两国佛教的交流和互相学习。

明代时期的杭州不仅寺院林立，而且是遣明使从宁波往北京的必经之地。据初步研究表明，洪武元年（1368）入明的绝海中津、如心中恕两人曾向径山第五十五代住持季潭宗彻请益求教。正统十三年（1448）入明的瑚海仲珊曾向径山第八十代住持月林镜月请益求教一年。成化三年（1467）入明的著名画僧雪舟等登上径山实地写生，绘有《径山图》。此外，嘉靖十八年（1539）遣明使正使湖心硕鼎、副使策彦周良参谒径山住持。在明期间，日本室町时期临济宗高僧策彦周良还曾登上径山赋诗一首："远上径山途有无，草深一丈法堂衢。支佛法渐东海，早指扶桑回履凫。"径山兴圣万寿禅寺，位居南宋禅院五山之首，是日本禅僧参谒求学的首选，先后有多名日僧在此挂褡求法。日本把以径山文化为代表的江南文化几近学尽，从禅学、茶学、绘画、建筑、花道到生活的各个领域，无不涉及。

---

① 木宫泰彦：《日中文化交流史》，第 587 页。

## （一）绝海中津

绝海中津（1336—1405）是日本室町幕府初期的临济宗梦窗派禅师。其名中津，原号要关，又号绝海，别号蕉坚道人，敕谥"佛智广照国师""净印翊圣国师"。建武三年（1336），绝海生于土佐津野，十三岁入京都天龙寺，受戒于梦窗疏石，并任其近侍，擅长汉诗。梦窗圆寂后，绝海于文和二年（1353）移入建仁寺，与义堂周信、先觉周怙、月舟周勋等人共同随侍龙山德见。贞治三年（1364），绝海转赴关东善福寺，随侍义堂周信，后挂锡建长寺，拜于青山慈永、大喜法忻门下。

洪武元年（1368），绝海渡海来华，先上湖州道场山万寿寺，拜谒清远怀渭禅师，后入杭州中天竺法净寺参于季潭宗泐门下，任烧香侍者，后升任藏主。他曾参谒道场山的清远、灵隐寺的良用、天童的了道等长老。绝海长于诗，常以诗会友，与竹庵渭、溥庵复，与文人宋濂、诗僧全室等交往甚多，名声播国诗坛。绝海余暇则跟季潭学诗。在季潭指导下，绝海深明诗中奥义，其诗清婉峭雅，颇受当世诗人的称赞。此外，绝海还与竹庵学书法，挺拔俊秀，很有功夫。

洪武九年（1376），绝海在季潭宗泐的推荐下受到明太祖召见。明太祖询问徐福庙之事，作诗《应制赋三山》，得明太祖御赐和诗，其诗才深受明太祖赏识，获得赏赐并获允归国。归国后的绝海于康历二年（1380）受足利幕府任命住持甲州惠林禅寺。至德三年（1386）绝海上京，住持京都等持寺；明德三年（1392）升任相国寺第六世住持，之后于应永四年（1397）、应永八年（1401）先后三次住持该寺；应永十二年（1405）圆寂，世寿七十。应永十六年（1409），后小松天皇追赐"佛智广照国师"号；应永二十三年（1416）称光天皇又追赐"净印翊圣国师"号。

绝海有《绝海和尚语录》与诗文集《蕉坚稿》存世。他与义堂周信同被称为日本五山文学的"双璧"①。

1403年，绝海弟子龙溪等闻受将军足利义满之命，由天龙寺坚中圭

---

① 玉村竹二：《五山禅僧伝记集成》，讲谈社，1983，第378—380页。

密等人组成遣明使一行入明。龙溪入明的目的之一就是为其师绝海求取《绝海和尚语录》以及诗文集《蕉坚稿》的序跋。当时杭州净慈寺住持祖芳道联禅师为《绝海语录》撰写了序文:

> 况具大福德,为王臣所重,所谓其国崇信吾教,特隆于他邦者,又岂非绝海有以维持黼黻之者乎。览是录者,当以吾言为信。①

道联对绝海的禅学造诣给予高度评价,认为绝海是继无准后,将禅宗在日本发扬光大之人。

径山寺住持岱宗心泰禅师为《绝海语录》撰写跋文,其中有:

> 其提唱峭峻,机锋敏捷,策励学者尤为谆切。正觉国师称其必能振起临济宗风,信不诬矣。②

心泰认为绝海禅学机锋敏捷,谆谆奖掖后者,不负梦窗国师重望,重振日本临济宗风。

## (二) 汝霖良佐

汝霖良佐,远江(静冈县)人。他早年出家,遍游讲肆,深通宗典,于1368年与绝海中津相伴入明,汝霖在明除学佛事外,善于诗文,曾在苏州承天寺和南京钟山同中国僧人一起点校《大藏经》。天授二年(1376),汝霖归返日本,后承继春屋妙葩之法,住于法云寺、宝幢寺。其寂年及世寿均不详,著有《高园集》。汝霖返日后在传播汉文化方面作出了杰出的贡献。

## (三) 策彦周良

策彦周良(1501—1579),日本室町时期临济宗高僧,京都天龙寺妙

---

① 空谷明应:《特赐佛日常光国师空谷和尚语录》卷下。
② 绝海中津:《绝海语录》,梶谷宗忍訳注,京都思文阁,1976。

智院住持。其讳周良，别号怡斋、怡云子、谦斋，丹波（今京都府）国人。日本永正六年（1509），九岁的策彦投身北山鹿苑寺心翁等安门下。十八岁的策彦得到将军的许可在天龙寺剃发受具足戒。策彦于天文八年（1539）和十六年（1547）分别以遣明副使、正使的身份来明朝贡。策彦一生历住的禅寺很多，主要有北山等持院、西山西芳寺、丹波常照寺、甲州惠林寺、长兴寺、天龙寺山内华藏院和妙智院等。他著有《策彦和尚诗集》《南游集》《谦斋杂稿》《城西联句》《初渡集》《再渡集》等。

## （四）无初禅师

潭柘寺俯瞰图

潭柘寺是北京著名景点之一。在这座千年古刹的历史上，有一段中日佛教友好的因缘。明初，有位日本无初禅师做过潭柘寺住持，并修葺潭柘寺。此寺始建于晋代，寺名几经改换，原名嘉福寺，唐代名龙泉寺，金皇统时改名大万寿寺，明天顺元年（1457）复名嘉福寺，清康熙三十一年（1692）改称岫云寺。明人汪砢玉的《西山品》一书中略见记述，原文如下："明兴有无初禅伯，日本人也。得全室泐公指受，飞锡金台，永乐初，主兹法席，刻意修缮，以蜀献王赐金，塑三世佛，功未就而圆寂。宣宗命其徒无相继之，宗风丕振。"《西山品》一书，国内久佚，而日本内阁文库尚有藏本。

在《潭柘山岫云寺志》，叙无初禅师事迹较详，可与《西山品》互为印证，录于下：

> 明无初禅师，师名德始，字无初，日东信州神氏子。幼遇群儿嬉戏辄引去，见僧过门则色喜。父母知其志，遣从本郡一公祝发。逮长，诣天宁探群籍三冬，悉通大意，已而叹曰："文字之学，不能洞当人之性源。"遂舍所学，附商舶抵中土，谒灵隐慧禅师，深悟单传之旨。及东归，国人景仰，尊为禅祖。闻古幽都山川之胜，结侣来游，遂憩庆寿。时独庵衍公治寺事，与师有法门之旧，延致丈室，相与激扬临济宗旨，识者称之。衍公欲以寺事付师，师不允，遂礼峨眉。时献王咨问法要，礼遇勤厚。丙子（洪武二十九年，1396）出世无为，道望弥隆。永乐初，独庵进阶太子少保，邀师论道。六年春（永乐六年，1408），应董平坡之请，居再岁，即谢事。十年壬辰（永乐十年，1412），将辟静室为佚老计。太宗皇帝有旨，畀龙泉寺事，师钦承明旨，早夜孜孜以缮修为务，几栋宇蠹散者易之，阶所颓圮者构之，丹垩剥落者新之，比旧有加焉。先是献王致金百两与师，造西方三圣像，金彩庄严，曲尽其妙。师平昔尤喜恤贫赈乏，薄于奉己，厚于待人。以故，四坐道场，囊无余蓄，褚衾瓦钵，萧然自怡。临终，端坐而逝。茶毗时，获舍利百余颗，晶莹圆洁，观者耸异。[①]

无初禅师年少时聪颖异常，读尽经典群集，感慨文字之学不能洞悉人之本性，于是坐商船到中土，拜谒灵隐慧禅师，得开悟心传，遂回国发扬临济宗旨。无初禅师平时喜欢赈济贫苦，生活简朴淡薄。其茶毗后得百余粒舍利子，因这是高僧得道的标志，故更受到后人敬仰。

### 三、赴日本传法的清朝高僧

德川幕府时代，佛教在日本的传播发展近乎陷入停滞状态。由于佛

---

① 《潭柘山岫云寺志》卷一。

教被纳入幕府的封建政治体制之中，僧人在传教之外还担负部分类似近代警察的职能。寺院僧人在严格的本山末寺的组织体系中已失去创立新教说、新宗派的可能性和自由。僧人通过稳固的寺、檀（施主、信徒）关系可获取优裕的生活财源，佛教由此逐渐失去活力。僧侣无视戒律，追求安逸名利，生活腐败的现象越来越严重。幕府对此虽曾多次下令整饬，但没有收到什么效果。

德川时代，最亲近幕府的佛教宗派是净土宗、天台宗和禅宗。净土宗供奉德川氏的祖灵，为德川氏祈祷，被称为德川氏的"菩提所"。禅宗的崇传（临济宗僧）、天台宗的天海在德川初期都曾参与幕政，受到将军的优遇。由于德川幕府奖励文教，鼓励僧人研究佛学，因此各宗纷纷建立学校。各宗都先后涌现出一些著名的学僧，在宗学研究、史料整理与编纂、佛书的出版等方面取得不少成绩。各宗学僧面对佛教日益陷入世俗事务，以及儒学、神道方面的学者对佛教的批判、排斥，在接受中国佛教的三教一致或合一论的基础上，主张吸收儒家伦理规范，也倡儒佛一致论或儒、佛、神道一致论，并提出把佛教修行与世俗社会的生活日用密切结合的世俗化理论。

明末清初之际，一些僧人为了躲避战乱，或怀抱对清朝实施严酷民族高压统治的激愤心情，也愿意东渡日本弘法。其中，著名的有道者超元、逸然性融、隐元隆琦、心越兴俦等人。他们来到日本以后，不仅受到"长崎唐三寺"及当地僧俗的欢迎，也受到日本佛教界重视，有不少日僧闻名前来参禅问道。

道者超元是中国明朝临济宗僧，上承密云圆悟、费隐通容的法系，是隐元隆琦的法侄，于庆安四年（1654）应邀来到长崎住持崇福寺，并在平户普门寺、金泽天德寺说法。日本临济宗妙心寺派的盘圭永琢、贤岩禅悦，曹洞宗的悦岩不禅、惟慧道定、云山愚白、独庵玄光等人前来参禅受法。超元在隐元来日后第四年回国。

在江户时期赴日的中国僧人中，对日本佛教影响较大的是临济宗禅僧隐元隆琦和曹洞宗禅僧心越兴俦二人。

### (一) 心越兴俦

心越兴俦（1639—1695），心越是字，法名兴俦，号东皋，婺郡浦阳（今浙江浦江）人。他八岁于苏州报恩寺出家为僧，后出外游方，到江西南城奉昌寺参谒曹洞宗著名禅师觉浪道盛（1592—1659，因曾住持南京天界寺，简称"天界盛"），后遵师命到浙江皋亭山师事道盛的弟子阔堂大文①并从嗣法。心越曾参与江浙一带的抗清活动，后隐居于杭州西湖畔的永福寺。清康熙十六年（1677）初，心越应日本长崎兴福寺僧澄一的邀请东渡，至兴福寺传法。

日本天和元年（1681），心越被水户藩主德川光圀（1631—1700）迎请到水户（在今东京）居住传法。德川光圀尊崇儒学，致力文教，主持编纂以提倡朱子学大义名分为主要思想的《大日本史》。他尊崇禅宗，特地修复岱宗山天德禅寺，礼请心越入住传法。心越所传曹洞宗与当时日本所传曹洞宗没有直接关系，法系上属于元代万松行秀、雪庭福裕以来的"北传曹洞宗"。他秉承曹洞宗法脉，虽也提倡净土念佛法门，然而强调"本性弥陀""唯心净土"，说"念佛念心，念心念佛……戒心是律，净律净心，心即是佛，除此心佛，更无别佛"。② 他认为佛教与儒、道二教的根本宗旨是一致的，无非皆是"忠恕"之道，"修治身心皆一理"。③ 心越于元禄八年（1695）九月三十日去世，享年五十七岁。

心越具有深厚的文学修养，善诗文、书法、绘画，并且精通篆刻、琴道，在传法之余还向日本人传授书画技艺，或进行交流，影响很大，被誉为日本篆刻新时期的开创者。水户天德寺后改为寿昌山祇园寺，尊心越为开山祖，奉为日本曹洞宗寿昌派的祖师。心越生前撰有《宗脉论略》《五宗源流图》《印心记》《宗谱引》《长崎医王山延命寺法华三昧塔铭》《日本来由两宗明辨》《东渡编年略》《法门及宗亲图》《不二法门念佛宣指篇》《三教辨》《寿昌清规》等，及其弟子所编《天德禅寺入院开

---

① 阔堂大文，心越《五宗源流图》称为"上塔文"，《印心文》称为"翠微文"。
② 陈智超：《旅日高僧东皋心越诗文集》，中国社会科学出版社，1994，第238页。
③ 同上书，第244页。

堂语中录》；另外，有大量诗偈、书信等。

### （二）隐元隆琦

隐元隆琦（1592—1673），俗姓林，名隆琦，法号隐元，出生于福州府福清县万安乡灵得里东林村（今福清市上迳镇东林村），名曾昺，号子房，为临济宗第三十二世传人。1620 年，隐元拜黄檗山万福寺鉴源禅师为师，并正式剃度出家。此后，他勤奋读经，刻苦学法，先后拜明末禅林高僧密云圆悟、费隐道容等为师，并在诗歌、书法等方面渐有造诣。崇祯十年（1637）十月，隐元应邀首度住持福清黄檗山，直至崇祯十七年（1644）三月。接着，从清顺治元年（1644）十月到南明弘光元年（1645）一月，隐元住持浙江省嘉兴府崇德县福严禅寺，后又从弘光元年（1645）三月到南明隆武二年（1646）一月，住持福建省福州府长乐县龙泉禅寺。隆武二年（1646）一月，隐元再住福清黄檗山，直至南明永历八年（1654）五月。隐元前后两次住持黄檗山，累计达十七年，重兴黄檗山为东南一大禅宗道场。他以黄檗山为弘法中心，开创临济宗黄檗派，成为明末禅宗的一位高僧，被时人称为大师，备受敬仰。

明亡后，明遗民东渡不绝，其中就有逸然性融、蕴谦戒琬等名僧，他们在日本宣扬禅师的理念，使隐元在日本名声大增。又适逢日本后光明天皇欲创一禅林，1653 年长崎唐三寺护法檀越陈性乾、何毓楚、魏尔潜等人先后上书希望邀请隐元东渡，获得德川幕府的大力支持。

清顺治十一年（1654），隐元率徒东渡日本长崎弘法，后在政治文化中心京都创建"黄檗山万福寺"，在日本开创佛教界的一大宗派即黄檗宗派，影响巨大。

隐元上承临济宗无准法系的中峰明本的禅法，主张禅净一致，在提倡临济禅法的同时，也倡导念佛法门。黄檗山万福寺众僧念经用汉音，举行法会时用中国法器演，保持明代禅寺的风格。这对当时的日本人有很大吸引力。黄檗山万福寺按明朝寺院样式和风格建造。隐元的弟子中有善文、善画、善书、善篆刻者。通过黄檗宗的创立和隐元师徒的传法、社会活动，中国佛教对德川时代日本的宗教和文化带来多方面的影响。

隐元在日本，朝野名流皈依者甚众。隐元精熟佛儒之学，能诗善书。在历史上他和弟子木庵、即非如一的书法被称为"黄檗三笔"。在他的推动下，形成以中国文化为本而融合日本风格的"黄檗"文化，其影响遍及日本的禅学、文学、艺术、印刷、建筑乃至茶道和生活品位等各个方面，并成为当时日本文化的主流。他在日本所创立的"黄檗宗派"与"黄檗文化"，闻名于世，至今仍源远流长。他是继鉴真之后，把中国佛教、绘画、书法、医学、建筑、雕塑、音乐、饮食、印刷等先进文化技术传播到日本的大德，其影响和渗透到大众生活的每个角落，是千百万民众敬仰的一代宗师。

隐元是中国明末清初较为活跃的禅僧，以东渡日本传布中国佛教文化而知名。虽然在中国了解他的人不多，但在日本，作为黄檗宗的开山祖师而广为人知，以他的名字命名的有隐元豆（菜豆）和"普茶料理"（素菜）。

1661 年，隐元在德川幕府支持下，在京都府宇治郡开辟黄檗山万福禅寺，后发展成为日本黄檗宗。创立日本黄檗宗仅三年，隐元就退居让位，令弟子木庵性瑫继任。而他自己则优游林下，吟诗作偈，默默目睹着京都黄檗山的发展。1673 年，隐元圆寂于京都黄檗山，世寿八十二。"单提栲栗上扶桑，惹得满头尽雪霜。"隐元禅师在日本弘法二十年，京都黄檗山也一如他所期望，连续百年为渡日华僧住持，很好地保持了中国佛教的传统，成为中日文化交流的前沿。

隐元法嗣二十三人，其中有龙溪性潜、独照性圆、独木性源三人为日本僧人，三人后来分别开创了黄檗宗万松派、直指派、海福派，是日本黄檗宗十一流派之三。其中，龙溪性潜在隐元渡日前就已成名，是日本临济宗妙心寺派的大德。隐元在日本创宗立派，也赖于龙溪性潜的奔走。

龙溪性潜是日本京都人，十六岁出家，本名宗潜，竭力参究，有所悟得。他后出任妙心寺派中心寺院京都妙心寺住持，又任摄津普门寺住持。隐元渡日后，前往长崎兴福寺听法，不由赞叹。龙溪性潜一心弘扬佛法，希望破除门户之见，请隐元住持妙心寺，结果被派内所不容，于是改请隐元住持普门寺，自降为监院。后来，隐元在日本曾因影响力过

大而多遭限制，一度想要返回中国，又是龙溪性潜竭力挽留，四处奔走，才打消其归国的念头。龙溪性潜通过与皇室和幕府的关系，为隐元进入江户传法及建立京都黄檗山，做了大量的活动。然而龙溪性潜的行为遭到其所属妙心寺派的不满，甚至颇受非难，后来干脆就嗣法于隐元门下，正式成为黄檗宗弟子。龙溪性潜与隐元隆琦的这段交往，堪称中日佛教界间的一段佳话。

随着隐元所开创的黄檗宗在日本立足，明清时期的中国文化大规模涌入日本，影响于佛教内外，波及江户时代社会生活的方方面面。在经济、文化等诸多方面都对日本近世社会的发展产生了深远的影响，隐元禅师也因此被誉为"日本的文化恩人"。

隐元和他的不少弟子都是书法大家，在日本创立了书道黄檗派。隐元禅师和弟子木庵性瑫、即非如一在日本留下了大量墨宝，人称"黄檗三笔"。日本重要的书法流派"雪山流"，也是隐元再传弟子所创。此外，还有与黄檗书法一起流传至今的"黄檗美术"。出身杭州的黄檗僧独立性易，还将篆刻技术带入日本，开创了日本篆刻艺术，被称为"日本篆刻开祖"。

在文学上，隐元师徒亦多擅长诗文，著述颇丰。隐元本人平生诗作禅偈近五千首，堪称中日佛教界的文学巨匠。其弟子中，以南源性派和高泉性潡在诗文方面最为见长，有"诗南源，文高泉"之称。高泉性潡所著的《扶桑禅林僧宝传》《东渡诸祖传》《东国高僧传》，也为中日佛教史留下了珍贵的史料。同时，黄檗宗门人所用的明代官话也流入日本，对日本汉音研究的发展也产生了一定影响。

隐元及其门人还把许多食品和日用品带到了日本。现在日本以隐元命名的食品和日用品，除了隐元豆之外，还有隐元帽子、隐元头巾、隐元笠、隐元坐垫、隐元茶、隐元豆腐等。隐元也是日本中国式素餐（普茶料理）的始祖。明代的"煎茶"也随其传入日本，所创立的"全日本煎茶道联盟"，至今仍指导日本各地众多的煎茶道组织和爱好者定期举行品茶会，成为日本茶文化生活的重要内容。

隐元圆寂三百周年之际，日本昭和天皇再次加封隐元禅师以"华光大师"号。正是在这一年，中日邦交实现正常化，两国正式建交。2015

年，习近平主席在中日友好交流大会上再次提及隐元禅师东渡的故事，以佐证两国人民割舍不断的文化渊源和历史联系。他说："我在福建省工作时，就知道 17 世纪中国名僧隐元大师东渡日本的故事。在日本期间，隐元大师不仅传播了佛学经义，还带去了先进文化和科学技术，对日本江户时期经济社会发展产生了重要影响。"可见，隐元禅师与黄檗文化，已成为承载中日两国之间深厚文化感情的重要载体。以佛法为媒，缘结中日，促进两国文化之联系，是佛教在沟通中外、促进交流方面发挥作用的充分体现。这也是中国佛教徒作为民间外交形象大使的最好写照。

### （三）逸然性融

逸然性融（1601—1668），亦作逸然融，法讳性融。其俗姓李，浙江仁和人，擅长绘画；明崇祯十四年（1641）年东渡日本，经营药材；正保元年（1644）嗣法默子如定，皈依出家，次年继其师任兴福寺第三代主持。为弘传佛法，他力邀高僧隐元隆琦东渡弘法，多次派人邀请。隐元终为其所感，于 1654 年来长崎兴福寺弘法。逸然擅画人物佛像，成就卓越，弘法之余，勤于创作。日本人从其学者有渡边秀石、河村若芝等，皆成大家。这就是日本绘画史上著名的"逸然画派"，或称"长崎汉画派"，逸然被尊为"唐绘"的开山祖。

### （四）东渡的隐元众弟子

隐元门下有杰出才能的弟子众多，《普照年谱》最后载有嗣法弟子 23 人。其中，20 人是中国僧，到日本的有 7 人：木庵性瑫、即非如一、慧林性机、独湛性莹、大眉性善、独吼性狮及南源性派。日本弟子中有来自临济宗、曹洞宗的龙溪性潜、独照性圆及独本性源。

宇治黄檗山万福寺是黄檗宗的本寺，其下面有很多末寺。到隐元圆寂为止，黄檗山万福寺内有 13 塔头（分院），在江户、山城、美浓、摄津等 16 国内有 24 所末寺，其中包括长崎的"三福寺"。此后末寺数量又有增加，据明和九年（1772）的统计，黄檗宗有末寺 340 所。万福寺的住持从第一代隐元开始直到第十三代都是中国人，此后才有日本人担任

住持，但第十五、十八代诸代住持也是中国人。万福寺在相当长时期内与中国佛教界保持常切的关系，可以说是在日本的一个弘布明清临济宗和文化的中心。

### 1. 木庵性瑫

木庵性瑫（1611—1684），字木庵，法名性瑫，俗姓吴，福建泉州晋江人。他十九岁出家，二十五岁时遇到鼓山永觉和尚，皈依禅宗，历参密云、费隐诸僧。清顺治五年（1648），木庵到福清黄檗寺参谒隐元，并成为隐元第八位法嗣，后继首座，顺治十一年（1654），应邀住持永春县象山慧明寺。在隐元东渡的第二年，即明历元年（1655），木庵在隐元招请下赴日，先住持长崎福济寺，在宇治黄檗寺建成后，来到隐元身边。宽文三年（1663）冬，隐元命木庵与即非如一分任两堂首座辅佐他传法。宽文四年（1664）隐元退位，木庵继为黄巢山万福寺第二世住持，继承隐元的法席，时年五十四岁。当初规定，黄檗山的法席需要三年轮换主持，但隐元在这个时候改为由木庵单独主持。第二年三月，木庵应铁牛、慧极的请求，在万福寺开三戒坛场，登坛受戒者竟达五千余人。七月，他到江户参谒将军德川家纲，拜受万福寺领有山林田园的特许证。接着，将军又赠给白银二万两。木庵营建天人师殿、佛殿等，结构十分壮观。天皇又赐之以紫衣。此后，黄檗山更加兴盛。一个叫作青木端山的人，对木庵禅师深为皈依，在江户的白金兴建紫云山瑞圣寺，请木庵前来传法。木庵再次到达江户，铁牛、潮音等人也接着东下。自此之后，黄檗山的禅风扩展到关东地方。宽文末年，在即非、大眉等人圆寂以后，木庵的道誉更高，他往来于黄檗山、紫云山之间，大力传法。延宝三年（1675），他把瑞圣寺付与铁牛；延宝八年（1680），又把黄檗山的法席让给弟子慧林，然后退隐，于贞享元年（1684）正月圆寂，寿七十四。木庵在各地奠基的禅寺有瑞圣寺、冰明寺、千年寺方广寺等，嗣法弟子有四十余人。其中，铁牛道机、潮音道海、铁眼道光是木庵门下的"三杰"。而在木庵寂后，所谓"三杰"都留在关东。铁牛，名道机，石见人。慧极，名道明，长门人。他们相继在木庵门下参究禅法。铁牛继任瑞圣寺法席，十三年后让给慧极，自己到牛岛开创弘福寺，共同传布黄檗宗的禅风。潮音，名道海，肥前人。宽文九年（1669），他到上野

256

馆林开广济寺，是关东第一座黄檗宗禅寺。铁眼道光先师事隐元，后从木庵嗣法，叹日本没有刻印《大藏经》，用十二年的时间募集钱财进行准备，在延宝六年（1678）以明万历版《大藏经》为底本刻印出日本第一部《大藏经》，称《黄檗版大藏经》或《铁眼版大藏经》，收佛经1161部7334卷。版木今仍骏万福寺。木庵有《传法广录》三十卷、续录一七卷传世。

### 2. 即非如一

即非如一（1616—1671），号即非，亦号雪峰，俗姓林，福州福清人；出家于福清黄檗山万福寺，是隐元第十位法嗣，曾住持福州雪峰寺。清顺治十四年（1657）应隐元招请，即非携徒千呆性按、若一超元等弟子东渡，先住持长崎崇福寺，与当时住持福济寺的木庵唱拍相随被称为"二甘露门"。宽文三年（1663），即非到宇治黄檗寺觐见隐元，隐元请他住持竹林精舍，不久与木庵同时受命分任东西两堂首座，辅佐传法。1664年即非辞行，拟经长崎回国，但途经九州丰前时，开善寺长老法云明洞奉小仓领主之命将他热情挽留，特建福聚禅寺请他出任开山住持。宽文八年（1668），即非请法云明洞继任住持，自己则退隐于长崎崇福寺。宽文十一年（1671）五月六日，即非书遗嘱及规条六则告诫弟子，并写下"生如是，死如是，坐断生死关，触破没把鼻"遗谒，二十日泊然示寂，年五十六，法腊三十九。其嗣法弟子有法云明洞、柏岩性节、千呆性侒、桂岩性幢、翠峰性觉等五人。即非如一被奉为尾张东轮寺、伊豫千秋寺、摄津雪峰寺的开山祖师。他在传法之余擅长书画，受到人们的赞赏。

### 3. 无上性尊

无上性尊，道号无上，法讳性尊，俗姓石，福建福清人。他于崇祯四年（1631）出生，永历元年（1647）在黄檗山受隐元剃度出家；1654年侍隐元一起东渡，后往来于两岸。1656年，无上与惟仁又责黄檗僧俗书信至日本，欲迎隐元回国。1658年，无上随隐元江户之行，十二月归普门寺，翌年又游京都、大阪等地，1660年在普门寺示寂。其著有《竹岩集》一卷。

### 4. 高泉性潡

高泉性潡（1633—1695），福州福清人，号云外，又称昙华道人，嗣法中国黄檗山慧门如沛禅师。高泉是万福寺第五代住持。清顺治十八年（1661），他应隐元禅师之召东渡日本，入宇治万福寺，与龙溪等人交游很深。由于龙溪的推举，高泉屡次受到宫廷的优待。延宝三年（1675）六月，他将所著的《扶桑禅林僧宝传》五卷献上，逐渐在各宗之间享有盛誉。高泉曾在山城开创佛国寺，灵元上皇敕赐寺额。元禄五年（1692）正月，高泉从佛国寺入黄檗山继承法席，并拜受朝廷特赐的紫衣。元禄八年（1695），他到江户拜谒将军德川纲吉，在城中说法。同年十月，他在黄檗山圆寂，敕谥大圆广慧国师、佛智常照国师，后世尊为"黄檗山中兴之祖"。

黄檗僧多能诗善赋，时有"诗南源，文高泉"之说。南源派擅长诗作，高泉性潡擅长文章，都深得隐元推崇。高泉的著作有《扶桑禅林僧宝传》十卷、《续扶桑僧宝传》三卷、《东渡诸祖传》二卷、《东国高僧传》十卷、《佛国高泉禅师语录》八卷、《释门孝传》《洗云集》等。① 他的门徒以了翁道觉最有名。他是出羽人，自幼出家，皈依临济宗，在隐元禅师东渡之际，前往参学。后来他到江户卖药，以其所得的利钱兴修寺塔。贞享元年（1684），了翁道觉在东睿山兴起"劝学寮"，聘请国内外的学帅培养学徒，并从事收养弃儿、救济灾民的社会慈善事业。

### 5. 千呆性侒

千呆性侒（1636—1705）是即非的法嗣，字千呆，号昙瑞。他俗姓陈，福州长乐人，十七岁时师事即非如一禅师。1657年，千呆随师东渡日本，后为长崎崇福寺之中兴第二世，大扬禅风；宽文三年（1663）随即非禅师登宇治之黄檗山拜隐元师祖；未久，随即非复归长崎，再度掌理崇福寺；元禄八年（1695）归返黄檗山，成为万福寺第六世住持。元禄十一年（1698），受赐紫衣。宝永二年（1705）示寂，世寿七十。

---

① 高泉性潡：《东渡诸祖传》，内阁文库，1676。

### （五）蕴谦戒琬

蕴谦戒琬（1610—1673）泉州府南安县安平林氏，十七岁出家入泉州开元寺，与木庵性瑫为法友，崇祯八年（1635）主持泉州万寿寺。1649 年，应长崎唐通事陈道隆（1617—1676）等人恳邀东渡，至福济寺做住持。他到达之后，即开创新局面，使其发展成长崎最大伽蓝，蕴谦被称为"重兴开山"。南明永历八年（1654），他参与招请隐元东渡，亦应请住此寺。其后，木庵性瑫、慈岳道深、即非如一、悦山道宗等东渡僧，相继入此寺开堂说法。蕴谦戒行高洁，胸怀坦荡，虽非黄檗派法属，而倾心护持隐元、木庵等弘法，情真意切，品洁高远。

### （六）惟仁禅人

惟仁禅人，生卒不详。据陈智超《旅日高僧隐元中土来往书信集》往来书信得知，张一试①乙未年（1655）春与惟仁同舟归国，又正月隐元差古石、惟仁自日本回国，诣江南常熟维摩寺谒费隐②，又至海盐金粟山广慧寺、福清黄檗山万福寺。丙申（1656），无上与惟仁又责黄檗僧俗书信至日本，欲迎隐元回国③。木庵信件中提到："无上兄及惟仁搭沙堤船，四月初二到福济寺④。"又见洪道鼎丙申年夏在长崎书信隐元，此信明言随无上一道抵日，应是往来中日之间的商人，疑洪道鼎即惟仁⑤。

### （七）大鹏

大鹏（1691—1774），俗姓王，名正鲲，号笑翁，泉州晋江人。大鹏十六岁出家，在泉州开元寺为僧；享保七年（1722）东渡日本，为长崎福济寺第七代住持；后来成为宇治黄檗山第十五代住持；宽延元年

---

① 陈智超等编《旅日高僧隐元中土来往书信集》，中华全国图书馆文献缩微复制中心，1995，第 232 页。
② 同上书，第 52 页。
③ 同上书，第 202 页。
④ 同上书，第 292 页。
⑤ 同上书，第 274 页。

（1748），退隐保寿庵；宝历八年（1758），再任黄檗山第十八代；明和二年（1765）退隐，于1774年圆寂。大鹏在写意画方面颇有造诣，尤其善画墨竹，并擅长篆刻，其所著《印章篆说》流传于世，对日本书法，绘画等方面影响很大。

自隐元隆琦创立黄檗宗，黄檗山的住持基本都是中国僧人东渡担任。从高泉性激以后，经过千呆、悦山、悦峰、灵源、旭如、独文、杲堂、竺庵几代。他们传往日本的不仅仅是佛学经义，还包括中国先进的文化与科学技术，这些被统称为"黄檗文化"。到龙统时，黄檗山的住持才由日本人继承法席。

龙统名元栋，大阪人，出家入慧极门下参究禅法，成为嗣法弟子。他最初自住长崎的东光寺，道誉很高。元文四年（1739），竺庵依照幕府的命令退隐，而由岭冲、雪巢、泰州、百拙、实门、翠峰等人共同管理黄檗山。元文五年（1740）四月，幕府特召龙统继承法席。他当时已七十八岁，但他仍专心筹划以使黄檗山兴隆。幕府施舍钱财以供寺院用费。经过百痴、祖眼，宝历八年（1758），他又一次继承黄檗山法席，继续从事前业。

大鹏以后，伯峋、大成都是清人互相传授，而在大成以后，格宗、蒲庵、华顶等人都是日本人互相传授，再也没有中国人继任。然而山风逐渐衰微，嘉永年间，良忠前往担任住持时，才暂时出现振兴的局势。良忠，名如隆，近江爱知人，在华顶、石泉的门下参究禅法，最后从石泉嗣法。他到各地巡游，传布禅法，所到之处，道俗云集而来。嘉永四年（1851），他继承黄檗山的法席，安政四年（1857）退隐，住在摄律的庆瑞寺，庆应元年（1865）寂于因幡显功寺，年七十三岁。

佛教经过长达五六百年在日本的发展，已经深入到日本各个阶层之中，与日本的传统文化逐渐融合。此时，有的日本僧人已不满足于以前对中国佛教的照搬模式，开始依据已有的佛教经典，创造日本民族自己的佛教，但这并不排斥两国间佛教往来，中国禅宗对日本佛教依然影响深远。

日本化佛教的形成与发展经历了漫长的历史时期。在中国，先后出现了宋、元、明、清等王朝；在日本，则从镰仓时代到明治维新以前。

中国佛教在经历"会昌法难"和"周世宗排佛"之后，除了禅宗，其他宗派大多衰微。而此时的日本佛教方兴未艾。日本僧人依据佛典，结合本民族传统，创立了自己的民族佛教。其中，源空创立了净土宗，亲鸾创立了净土真宗，一遍创立了立时宗，日莲创立了日莲宗。这些佛教创始人都是在日本土生土长的，没到中国求法。[1]

两国佛教典籍交流与以往不同，中国佛教经过法难之后，佛教典籍毁坏损失相当严重。而日本佛籍大都未遭此劫，经由日僧，再重新带回中土，为中国佛教发展作出重大贡献。此外，宋时完成的"开宝藏"大藏经书传入日本，影响十分深远。

清末，随着中国国门被迫打开，曾经的泱泱大国沦为半殖民地，国事多故，佛教随之衰微。曾经的文化输出国，面临西方思想文化的挑战，面对文化多元化、世界化的趋势，无暇东顾。

日本在取得明治维新的成功后，国力日益强盛，走上资本主义道路。日本佛教适应社会的发展，面向西方文化，学习西方经验，在佛教的文献研究、史迹的发掘考察、佛教经典的收集整理出版等方面都取得了令世人瞩目的成绩。近百年来，中日佛教文化不再是中国影响日本，而是中日佛教界与学术界相互交流影响。

从近千年中日佛教交流中，我们可以看出两国佛教交流在不同时期，对两国佛教的发展所起的作用是不尽相同的。日本佛教在中国佛教的帮助下发展起来，同时日本佛教本身的发展，又为中国佛教资料的保存和思想发展起到不可替代的作用。两国佛教交流有过中断、挫折，但友好的交流仍处于主导地位。这些对两国佛教界，乃至两国人民，都是不可多得的财富。

在物质财富迅速增长，人类普遍面临追寻或重建精神家园的今天，人生的意义究竟在哪里？这既是一个古老的问题，也是一个崭新的问题。也许中国佛教文化的人生哲学可以给人以思想启迪，佛教的文学艺术可以给人以精神享受，中国佛教的圆融精神对于当代文化建设也有一定的现实意义。佛教所蕴含对人生永恒幸福的追求，在重视现实人生的

---

① 杨曾文：《日本佛教史》，浙江人民出版社，1995，第 216 页。

中国土地上将获得新的生命力，得到充分的发扬光大。①

纵观历史上佛教文化交流，可看到那些来往于传播之路上的高僧，他们历经艰辛，传播文化，为促进人类文化交流和共同发展作出了不可磨灭的贡献。他们身上充满了人性的光芒，在求知求真的道路上勇往直前。无论是惊涛骇浪，还是洪水猛兽，不畏艰险，开拓进取。他们中有许多人都具备多方面的知识，如天文、医药、建筑、绘画、雕塑，等等。他们不仅翻译佛经、宣传佛法，同时也把这些知识带到全国各地传授开来，为人类文明进步作出了重要贡献。因为他们，"海上丝绸之路"上的不同宗教文化得以交流，各地文化也因外来的刺激而不断变化和发展，对促进文化交流与民族融合起到特殊作用。近两千年来，佛教不仅扩大中国思想的认识广度和深度，丰富中国人的文化生活和信仰，同时中华文明的发展对海丝路上的国家和民族也产生了深远影响。

随着中日邦交正常化，中国与朝鲜和韩国建立外交关系后，东亚佛教正在进入一个新的复兴时期。这不仅表现在东亚佛教徒数量的增加，教派组织日益繁多，而且更重要的是表现在佛教正向民族化、普世化发展。佛教的职能已由原来的宗教、个人精神解脱，日益深入到社会、文化等各个方面。佛教的道德伦理正成为社会公德和职业道德。回溯历史，中、日、朝、韩四国佛教徒和四国人民自古有着悠久、深厚的亲缘关系。四国山水相连，文化习俗同源，宗教信仰一脉相承。佛教的合作与交流已成为四国文化交流史上最重要、最核心的内容之一。

---

① 洪修平：《试论中国佛教思想的主要特点及其人文精神》，《南京大学学报》2001年第3期。

# 主要参考文献

［1］班固. 汉书［M］. 北京：中华书局，1962.

［2］范晔. 后汉书［M］. 北京：中华书局，1965.

［3］沈约. 宋书［M］. 北京：中华书局，1974.

［4］慧皎. 高僧传［M］. 北京：中华书局，1992.

［5］普济. 五灯会元［M］. 苏渊雷，点校. 北京：中华书局，1992.

［6］道元. 景德传灯录［M］. 朱俊红，点校. 海口：海南出版社，2011.

［7］静、筠禅僧. 祖堂集［M］. 张华，点校. 郑州：中州古籍出版社，2001.

［8］义净. 大唐西域求法高僧传［M］. 王邦维，校注. 北京：中华书局，2004.

［9］赞宁. 宋高僧传［M］. 范祥雍，点校. 北京：中华书局，1987.

［10］宋濂，等. 元史［M］. 北京：中华书局，1976.

［11］张廷玉. 明史［M］. 北京：中华书局，1974.

［12］梁启超. 佛学研究十八篇［M］. 上海：上海古籍出版社，2001.

［13］任继愈. 中国佛教史［M］. 北京：中国社会科学出版社，1985.

［14］忽滑谷快天. 韩国禅教史［M］. 朱谦之，译. 北京：中国社会科学出版社，1995.

［15］杜继文. 佛教史［M］. 北京：中国社会科学出版社，1991.

［16］汤用彤. 汉魏两晋南北朝佛教史［M］. 北京：商务印书馆，2015.

［17］汤用彤. 汤用彤全集［M］. 石家庄：河北人民出版社，2000.

［18］圆仁. 入唐求法巡礼行记［M］. 桂林：广西师范大学出版社，2007.

［19］金富轼. 三国史记［M］. 首尔：乙酉文化社，1987.

［20］黄有福，陈景富. 海东入华求法高僧传［M］. 北京：中国社会科学出版社，1994.

［21］何劲松. 韩国佛教史：上下卷［M］. 北京：宗教文化出版社，1997.

［22］杨曾文. 日本佛教史［M］. 杭州：浙江人民出版社，1995.

［23］王荣国. 福建佛教史［M］. 厦门：厦门大学出版社，1997.

［24］冯承钧. 中国南洋交通史［M］. 上海：上海古籍出版社，2005.

［25］木宫泰彦. 日中文化交流史［M］. 胡锡年，译. 北京：商务印书馆，1980.

［26］村上专精. 日本佛教史纲［M］. 杨曾文，译. 北京：商务印书馆，1999.

［27］杨曾文. 中华佛教史［M］. 太原：山西教育出版社，2013.

［28］陈智超. 旅日高僧东皋心越诗文集［M］. 北京：中国社会科学出版社，1994.

［29］金富轼. 高丽大觉国师文集［M］. 黄纯艳，点校. 兰州：甘肃人民出版社，2007.

［30］赤松俊秀. 日本佛教史［M］. 京都：法藏馆，1967.

［31］江静. 日藏宋元禅僧墨迹的文献与史料价值［J］. 国际中国文学研究丛刊，2013.

［32］镰田茂雄. 中国佛教史［M］. 关世谦，译. 高雄：佛光出版

法语东垂：中国佛教在东亚的传播与影响

社，1985.

[33] 吴廷璆. 日本史 [M]. 天津：南开大学出版社，1994.

[34] 王宗昱，等. 中国宗教名著导读 [M]. 北京：北京大学出版社，2004.

[35] 黄有福，陈景富. 中朝佛教文化交流史 [M]. 北京：中国社会科学出版社，1993.

[36] 陈景富. 中韩佛教关系一千年 [M]. 北京：宗教文化出版社，1999.

[37] 蒋非非. 中韩关系史：古代卷 [M]. 北京：社会科学文献出版社，1998.

[38] 舍人亲王. 日本书纪 [M]. 成都：四川人民出版社，2019.

主要参考文献